U0618211

# 管理科学发展战略

## ——管理科学"十四五"优先资助领域

国家自然科学基金委员会管理科学部

科学出版社

北　京

# 内 容 简 介

　　本书是国家自然科学基金委员会管理科学部历时两年开展研究的重要成果,凝聚了管理科学百余位战略科学家及其他各领域专家的智慧和心血。作为中国"十四五"期间管理科学发展战略的规划方案,本书将为中国管理科学的"十四五"发展提供蓝图。书中全面总结了"十三五"以来,中国管理科学的发展现状和趋势特点,对学科发展态势和面临的挑战与机遇进行客观分析,从学科发展的现实背景和基本规律出发,前瞻性地思考了"十四五"期间我国管理科学学科的整体布局,并提出了学科发展的指导思想和发展目标,以及重要科学问题、前沿方向和推动我国发展该学科领域的政策措施等。

　　本书不仅对相关领域科技工作者和高校师生有重要的参考价值,同时也可作为科技管理者和社会公众了解管理科学发展现状及趋势的权威读本用以参考。

**图书在版编目(CIP)数据**

　　管理科学发展战略 / 国家自然科学基金委员会管理科学部主编. —北京:科学出版社,2023.7

　　管理科学"十四五"优先资助领域

　　ISBN 978-7-03-075895-8

　　Ⅰ. ①管… Ⅱ. ①国… Ⅲ. ①管理学-科学研究事业-发展战略-研究报告-中国 Ⅳ. ①C93

　　中国国家版本馆CIP数据核字(2023)第109791号

责任编辑:李 莉 陈会迎 / 责任校对:贾娜娜
责任印制:张 伟 / 封面设计:有道设计

科学出版社 出版

北京东黄城根北街 16 号
邮政编码:100717
http://www.sciencep.com

**北京中科印刷有限公司** 印刷
科学出版社发行 各地新华书店经销

\*

2023 年 7 月第 一 版 开本:720 × 1000 1/16
2023 年 7 月第一次印刷 印张:16
字数:320 000

**定价:98.00 元**

(如有印装质量问题,我社负责调换)

# 编写组成员

组　长：丁烈云

副组长：张维

成　员：（以姓氏拼音为序）

陈方若、陈晓红、方颖、傅利平、甘犁、洪永淼、黄季焜、黄丽华、李建平、李江涛、李磊、刘大勇、刘伟华、刘钰、刘作仪、潘静洲、曲亮、苏竣、万静、汪寿阳、魏一鸣、熊熊、徐晓林、杨翠红、杨列勋、余玉刚、郁建兴、曾大军、张辉、张玉利

# 致 谢 专 家

（按姓氏拼音排序）

**第一列：** 包国宪、陈春花、陈煜波、董永庆、冯博、关大博、胡奇英、霍红、敬义嘉、李鲲鹏、李心丹、廖理、刘承芳、刘远立、马洁、吕炜、任剑涛、宋金波、汤铃、汪同三、王红卫、魏后凯、吴力波、谢恩、徐泽水、杨开峰、伊志宏、张楠、张润彤、赵林度、周涛、Feng Wang

**第二列：** 毕军、陈国进、陈振明、窦一凡、冯海洋、郭雷、胡祥培、霍宝锋、鞠建东、李立明、李一军、廖猍武、刘金兰、龙建成、马费成、吕欣、任之光、宋铮、唐葆君、汪阳洁、王刊良、魏明海、吴启迪、谢康、许恒周、杨善林、易红梅、张宁、张卫国、赵曙明、周德群

**第三列：** 蔡莉、陈国青、戴亦欣、杜慧滨、冯淑怡、韩传峰、胡业飞、贾良定、寇纲、李敏强、李勇建、林斌、刘金全、鲁玺、马寿峰、牛保庄、邵帅、苏勇、唐加福、王灿、王群伟、温珂、吴世农、解澜、薛维中、杨维中、於世为、张琦、张小宁、赵向阳、朱春奎

**第四列：** 常晋源、陈宏民、邓天虎、樊治平、冯帅章、郝敏、姜元春、蓝志勇、李若筠、李志忠、林桂军、刘军强、路江涌、马铁驹、潘教峰、沈德华、苏敬勤、唐立新、王帆、王耀刚、翁文国、吴晓波、徐畅、薛涧坡、杨晓光、余碧莹、张申、张晓波、赵晓丽、朱桂龙

**第五列：** 陈彬、陈诗一、邓祥征、范剑青、冯星淋、郝清民、黄志斌、江志勇、李善民、梁樑、刘俏、刘兰翠、罗城、毛基业、彭怡、沈永东、孙涛、陶然丰、王永贵、武常岐、徐巍立、薛永恒、余森杰、张兮、张跃军、赵耀辉、朱庆华

**第六列：** 陈峰、陈晓光、狄增如、方德友、高自友、贺、蒋炜、李平、李善、梁琪、刘涛、刘瑞明、罗俊、毛照昉、彭彬彬、盛昭瀚、锁利铭、田国强、王直、王宗润、席天扬、徐猛、杨斌、杨育龙、袁先智、张成福、张增凯、郑思齐、朱旭峰、左停

**第七列：** 陈剑、陈晓田、丁煌、方汉明、耿涌、侯世科、黄海军、蒋琬垣、李树茁、梁哲、刘彦、刘守英、罗利、彭希哲、石晓平、谭荣辉、田怀玉、王飞跃、王兆华、吴冲锋、席酉民、徐玖平、杨宝臣、杨祖国、袁志刚、张俊森、张宗益、郑振龙、朱旭峰、左学金

**第八列：** 陈收、陈彦斌、董明、方新、龚六堂、胡东滨、黄少鲁、靳庆好、李春、李维安、梁巧梅、刘忠、刘守英、罗家德、穆荣平、乔红、史代敏、谭跃进、万广华、王冠英、魏楚、吴德胜、夏一、徐淑贤、杨百寅、叶强、岳劲峰、张朋柱、张志学、钟甫宁

**第九列：** 陈旭、陈育德、董大海、封进、顾昉灏、胡金焱、黄益平、李润田、李海峰、李新春、廖华、刘炳胜、刘业政、马超群、吕廷杰、仇焕广、史耀疆、汤珂、万国华、王惠文、魏江、吴建南、肖勇波、徐寅峰、杨洪明、叶建明、曾赛星、张章、萧奇鹏、周

# 总　序

　　学科发展战略是关于学科未来发展愿景与目标、顶层布局与规划、资源配置与优化的战略性、综合性指南，引领一段时期内学科发展方向。国家自然科学基金委员会（以下简称基金委）始终跟随国家战略与科技规划总体部署和阶段性规划，积极开展系统的学科发展战略研究，在此基础上形成并贯彻落实每个发展阶段中国家自然科学基金的规划任务。

　　"十四五"时期是我国开启全面建设社会主义现代化国家新征程、向第二个百年奋斗目标进军的第一个五年，也是我国迈向创新型国家前列、加快建设科技强国的第一个五年。这是以大数据与人工智能为代表的新一轮科技革命与产业变革的快速发展期，是推进中国式现代化、实现中华民族伟大复兴征途中的关键时间节点，也是世界百年未有之大变局的剧烈演变期。大数据与人工智能正在深刻改变人类生产、生活与社会治理方式，也在不断改变人类认识世界与改造世界的思维方式。在新的发展阶段，科学研究范式发生着深刻变革，管理科学逐渐从定性分析转变为以数据驱动为主要特征的定量研究，从借鉴国外先进研究经验转变为致力于构建中国自主的知识体系，从单纯追逐论文数量转变为提升研究创新性、原创性的高质量发展。在"十四五"时期，我们应该立足中国大地，以国际眼光看待中国与世界面临的一系列重大管理与经济问题，用科学方法研究人类经济社会发展与社会治理的一般规律与变化趋势。

　　作为中国管理科学研究最重要的资助渠道，基金委管理科学部在习近平新时代中国特色社会主义思想指导下，致力于做好学科发展顶层设计，引领学科做大做强做优，服务国家经济发展与现代化建设重大战略需求。2019年初，基金委管理科学部启动管理科学"十四五"发展战略及管理科学与工程学科、工商管理学科、经济科学学科和宏观管理与政策学科四个学科发展战略的研究，希望汇集全国管理科学领域专家学者的力量，通过深入系统的科学研究，为基金委管理科学部制定"十四五"和中长期发展规划提供决策支持。

　　在过去两年多的时间里，各课题组认真梳理总结2010～2019年特别是"十三五"期间基金委管理科学部各学科的总体发展态势，充分借鉴国外相关学科的发展经验与发展趋势，紧密结合当前中国经济社会发展与社会治理面临的重大战略需求，综合运用文献计量分析、问卷调查、专家访谈、学术研讨等多种方法与途径，系统研究"十四五"期间我国管理科学各学科发展的总体思路、发展目标、学科布局以及相应的政策保障措施等重要问题，确立各学科重点攻关任务、优先发展领域以及重大基础与前沿科学问题，提出基金委管理科学部重点资助方向建议，为"十四五"时期管理科学发展提供科学决策依据与前瞻性指导。

这项研究工作总体呈现以下四个鲜明特点。

第一，始终坚持正确的政治方向，牢固树立"四个自信"，在思想上、政治上、行动上同以习近平同志为核心的党中央保持高度一致。各个课题组坚持以习近平新时代中国特色社会主义思想为指导，认真学习领会并贯彻落实党的十九大和十九届历次全会以及二十大精神，深刻把握新时代国家自然科学基金在国家创新体系中的战略定位与历史使命，以创建中国管理科学自主的知识体系为己任，在基金委管理科学部统一指导下开展各学科战略发展研究。

第二，坚持科学精神，尊重科学研究与学科发展的客观规律，突出科学问题属性，协调科学研究中自由探索与有组织科研之间的辩证关系。各课题组基于国家自然科学基金"鼓励探索、突出原创""聚焦前沿、独辟蹊径""需求牵引、突破瓶颈""共性导向、交叉融通"四大科学问题属性深入探讨，研究如何通过有组织科研形式，引导学者自由探索；研究如何从源头抓起，发现并精准提炼科学问题，全面提升科研选题质量；研究如何推动科学范式变革，积极借鉴自然科学以及交叉学科的理论方法研究现实管理与经济问题，以方法创新推动理论创新，全面提升研究质量。

第三，坚持与时俱进、守正创新，协调服务国家发展需求与学科发展目标之间的辩证关系。管理科学是一门为现实经济社会发展与社会治理服务的学科，本身具有很强的需求导向与实践特征，担负服务国家重大战略需求的历史使命。各个课题组充分认识到百年未有之大变局背景下国内外客观环境变化对科学基金规划工作的影响，在全面把握国家战略需求和政策导向的基础上，围绕服务国家重大需求和提升学科基础研究水平两大核心任务开展学科战略研究，坚持以国家重大管理与经济问题为导向，积极跟踪管理科学国际前沿发展，通过理论创新与方法创新，提出解决国家重大管理与经济问题的方法与途径，并在这个过程中构建中国管理科学自主的知识体系，为形成具有深厚国际影响力的中国管理科学学派奠定坚实的基础。

第四，坚持实事求是的原则，广泛凝聚共识，协调学科发展战略的指导性与战略落地的适应性之间的辩证关系。学科发展战略研究是管理科学学科专家学者集体智慧的结晶。在两年多的时间内，在基金委管理科学部统一指导下，各课题组组织了近百场专家座谈会；向上千位学者和企业家展开问卷调查工作，凝练学科优先发展方向与领域、重大基础与前沿问题等科学问题，推动学科研究范式创新的深入讨论。同时，根据现实需求变化和形势发展，适时提出修改建议，以最大努力提出完善国家自然科学基金资助体系的各种建议。

在充分研究的基础上，五个课题组出色完成各学科发展战略研究，形成"十四五"期间管理科学及学部各学科发展战略的顶层设计，明确各学科重点前沿领域、学科交叉方向，并在研究范式变革、学科理论体系构建、学术评价体制和机制改革、科学队伍建设和人才培养等方面提出具体建议和措施。这些工作为基金委管理科学部摸清家底、认清环境、找准定位、明确方向，充分发挥国家自然科学基金对学科发展的引领作用，奠定了坚实的基础；同时也为中国管理科学学科凝练共性问题，发掘一般规律，构建中国管理科学自主的知识体系提供科学参考。伟大的新时代必将产生伟大的新理论。我相信，中国管理科学在"十四五"期间必将跃上一个新的台阶！

丁烈云

# 前　言

在国家自然科学基金委员会（简称基金委）管理科学部及国家自然科学基金委员会科学部专家咨询委员会（简称专家咨询委员会）的指导下，在吸收和完善基金委党组会、管理科学部先后三次专家咨询委员会专题会议、三次"十四五"发展战略专家咨询会、十八场优先领域研讨会和以通信方式征询的专家意见与建议后，最终完成了本书的撰写工作。

本书的研究和撰写始终在管理科学部的领导和指导下进行，努力体现国家的重大战略需求和战略意图。在此特别感谢侯增谦院士、丁烈云院士以及杨列勋和刘作仪研究员。从研究之初到本书撰写全过程，项目负责人和研究团队成员代表分别参加了三次专家咨询委员会专题会议、一次管理科学部内部的专题工作学习讨论会，以及由管理科学部主办的三次专家咨询委员会发展战略专家咨询会，认真领会各次会议的精神和要求；认真学习中共中央和国务院的重要文件、党和国家领导人的重要讲话，以及《中华人民共和国国民经济和社会发展第十四个五年规划和 2035 年远景目标纲要》等未来重要规划和部署，并以此为指导，序贯展开项目的研究工作及后续的书稿写作。

本书的研究和撰写采取了包含内外部专家的项目团队形式展开工作，以保障研究工作的规范性、研究成果的学术严谨性。除了内部专家外，参加项目团队研究的外部专家还包括海内外的会议咨询专家、专题咨询专家及其学术小组、通信咨询专家等类别的专家群体，他们具有广泛的学术代表性。本书研究期间，正值新冠疫情暴发，项目研究团队克服种种困难，先后以线下或者线上方式组织了数十次各类专家咨询会议，包括两轮重点研讨会和一系列焦点小组会议，同时还通过各种通信形式广泛征询意见，邀请了海内外管理科学家进行深入交流。通过上述形式，本书研究团队对管理科学学科的国内外发展态势、发展基础、发展目标和保障措施等进行了充分的讨论；分别对各个优先领域内容的名称与内涵进行了凝练和完善，对各个领域中的主要发展方向名称和结构进行了优化调整，列举了各发展方向下部分可能的重要科学问题。2019 年 11 月至 2020 年 6 月，项目组分四次邀请外部专家率领各自领域的专家小组，对优先领域内容先后开展内容完善与修订，进一步优化了优先领域。领衔进行这些领域工作的外部专家主要包括以下几类战略科学家：国家自然科学基金委员会科学部专家咨询委员会成员、中国工程院院士、各个领域同行资深科学家（包括海外华人学者），以及优秀青年和国家杰出青年科学基金获得者等；每个优先领域专题有1～2位领衔专家、5～6位核心专家，领衔专家组织的学者团队参加了多轮的讨论，并提出了书稿修改建议。

在本书研究和撰写过程中，始终坚定地依靠管理科学家的群体智慧，努力通过定性定量的科学分析反映学科国际发展前沿动态。在此需要说明的是，第一，本书在文献计量分析中主要使用了 InCites 数据库数据。InCites 数据库中集合了科学网（Web of Science，WoS）核心合集七大索引数据库的数据，并且基于国务院学位委员会和教育部颁布的《学位授予和人才培养学科目录（2018 年 4 月更新）》建立了 WoS 核心合集与国务院学位委员会学科分类的映射，映射了包括除军事学以外的剩余全部的 13 个学科门类的 97 个一级学科。其中，管理学学科门类包括：管理科学与工程（1201）、工商管理（1202）、农林经济管理（1203）、公共管理（1204）以及图书情报与档案管理（1205）五个一级学科。为此，报告中使用的 InCites 数据及 WoS 数据均以对应一级学科为统计单位。本书分析中使用的其他文献数据主要是通过 WoS 文献数据平台中的科学引文索引扩展版（Science Citation Index Expanded，SCIE）及社会科学引文索引（Social Sciences Citation Index，SSCI）数据库对管理科学各学科进行的文献检索，文献类型包括 article（原著类论文）、review（综述类论文）等全部类型。第二，为更好地描述和分析我国管理科学学科发展趋势与现状，本书研究内容根据国家自然科学基金委员会管理科学部现有的学科代码设置：管理科学与工程（G01）、工商管理（G02）、经济科学（G03）、宏观管理与政策（G04），将已有的 InCites 学科映射与学科代码进行了简要对应，以期得到各学科发展水平的趋势性结论。具体统计方式为将农林经济管理并入经济科学学科进行统计，将公共管理、图书情报与档案管理并入宏观管理与政策学科进行统计。第三，本书文献数据检索出版年（文献发表年）限定为 2002 年至 2020 年。其中，2019 年 3 月至 2019 年 12 月报告及优先领域框架形成阶段，本书对所需数据进行了梳理分析和初步趋势性描述；在后期不断完善和修订的过程中，本书对部分数据进行了补充，时间截止到 2020 年 12 月。为此，在本书的正文中，以上关于数据出处（含检索类型）、学科分类信息以及数据检索时段将不再赘述。

总之，本书是凝聚了管理科学百余位战略科学家及其他各领域专家的智慧和心血的重要成果。在此，衷心感谢辛勤付出的全部专家学者，他们的伟大工作将塑造我国管理科学的未来。

# 目　　录

# 第1章 管理科学学科界定及其发展背景与规律

## 1.1 管理科学的内涵

### 1. 学科内涵

国家自然科学基金委员会将资助的管理科学界定为"研究人类社会发展过程中不同层次社会经济组织的经济和管理活动之客观规律的学科"。管理科学通过符合科学规范的研究方法，在特定时空中的管理情境假设下，将经济和管理活动中的实践问题抽象为可求解的科学问题，进而探索这类活动的客观规律。

人类社会经济组织可以看作由不同的能动主体（包括自然人、机器人、下层单元组织）通过（演化）规则和（动态）结构相互联结、为达成特定目标而形成的复杂系统。经济和管理活动是这类复杂系统中重要的活动，它是由该系统中不同的能动主体在一定的情境下为达成特定管理和经济目标而进行的交互行为及其总和。管理科学的研究对象正是这类活动的客观规律。

由于有人的参与，这类活动往往兼有两种属性，既有在给定假设条件下具备一定普适性客观规律的特点（即其科学属性），又存在依赖参与者个人经验和主观价值判断的不可重现特征（即其人文属性）。管理科学则主要是从科学属性的角度探索这类活动的客观规律。

依据国家自然科学基金委员会的功能定位，管理科学部资助的广义管理科学具体可以分成管理科学和经济科学两个部分，分别以管理活动和经济活动的客观规律为主要研究对象，学科范围包括管理科学与工程、工商管理、经济科学、宏观管理与政策四个学科。

### 2. 国家自然科学基金管理科学的定位

根据《国家自然科学基金条例》和《国家自然科学基金委员会章程》，国家自然科学基金的主要任务在于"促进基础研究，培养科学技术人才，增强自主创新能力"，并通过战略前瞻部署，推动学科交叉融合，"实现科技创新对经济社会发展的支撑和引领，促进创新型国家和世界科技强国建设"。在"十四五"期间，国家自然科学基金将落实"按照'四个面向'的要求，突出科学问题导向，坚持面向科学前沿和面向重大需求相结合，坚持培养人才和支持团队相结合，统筹布局科学基金资助管理"的战略定位，以"培育原始创新能力"为宗旨。由此，管理科学学科也将根据国家自然科学基金委员会的战略部署,以"植根中国管理实践和世界科学发展前沿,推进对于管理活动客观规律的原创科学认知及其范式变革,服务国家治理和社会经济发展重大需求"作为学科的基本定位,努力统筹社会经济需求和学科发展,坚持运用自然科学方法论探索管理活动的规律,以提高学科水平,形成学科特色。

## 1.2　管理科学发展的现实背景

当今世界正经历百年未有之大变局,我国发展面临的国内外环境发生了深刻复杂变化。随着全球一体化进程加剧及中国经济的高速发展,中国在经济、社会、文化、科技等各方面与世界联系更加紧密,中国的快速发展也深刻改变了世界经济与文化格局。展望未来,"十四五"期间,中国将在国际上产生更加深远的影响,同时也面临更多的关注与挑战。由此,管理科学学科发展的现实背景也在持续发生改变。

当今世界,新一代颠覆性科学技术快速发展,国际政治经济格局发生重大变化,全球治理结构体现出新形势。我国作为新兴经济体的代表,以负责任的大国形象活跃在国际舞台。与此同时,我国正面临新一轮科技革命和产业变革的重大突破期、全球科技创新版图的深度调整期、科技与经济发展的深度融通期、国民经济高质量发展的动力转换期,以及增强源头创新能力的重要攻坚期。上述现实背景使中国管理科学的未来发展面临巨大挑战的同时,也带来难得的研究机遇。

### 1.2.1　颠覆性技术等创新驱动引发的管理变革

《中华人民共和国国民经济和社会发展第十四个五年规划和2035年远景目标纲要》中指出,要整合优化科技资源配置、加强原创性引领性科技攻关、持之以恒加强基础研究、建设重大科技创新平台。新一代信息技术(物联网、大数据、云计算、人工智能、5G等)的迅速发展重塑了世界制造业,改变了企业经营模式,增进了国家间的关联,对管理与经济活动的方式和内容、范围和速率、规模和外部性都产生了巨大影响。人工智能、云计算、物联网和5G等新技术将快速应用于管理实践,商业环境中"跨界打击""降维式打击"的案例频频出现,技术创新、商业模式创新不断涌现。管理活动的复杂化、数字化、智能化和系统化驱使管理科学研究不仅需要沿着经典道路继续前进,同时也亟须开辟新道路。

改革开放40多年来,我国实现了科技水平的整体跃升,已成为具有重要影响力的科技大国,科技创新对经济社会发展的支撑和引领作用日益增强。当前,新一轮科技革命和产业变革正在孕育兴起,全球科技创新呈现出新的发展态势和特征，新技术替代旧技术、智能型技术替代劳动密集型技术趋势明显，不断涌现的颠覆性技术冲击着我国传统管理思路及管理模式。传统制造业依靠要素成本优势驱动、大量投入资源和消耗环境的经济发展方式已难以为继。新的技术革命同样改变着信息传播和资源调配的速率，导致管理科学问题在时间维度上发生本质改变。企业管理、市场机制、宏观管理与政策等方面的科学问题都需要更快、更全、更完善的解决方式。

### 1.2.2　数据驱动、学科交叉、问题导向的学科发展态势

美国国家科学基金会报告指出，当前社会、行为和经济学科研究呈现数据驱动、学科交叉、问题导向的发展态势。在信息技术、大数据、人工智能等科学技术的影响下，数据驱动的管理科学研究逐渐成为学科发展的重要趋势。在这样的背景下，管理科学与信息科学、数学、心理学、行为学及社会学等学科交叉和融合的趋势日趋明显。此外，中国的管理科学研究需要更加突出问题导向意识，这不仅是中国管理实践的需要，也是国际管理学界 2010～2019 年的发展趋势。习近平指出，"实践是理论的源泉。我国经济发展进程波澜壮阔、成就举世瞩目，蕴藏着理论创造的巨大动力、活力、潜力，要深入研究世界经济和我国经济面临的新情况新问题"[①]。为此，需要紧密地与中国科技、经济、社会发展实践相结合，提炼管理科学问题，推进顶天立地的管理科学研究。这既给管理科学家带来了极大挑战，同时也为提高中国管理科学原始创新能力提供了难逢机遇。

### 1.2.3　国际关系和全球治理体系面临的重塑与挑战

近年来，国际主要行为体之间的力量对比发生重大变化，以中国为代表的新兴经济体的崛起正改变世界格局。早在 2018 年习近平就深刻地指出，"当前，我国处于近代以来最好的发展时期，世界处于百年未有之大变局，两者同步交织、相互激荡"，"不仅要冷静分析各种国际现象，而且要把自己摆进去，在我国同世界的关系中看问题，弄清楚在世界格局演变中我国的地位和作用"[②]。同时，国务院发展研究中心于 2018 年 12 月发表的《未来 15 年国际经济格局变化和中国战

① 在中共中央政治局第二十八次集体学习时强调 习近平：立足我国国情和我国发展实践 发展当代中国马克思主义政治经济学. http://jhsjk.people.cn/article/27852257[2015-11-25].

② 习近平在中央外事工作会议上强调 坚持以新时代中国特色社会主义外交思想为指导 努力开创中国特色大国外交新局面 李克强主持 栗战书汪洋王沪宁赵乐际韩正王岐山出席. http://jhsjk.people.cn/article/30079017 [2018-06-24].

略选择》报告中提到，"预计到 2035 年，包括新兴经济体在内的发展中国家在世界经济中的比重将达到 60%，在全球贸易和跨境投资中的比重也将相应大幅上升"。全球治理格局的重要调整和政治经济不确定性陡增，形成人类经济和管理活动新的时代情境。

目前，我国正逐渐从农业大国向世界制造业中心转型，全产业链齐备、技术积累优势逐渐凸显的"中国制造"在国际市场中的领先地位日益巩固。中国经济高速发展使其在全球价值链体系中的影响力持续提升，中国正深度影响着全球化竞争和治理格局。根据麦肯锡 2019 年的《中国与世界：理解变化中的经济联系》报告，2018 年，中国的商品贸易占全球商品贸易的 11%，110 家中国企业位居《财富》世界 500 强排行榜，金融系统规模位居世界前三位，研发支出全球排名第二。与此同时，在全球地缘政治经济冲突、全球气候变化、全球性新冠疫情公共卫生危机等因素的冲击下，国家经济与政治形势变化速度加快，变动程度加大，给中国带来的挑战也日益增大。因此，这一时代背景要求中国的管理科学研究须深入思考全球治理问题，从全球合作治理角度出发，重新思考国际市场中各类权力、资源与要素的配置，积极探索全球竞争背景下的中国管理科学研究。

## 1.2.4 高水平社会主义市场经济体制的改革与构建

新中国成立以来，在中国共产党的领导下，中国人民经过艰苦卓绝的奋斗，取得了一系列举世瞩目的辉煌成就，并且正在转入体现"创新、协调、绿色、开放、共享"的新发展理念的高质量发展阶段。我国在改革开放与经济建设过程中积累了大量管理和经济发展经验。中国社会经济的实践也使基于西方经济管理实践和制度文化发展起来的管理科学理论面临挑战，中国及其他新兴经济体的实践形成了不同于这些理论预期的"管理异象"（management anomalies），亟须发展新的管理科学理论来解释和指导人类社会经济管理的多样性实践。

同时，回顾中国 40 多年来改革开放的社会经济发展进程，国家发展的驱动力正从资源消耗和低成本劳动力优势等外延式发展模式向高质量内涵发展模式转变。未来，中国将以构建人类命运共同体为己任，在低碳环保、资源节约方面担当大国责任。因此，在一个颠覆性技术不断涌现、全球竞争格局根本改变、中国体制改革深化的时代大背景下，如何提出能够服务高质量发展的管理理论、最大化激发市场主体活力，这是管理科学家亟须解决的重要问题。面向未来，中国的社会经济发展将会面临更加复杂的国际环境和多变的管理情境。目前，中国经济发展实践的成功和挑战尚缺乏深刻的科学总结，能够容纳内在特征和差异的系统性管理科学理论尚未形成，亟须管理科学家进行开拓性和前瞻性的管理科学理论研究，进而为推动中国特色的管理科学理论发展做出贡献。

## 1.3　管理科学学科发展的基本规律

管理科学作为一门实践性很强的学科，本质上是对人类社会发展过程中的管理思想和管理活动规律认知的总结。由于研究对象的这种特殊属性，相比其他更为基础性的自然科学学科，管理科学的研究方法论和手段、研究内容都在随着时代的发展而不断演进，研究结论也具有更多的"情境依赖性"。

### 1.3.1　中国管理科学学科发展规律的总体特点

#### 1. 管理科学研究的复杂性范式正在出现

随着自然科学研究方法论的演进和人类管理活动中环境的变化要求，管理科学的研究方法论也在演化，并且越来越体现出交叉学科研究的方法及方法论特点。近代科学的发展沿着还原论的方向和研究简单系统的思维模式，用分析、分解、还原的方法，不断把整体分解为部分，把高层次还原到低层次，揭示了大自然的许多奥秘，取得了巨大成就。以科学管理理论问世为标志的现代管理科学，发轫之始即为典型还原论的方法论，即以实验研究和动作研究方法，试图再分拆出影响工作效率的各个因素及改进方法，达到个体提高工作效率的目的。迄今为止，还原论在管理科学研究过程中仍然处于主导地位。

然而，随着人们对管理活动客观规律研究的进一步加深及社会、经济活动环境的不断变化，人们发现，管理活动的个体效率并不等同总体效率，考虑到复杂的作用机制的存在，许多内容无法从原来的要素"分拆—还原"中获得解释。因此，研究方法论中考虑复杂性因素及其作用机理的整体论的指导思想开始凸显。整体论与中国哲学和文化中的思维方式相一致，认为自然界的事物由各部分或各种要素组成，各部分不是孤立存在，而是作为一个有机整体发挥作用。整体论表达了系统由其异质的组成单元相互作用而产生规律的思想。

当前，随着经济全球化和信息科学技术的发展，管理科学研究的方法论也在不断丰富和创新。现在的管理科学研究者可以利用强大的信息技术高效率地收集、整理和分析数据，进而在更微观、更细致的层面上记录和分析个人与社会组织的管理行为，以及两者在互相影响下表现出来的复杂性与不确定性。同时，研究者能够运用过去无法实施的实验手段和设备来探索管理规律，形成新的管理研究方法，并用演化的思想和复杂的科学理论来描述微观个体行为所"涌现"出来的总体一般性规律。

**2. 管理科学研究对象随社会经济、技术发展不断丰富**

从研究对象来看，管理科学随着人类社会经济活动的发展、科学技术的进步，呈现越来越丰富的特征。在管理科学与工程学科涉及的研究方法上，随着信息科学、数学和其他相关学科的发展，管理科学方法本身不断丰富。例如，管理科学预测方面，从点预测发展为区间预测；随着对人类组织行为研究的不断深化，评价方法也考虑结合行为因素的不同风险偏好的决策与理论；由于全球化与信息技术的发展，管理科学研究逐渐从单一企业局限于某一地域运作与生产管理的研究，扩展为网络组织的运营和管理研究；由于国际政治经济格局的巨大变动和新冠疫情的冲击等重大因素，供应链布局和运营安全、企业的全面风险管理等方面形成了很多新的研究内容；新一代信息技术带来的变化，使诸如平台型企业、会计数字化分析等成为热点；数字技术带来的智慧城市管理、数字健康管理等，以及我国进入新时代的深化改革带来的国家治理现代化、全球治理参与机制等，新冠疫情和突发自然灾害产生的应急管理、韧性公共服务系统，数字经济的统计计量、人口结构的经济效应等，都成为新的管理科学研究内容。

**3. 管理科学理论具有"情境依赖性"**

作为一门以管理实践活动为对象的学科，管理科学发现的管理规律、发展理论，都与管理实践活动所处情境（由包括政治经济体制、社会制度、历史文化、技术发展阶段等综合复杂因素扭结形成的前提条件）密切相关，所以管理科学的理论发展带有一定的"情境依赖性"。尽管现有的主流管理理论大多源自发达经济体的管理实践，但可以大致分成三类情形[①]。第一类是基本上不依赖于情境的，典型的如管理科学与工程学科中的一些理论，在中国的情境下，其理论结论也是成立或者基本上成立的；第二类是弱情境依赖的，典型的如工商管理和经济科学中的一些内容，在其他经济体的情境下加以适当的修正，也是可以适用的；第三类则是强情境依赖的，这些理论所依赖的"特定情境"往往是隐含的，因此，常常出现理论与在其他经济体的管理实践活动相违背的"异象"。特别地，中国改革开放的巨大发展现实，逐步揭开了现有主流管理理论背后隐藏着"情境假设"的现实，进而推动了基于中国情境的管理理论研究。

## 1.3.2 中国管理科学分学科的发展规律特点

具体而言，管理科学涉及的四个学科领域，除了遵循上述一般性的学科发展

---

① Tsui A. Contextualization in Chinese management research. Management and Organization Review，2006，2（1）：1-13.

规律外，也有各自学科发展规律的一些特点。

### 1. 管理科学与工程学科

管理科学与工程学科近年来的发展规律主要呈现以下特点。第一，学科的交叉性特征日益突出。在管理科学学科内部，管理科学与工程学科在研究问题和研究方法上与工商管理、宏观管理与政策、经济科学等学科的交叉已经变得很普遍。同时，其与管理科学学科之外的其他学科（如心理学、计算机科学、生物科学等领域）的互动和交叉也在不断增加。第二，学科的内涵和外延越来越丰富。随着管理科学与工程学科的界限明晰度降低，领域内研究分支和领域增多，出现了电子医疗与健康、大数据分析、人工智能协同等崭新领域。以国家自然科学基金委员会资助项目为例，2014～2019 年，以新兴领域为研究内容的资助项目不断增加。同时，已有的传统领域（如工业工程、运筹与管理等）的研究方向也在变化，如供应链管理领域出现的数据及商业分析驱动的供应链运营管理研究、循环经济下的逆向供应链管理等。第三，学科的理论研究与实践结合日趋紧密。以往的管理科学与工程学科具有明显的应用数学的特征，所考虑的问题情境、提出的研究方法与实现路径相比管理实际，有较大的抽象、简化，进而可能产生过大的偏差。目前，在社会实践对管理科学与工程学科研究问题和研究方法存在巨大需求的情形下，这种现象已经得到巨大改善。从文献调研可以看出，在管理科学与工程领域的科学引文索引（Science Citation Index，SCI）源期刊中，基于案例研究的文章数量逐渐增多；从社会经济中的管理现象中抽象出更加符合现实的科学问题，并通过严谨的科学结论给出管理决策建议，也成为学科发展的趋势和文化，得到学界和实践界的广泛关注。

### 2. 工商管理学科

工商管理学科近年来的发展规律主要呈现以下特点。第一，工商管理研究的全球化和本土化的并行趋势。改革开放 40 多年来，由于加入世界贸易组织（World Trade Organization，WTO）等一系列对外开放的重大国家战略决策、中国特色的体制改革，我国经济得以快速发展，驱动了我国工商企业不断主动融入和积极影响世界的全球化进程，引发了包括国内外学者在内的全球性关注。这不仅为中国企业带来新的发展机遇和实践空间，也推动形成了中国工商管理研究内容的全球化趋势和逐渐强化的本土化意识，并带动了工商管理研究学术合作的全球化。第二，新一代信息技术的影响已经广泛地渗透到工商管理研究。随着互联网、人工智能、大数据等技术手段与组织管理的深入融合，当今组织管理过程中参与管理活动的主体不断增加，管理主体的行为方式也在发生显著变化。不同管理主体之间持续融合并协同合作，使管理活动更加系统化、数据化和智能化。企业组织的微观环境，特别是企业组织与消费者的关系、行业间竞合关系及商业网络都发生着深刻变化。这些技术驱动的变化不仅形成了工商管理研究的新问题，而且技术本身也成为工商管理研究的新工具。第三，创新已经在工商管理研究中成为突出的内容。在创新驱动发展战略的背景下，作为创新主体的企业需要持续进行制度创新、技术创新、管理创新、商业模式创新等活动。此外，由创新引发的企业组织生态化、边界模糊化及商业模式和逻辑的演化等趋势，为工商管理原创性理论的产生提供了机遇。

### 3. 经济科学学科

随着中国经济的持续发展，国内经济科学学科的规模不断扩大，教学研究水平逐步提高，学科自身的发展规律也呈现出以下特点。第一，经济科学学科的基础性地位得到加强。与管理科学之外的国内其他社会科学学科相比，中国经济科学学科在师资规模、国际化水平、学术团队建设等方面已经具备全面创新突破的人才和技术储备[①]，经济科学已逐渐成为所有社会科学中的基础性学科之一。第二，经济科学研究范式的科学化程度提升。实证经济科学研究在经济科学中的整体重要性体现明显，现代经济科学研究娴熟运用自然科学中的抽样调查、计量回归、计算机模拟和行为实验等手段；在理论推演方面，现代经济科学研究注重将逻辑分析与量化技术相结合，倡导使用数学模型表述经济科学思想，力图利用更加精练的方式阐述深刻的经济科学思想和理念。第三，中国特色的经济科学研究逐步成为经济科学家的关注点。新中国成立以来，特别是改革开放以来，中国经济所呈现出的高速和韧性增长，引发了世界性的瞩目，中国经济发展中出现的新现象和新问题为理论自主创新提供了现实基础，这不仅引发了中国和世界经济科学家的学术兴趣，也使中国原创性经济理论逐渐获得更多国际经济科学界的关注和接受。

### 4. 宏观管理与政策学科

宏观管理与政策学科在长期发展演化过程中，逐渐形成了自身的学科特点。第一，宏观管理与政策学科一直是一个更为综合交叉的学科。与其他三个学科相比，宏观管理与政策在教育部的学科设置中并没有相对应的独立学科，而是对应着公共管理、教育管理、公共卫生、图书情报档案管理等一系列学科，以及目前还没有被划分到任何具体学科的一些特定研究领域（如科技政策、创新管理、区域发展等）所组成的综合研究领域群。其学科优势体现在容易以综合的视角、以问题为导向开展大幅度跨学科的研究活动，有利于形成学科交叉融合创新，有利

---

① 甘犁，冯帅章. 以微观数据库建设助推中国经济学发展——第二届微观经济数据与经济学理论创新论坛综述. 经济研究，2019，54（4）：204-208.

于回应国家重大战略需求；其劣势则在于缺少作为学科共同基础的理论硬核，缺少学术评价的共识。第二，宏观管理的内涵随着社会经济发展而延伸。随着宏观管理事务类型的增加、宏观管理主体更加多元化带来的影响，除了关注传统主题之外，学科又重点关注了全球治理、低碳环保和绿色发展、政府-社会-企业合作、新型治理模式等新问题，并在宏观管理实践中提炼与总结出新的规律和理论。第三，新一代信息技术带来的学科研究问题和方法手段的更新。以计算机、微电子技术、现代通信技术和互联网为代表的信息技术革命席卷全球，对宏观管理与政策领域的实践应用和理论研究产生深远影响。例如，由于信息共享和交流通畅，公共服务的效率大大提高，政府及公共组织内部发生流程再造。近年来，大数据等信息技术作为又一颠覆性技术革命，同样为宏观管理与政策研究理论、方法与实践应用提供了新的发展机遇。在理论方面，大数据治理、应对策略及大数据技术应用等成为新的探索方向；在研究方法方面，出现了以数据挖掘为代表的“数据密集型科学发现”的研究范式；在实践方面，大数据平台的建立，有利于形成以政府为主导、多主体参与的治理形态。

# 第 2 章　管理科学的现状与发展

## 2.1　管理科学的现状和地位

### 2.1.1　管理科学基础研究人才队伍

在过去 40 多年的时间里，尤其是"十三五"期间，中国管理科学的教学队伍与科研队伍均获得了快速发展，中国管理科学学科规模已经具备理论自主创新的基础，作为创新主体的人才队伍已经具有相当规模。例如，2019 年，高校及科研院所管理学和经济学博士毕业生 8372 人（管理学 5084 人，经济学 3288 人），数量规模上仅次于 13 个学科中的工学、理学和医学。2000～2019 年，国家自然科学基金共支持管理科学与经济科学的研究项目 21 000 余项，随着管理科学部项目资助规模的不断扩大，通过资助项目参与管理科学研究的科研人员数量也在不断增加，从 2000 年的 1787 人增加到 2019 年的 11 064 人，主持和主要参与研究的科技人员累计达到 17 万余人次。

国内管理科学研究队伍以中级职称、高级职称人员及硕士与博士研究生为主要人员（图 2-1），并呈现出以中青年为主的特点。具体来说，在管理科学部受理的面上项目、青年科学基金项目和地区科学基金项目申请中，56 岁及以上的申请者所占比重总体呈下降趋势，由 2000 年的 13.53%降至 2019 年的 4.12%；而 35岁及以下的申请者所占比重总体不断上升并在近些年趋于稳定，已由 2000 年的17.03%升至 2019 年的 39.20%。经过多年的基金资助，已经形成了一个规模依旧在增长，但结构已经趋于比较稳定的管理科学基础研究队伍（图 2-2）。

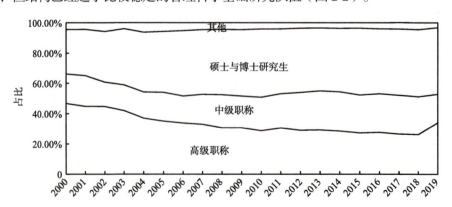

图 2-1　2000～2019 年资助项目组成员分布

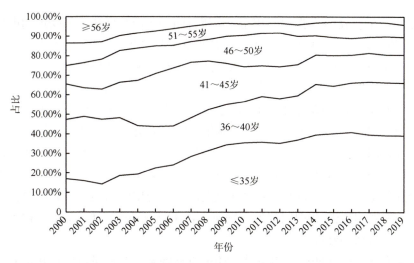

图 2-2 2000～2019 年项目申请人年龄结构分布图

资料来源：国家自然科学基金委员会

在此背景下，管理科学部资助项目主持人的年龄结构也相应呈现出年轻化的特点。如图 2-3 所示，在管理科学部资助的面上项目、青年科学基金项目、地区科学基金项目中，主持人年龄在 51 岁及以上的项目比例总体不断减少，由 2000 年的 27.11%降至 2019 年的 10.03%。而主持人年龄在 45 岁及以下的项目比例则不断增加，由 2000 年的 66.26%升至 2019 年的 83.85%。其中，主持人年龄在 35 岁及以下的项目比例增长最为明显，由 2000 年的 19.88%增加至 2019 年的 48.42%。

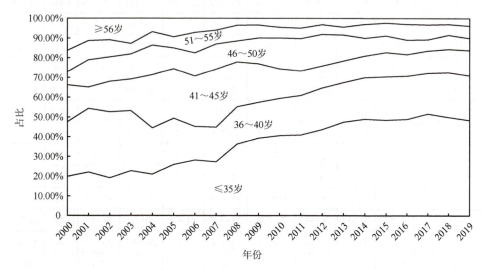

图 2-3 2000～2019 年项目主持人年龄结构分布图

值得注意的是，从 2010 年起，管理科学部资助的各类项目的主持人年龄在

35 岁及以下的占比一直在 40%以上，均超过同一年份管理科学部受理的申请人年龄在 35 岁及以下的项目比例，并且其比例之差持续增加，2019 年超过了 9 个百分点，这体现了青年学者整体学术水平的提高和国家自然科学基金近年来向青年学者的政策倾斜，这与国家自然科学基金委员会章程中明确的"有利于培养青年科学技术人才"的资助原则相符。国家自然科学基金的累积效应发展壮大了管理科学基础研究队伍，整体呈现出人才队伍稳定、人员结构合理的特征。

此外，国家自然科学基金还吸引并凝聚了一批海外及港澳优秀人才为提高和发展中国管理科学服务，这也是一个重要的人才策略。例如，"海外及港澳学者合作研究基金项目"资助了多名海外及港澳学者与中国内地学者开展合作研究，在他们的所在国/地区和中国内地分别建立合作研究基地。这些措施赢得了海内外学者的广泛欢迎和好评。

除了专任教师这些中坚力量外，还可以从各高校及科研机构正在培养的研究生数量分析中国管理科学学科的人才潜力。2013～2019 年，无论是中国管理科学学科研究生招生数、在校学生数还是毕业生数均呈递增态势（表 2-1），这反映了中国管理科学学科拥有雄厚的人才基础，也反映了国家自然科学基金"促进基础研究与教育相结合"的宗旨。

**表 2-1　管理学和经济学研究生情况**（单位：人）

| 年份 | 项目 | 类型 | 招生 | | | 在校学生 | | | 毕业生 | | |
|---|---|---|---|---|---|---|---|---|---|---|---|
| | | | 总人数 | 博士 | 硕士 | 总人数 | 博士 | 硕士 | 总人数 | 博士 | 硕士 |
| 2013 | 普通高校 | 管理学 | 80 422 | 4 606 | 75 816 | 236 827 | 23 694 | 213 133 | 65 337 | 3 626 | 61 711 |
| | | 经济学 | 27 280 | 2 668 | 24 612 | 75 437 | 11 740 | 63 697 | 22 790 | 2 124 | 20 666 |
| | 科研机构 | 管理学 | 891 | 95 | 796 | 2 007 | 288 | 1 719 | 454 | 72 | 382 |
| | | 经济学 | 727 | 251 | 476 | 2 111 | 872 | 1 239 | 436 | 204 | 232 |
| | 总计 | | 109 320 | 7 620 | 101 700 | 316 382 | 36 594 | 279 788 | 89 017 | 6 026 | 82 991 |
| 2014 | 普通高校 | 管理学 | 80 752 | 4 393 | 76 359 | 244 537 | 23 642 | 220 895 | 69 083 | 3 415 | 65 668 |
| | | 经济学 | 27 341 | 2 663 | 24 678 | 76 788 | 12 120 | 64 668 | 25 606 | 2 054 | 23 552 |
| | 科研机构 | 管理学 | 889 | 96 | 793 | 2 309 | 334 | 1 975 | 589 | 51 | 538 |
| | | 经济学 | 723 | 254 | 469 | 2 121 | 889 | 1 232 | 677 | 208 | 469 |
| | 总计 | | 109 705 | 7 406 | 102 299 | 325 755 | 36 985 | 288 770 | 95 955 | 5 728 | 90 227 |
| 2015 | 普通高校 | 管理学 | 83 050 | 4 338 | 78 712 | 254 435 | 24 309 | 230 126 | 71 127 | 3 360 | 67 767 |
| | | 经济学 | 29 216 | 2 605 | 26 611 | 78 904 | 12 412 | 66 492 | 25 673 | 1 995 | 23 678 |
| | 科研机构 | 管理学 | 902 | 97 | 805 | 2 484 | 384 | 2 100 | 704 | 51 | 653 |
| | | 经济学 | 803 | 256 | 547 | 2 223 | 939 | 1 284 | 671 | 189 | 482 |
| | 总计 | | 113 971 | 7 296 | 106 675 | 338 046 | 38 044 | 300 002 | 98 175 | 5 595 | 92 580 |

续表

| 年份 | 项目 | 类型 | 招生 | | | 在校学生 | | | 毕业生 | | |
|---|---|---|---|---|---|---|---|---|---|---|---|
| | | | 总人数 | 博士 | 硕士 | 总人数 | 博士 | 硕士 | 总人数 | 博士 | 硕士 |
| 2016 | 普通高校 | 管理学 | 84 016 | 4 273 | 79 743 | 263 156 | 24 541 | 238 615 | 71 217 | 3 182 | 68 035 |
| | | 经济学 | 29 591 | 2 555 | 27 036 | 80 625 | 12 583 | 68 042 | 26 336 | 1 881 | 24 455 |
| | 科研机构 | 管理学 | 1 031 | 96 | 935 | 2 715 | 413 | 2 302 | 781 | 55 | 726 |
| | | 经济学 | 805 | 254 | 551 | 2 345 | 1 017 | 1 328 | 642 | 165 | 477 |
| | 总计 | | 115 443 | 7 178 | 108 265 | 348 841 | 38 554 | 310 287 | 98 976 | 5 283 | 93 693 |
| 2017 | 普通高校 | 管理学 | 119 271 | 4 567 | 114 704 | 357 905 | 25 241 | 332 664 | 75 293 | 3 071 | 72 222 |
| | | 经济学 | 33 849 | 2 731 | 31 118 | 86 662 | 13 011 | 73 651 | 27 079 | 1 959 | 25 120 |
| | 科研机构 | 管理学 | 1 623 | 102 | 1 521 | 4 663 | 440 | 4 223 | 854 | 69 | 785 |
| | | 经济学 | 883 | 249 | 634 | 2 585 | 1 062 | 1 523 | 709 | 193 | 516 |
| | 总计 | | 155 626 | 7 649 | 147 977 | 451 815 | 39 754 | 412 061 | 103 935 | 5 292 | 98 643 |
| 2018 | 普通高校 | 管理学 | 125 781 | 4 827 | 120 954 | 391 337 | 25 773 | 365 564 | 78 979 | 3 189 | 75 790 |
| | | 经济学 | 34 942 | 3 044 | 31 898 | 92 644 | 14 269 | 78 375 | 29 317 | 2 080 | 27 237 |
| | 科研机构 | 管理学 | 1 187 | 83 | 1 104 | 3 727 | 382 | 3 345 | 661 | 38 | 623 |
| | | 经济学 | 551 | 90 | 461 | 1 637 | 520 | 1 117 | 471 | 62 | 409 |
| | 总计 | | 162 461 | 8 044 | 154 417 | 489 345 | 40 944 | 448 401 | 109 428 | 5 369 | 104 059 |
| 2019 | 普通高校 | 管理学 | 129 021 | 5 017 | 124 004 | 414 429 | 26 699 | 387 730 | 84 979 | 3 146 | 81 833 |
| | | 经济学 | 41 045 | 3 201 | 37 844 | 101 183 | 14 906 | 86 277 | 31 152 | 1 994 | 29 158 |
| | 科研机构 | 管理学 | 1 037 | 67 | 970 | 3 416 | 395 | 3 021 | 1 020 | 51 | 969 |
| | | 经济学 | 721 | 87 | 634 | 1 871 | 539 | 1 332 | 473 | 66 | 407 |
| | 总计 | | 171 824 | 8 372 | 163 452 | 520 899 | 42 539 | 478 360 | 117 624 | 5 257 | 112 367 |

资料来源：教育部网站（http://www.moe.gov.cn/jyb_sjzl/moe_560/jytjsj_2019[2023-05-25]）

分学科来看，管理科学与工程学科作为中国管理科学最早发展的一个分支，它的教育体系与科研队伍逐渐完善和壮大，在优秀人才培养及研究基地建设等方面都取得了比较显著的成绩，形成了良好的学术梯队。重点大学的管理学院和一些有影响力的科研院所是中国管理科学与工程学科的主要研究力量，形成了一批以院士为核心的老中青科学家队伍；在一些研究领域出现了在国际上具有一定影响力的优秀研究群体；有一批以国家杰出青年科学基金获得者为学术带头人的骨干研究力量；已建成一批有影响力的重点实验室与研究中心。这些都表明中国管理科学已具有一支较为成熟的研究队伍，可以为管理科学的持续发展提供重要支撑。以国家自然科学基金面上项目的申请为例，2014～2019 年，申请量平均年增长率为 9.99%。

中国工商管理学科的 WoS 论文数量呈快速增长态势，2016～2019 年，中国①工商管理学科论文的世界份额为 20.45%，位居世界第一，比 2012～2015 年提高了 3.11 个百分点。2016～2019 年中国工商管理领域论文被引频次的世界份额相比 2012～2015 年增长了 4.29 个百分点，中国是 TOP 20 国家（地区）中增长最多的国家。2016～2019 年，中国工商管理领域的高被引论文数量攀升迅速，从 9 篇增加到 63 篇，世界份额达到 13.55%，位居世界第二。

在"十三五"期间，随着宏观管理与政策学科的不断发展，越来越多的学者进入这个学科中，为该学科的研究队伍注入了新的活力。高等院校的管理学院及包括中国科学院等在内的研究机构是推动我国宏观管理与政策学科发展的一支主要研究力量。2012～2019 年，中国宏观管理与政策领域的论文数量从 742 篇增加到 5602 篇。前后两个四年期相比，中国宏观管理与政策领域 WoS 论文的世界份额增加了 5.23 个百分点。2016～2019 年，中国宏观管理与政策领域被引频次的世界份额为 11.9%，比 2012～2015 年增长了 5.51 个百分点，位居世界第三。中国与排名首位的美国在引文世界份额指标的差距由 34.37 个百分点缩小至 32.91 个百分点。2012～2019 年，中国的篇均引文指标（10.0995）高于世界基线（9.0497）和多数科技发达国家。2016～2019 年，中国宏观管理与政策领域的高被引论文的数量和世界份额（357 篇，18.6%）落后于美国（720 篇，37.52%）和英国（455 篇，23.71%），位居世界第三。

我国经济科学学科规模已经具备理论自主创新的基础，尽管距离美英等国的学科影响力仍有较大差距，但作为创新主体的人才和相关成果都已经开始形成相当规模。2016～2019 年，中国在经济科学领域的 WoS 论文数量排名位居世界第四，占世界总份额的 8.17%，较前一个四年期增长了 3.19 个百分点（但仍低于美国的 35.14%、英国的 14.73%和德国的 9.43%）。2016～2019 年，中国在经济科学领域 WoS 论文被引频次的世界份额为 10.87%，较前一个四年期增长了 4.62 个百分点，世界排名第四位。2016～2019 年，中国的篇均引文"得分"是 4.58，高于世界基线（3.44）。2016～2019 年，中国经济科学领域的 WoS 高被引论文世界份额为 22.37%，较 2012～2015 年提升了 13.146 个百分点，中国高被引论文世界排名由第四位前进至第二位。

### 2.1.2　管理科学的资助格局

#### 1. 我国管理科学基础研究的主要资助渠道是国家自然科学基金

中国管理科学的基础研究资助来源有国家自然科学基金、国家社会科学基

---

① 本章中涉及的中国相关数据均不包含港澳台地区数据。

金、国家软科学研究计划，教育部、科学技术部等部委，以及部分民间机构、国际组织、地方政府、企事业单位等提供的少量研究经费。其中，国家自然科学基金委员会对管理科学基础研究的资助历史最长、支持数量最多，是中国管理科学领域最主要的资助来源。国家自然科学基金委员会自 1986 年成立以来即对管理科学领域的基础研究进行资助，迄今已近 40 年的历史；在申请数量上，国家自然科学基金管理科学类项目申请量持续快速增长，平均年增长率达 13.30%，2018～2019 年，每年申请量超过 10 000 项；在申请的类型上，从着重于科学问题研究的面上项目、重点项目、重大项目和重大研究计划项目，到着重于人才和团队培养的青年科学基金项目、地区科学基金项目、优秀青年科学基金项目和国家杰出青年科学基金项目、创新研究群体项目、基础科学中心项目，再到着重于国际合作的重点国际（地区）合作项目、组织间国际（地区）合作研究与交流项目、外国学者研究基金项目，一直到着重于学术研究基础条件建设的数据中心、数据项目等，比较全面地覆盖了推动管理科学基础研究的各方面综合协调发展。从以上资助发展历史、数量及类型对比上不难看到，在国家管理科学基础研究的整体布局上，国家自然科学基金一直发挥着主体作用。相比之下，其他类型的国家级基金组织（如国家社会科学基金、教育部人文社会科学基金等）则对管理研究的资助历史还较短，且大多主要以应用性研究为焦点，每年的管理学领域申请量和资助数量也相对少一些。

　　2000～2014 年，管理科学部面上项目、青年科学基金项目、地区科学基金项目申请数量经历了 2000～2006 年的快速增长、2007～2008 年的相对稳定及 2009～2012 年的阶跃式发展。其中，2013～2014 年的申请量出现了政策性大幅度回调，2015～2019 年又恢复了原有水平，并逐年攀升（图 2-4）。

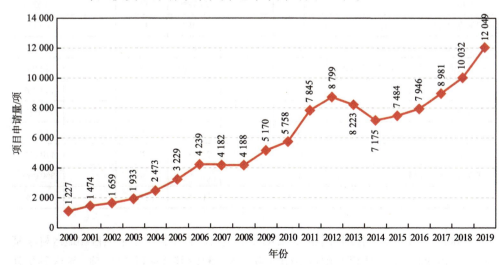

图 2-4　2000～2019 年管理科学部面上项目、青年科学基金项目、地区科学基金项目申请数量

2000～2006 年，管理科学部收到的面上项目、青年科学基金项目、地区科学基金项目申请由 1227 项增长到 4239 项，平均每年增长 502 项。在 2007～2008 年，管理科学部项目申请数逐渐趋于稳定，但 2009 年跃至 5170 项，随后的 3 年里一直保持着高速增长的势头，到 2012 年提高到 8799 项。自 2013 年起，国家自然科学基金委员会实施了面上项目连续申报 2 年停报 1 年的限项政策，2013 年项目申请量下降到 8223 项，比 2012 年降低了 6.55%。2014 年进一步下降到 7175 项，比 2013 年下降 12.74%。2015 年申请量开始上升，增加到 7484 项。如表 2-2 所示，2019 年三类项目申请量增加到 12 049 项，比 2018 年增加了 20.11%。面上项目和国际（地区）合作研究与交流项目属于自由探索系列，二者总体上的持续性增长体现了国家自然科学基金委员会"有利于支持科学技术人员自由探索和创新研究"的资助导向和原则；而优秀青年科学基金项目属于人才系列，其持续性的增长也体现了国家自然科学基金委员会积极遵循"有利于培养青年科学技术人才"的资助原则。

表 2-2 2018～2019 年管理科学部各类申请项目数量比较

| 项目类型 | | 2018 年 | | | 2019 年 | | |
|---|---|---|---|---|---|---|---|
| | | 项目数量/项 | 占比 | 比 2017 年增加 | 项目数量/项 | 占比 | 比 2018 年增加 |
| 三类项目 | 面上项目 | 4 519 | 45.05% | 10.98% | 5 258 | 43.64% | 16.35% |
| | 青年科学基金项目 | 4 575 | 45.60% | 10.86% | 5 817 | 48.28% | 27.15% |
| | 地区科学基金项目 | 938 | 9.35% | 19.95% | 974 | 8.08% | 3.84% |
| 三类项目小计 | | 10 032 | 100% | 11.70% | 12 049 | 100% | 20.11% |
| 重点项目 | | 138 | | 27.78% | 143 | | 3.62% |
| 国家杰出青年科学基金项目 | | 109 | | 18.48% | 111 | | 1.83% |
| 国际（地区）合作研究与交流项目 | | 21 | | 16.67% | 20 | | −4.76% |
| 海外及港澳学者合作研究基金项目 | | 25 | | −19.35% | 5 | | −80.00% |
| 创新研究群体项目 | | 5 | | −64.29% | 12 | | 140.00% |
| 重大项目 | | 5 | | 25.00% | 8 | | 60.00% |
| 优秀青年科学基金项目 | | 189 | | 3.28% | 192 | | 1.59% |
| 联合基金项目 | | 10 | | 900.00% | 27 | | 170.00% |
| 基础科学中心项目 | | 1 | | | 4 | | 300.00% |
| 学部总计 | | 10 535 | | 11.679% | 12 571 | | 19.33% |

2000～2019 年，管理科学部共资助面上项目、青年科学基金项目和地区科学基金项目 19 080 项，其中面上项目 10 025 项、青年科学基金项目 7726 项、地区科学基

金项目 1329 项；资助经费共计 581 038.25 万元，平均资助强度达到 30.45 万元/项，平均资助率为 16.73%。这一期间项目资助数量、资助金额和平均资助强度稳步增加。如图 2-5 和图 2-6 所示，管理科学部对面上项目、青年科学基金项目、地区科学基金项目的资助数量由 2000 年的 170 项增加至 2019 年的 1815 项，资助金额也由 2000 年的 2028 万元增加到 2019 年的 59 420 万元（2019 年经费为直接经费，下同），平均资助强度由 2000 年的 11.93 万元/项增加至 2019 年的 32.74 万元/项。

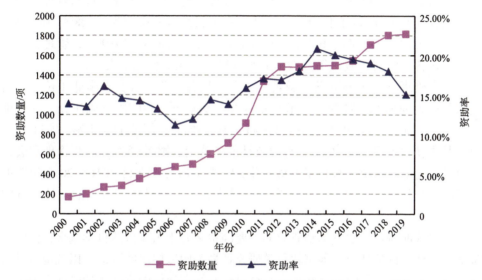

图 2-5　2000～2019 年管理科学部面上项目、青年科学基金项目、地区科学基金项目资助数量与资助率

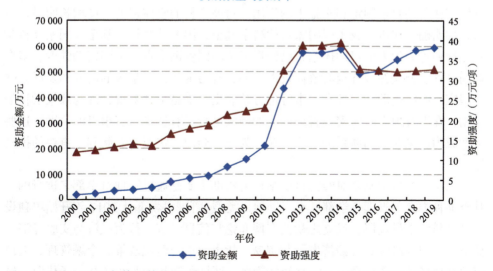

图 2-6　2000～2019 年管理科学部面上项目、青年科学基金项目、地区科学基金项目资助金额与资助强度（2015 年后为直接经费）

**2. 各学科资助特点**

管理科学与工程学科基础研究的资助经费基本上来自国家自然科学基金和教育部。管理科学与工程学科主要资助管理科学的基础理论、管理方法、工具与技术等18个领域的研究。"十三五"期间的前4年,管理科学与工程学科共资助各类项目2128项,资助的领域主要集中在交通运输管理、运筹与管理、信息系统与管理、物流与供应链理论、金融工程、决策理论与方法、工业工程与管理、管理系统工程等8个领域,它们分别占4年资助项目总量的比例为11.28%、10.71%、10.15%、9.35%、8.36%、6.81%、5.55%和5.12%。2016～2019年,管理科学与工程学科各个资助领域每年资助格局基本平衡,相对变化不大。

工商管理学科主要资助以微观组织(包括各行业、各类企事业单位)为研究对象的管理理论和管理新技术与新方法的基础研究和应用基础研究,共资助14个领域。2016～2019年,国家自然科学基金资助工商管理学科各类项目1948项,其中获得资助200项以上的领域是市场营销、财务管理、运营管理和会计与审计,这4个领域共获得了996项资助,占工商管理学科2016～2019年资助数量的一半以上。在"十三五"期间,国家在工商管理研究方面的支持力度明显增强。

宏观管理与政策学科基础研究的主要经费来源于国家自然科学基金,同时还包括国家社会科学基金、国家软科学研究计划等国家层面的资助,以及地方软科学计划、地方自然科学基金和地方社会科学基金等提供的支持当地经济发展的相关政策与应用研究的资助。在"十三五"期间,国家高度重视宏观管理与政策学科研究在公共政策制定和实施中的作用,对该学科的整体资助力度增长明显,方向更加明确,初步形成了以国家自然科学基金、国家社会科学基金、国家软科学研究计划等为代表的资助体系,已经形成了不同资助重点、不同资助强度、多个资助系列、分支领域齐全的整体资助格局,有力地扶持了学科的研究和发展。除了国家一级的资助外,各省、市等地方政府也越来越重视宏观管理与政策学科的作用,在涉及地方政府宏观管理职能的领域进行了有选择、有重点的资助。这些资助成为国家级资助体系的重要补充,为学科全面、快速发展起到了重要的推动作用。

国家自然科学基金对经济科学学科的资助主要是通过管理科学部来进行的,其资助种类涵盖管理科学部所有资助项目类型。管理科学部从2017年开始单独设立经济科学学科代码,设立之初共有博弈论与信息经济、行为经济与实验经济、计量经济与经济计算、经济发展与贸易、货币政策与财税政策、金融管理、人口资源环境经济与劳动经济、农林经济管理、区域经济与产业经济9个子代码。经济科学学科作为单独代码独立接收项目申请之后,项目申请量大幅度增加,以面上项目、青年科学基金项目和地区科学基金项目三类项目为例，2018 年申请量达到 2316 项，比 2017 年的 2081 项增加了 11.29%，2019 年申请量更是达到 3004 项，比 2018 年增加了 29.71%。与此同时，经济科学领域三类项目资助的经费总额也不断增加，从 2017 年的 11 687 万元增加到 2018 年的 12 163 万元，增加了 4.07%；2019 年增加到 12 844 万元，比 2018 年增加了 5.60%。

### 2.1.3　中国管理科学学科在国际上的地位

**1. 学术研究成果的国际发表已经名列前茅**

2010～2019 年，中国管理科学家在国际学术期刊上的论文发表数量快速提升，在管理科学各领域已经名列前茅。

以 SCIE 及 SSCI 收录的管理科学与工程、工商管理、经济学、农林经济管理、公共管理及图书情报与档案管理领域 2015～2019 年的 article 和 review 论文作为统计样本，可以看出，在世界范围内发表管理科学领域重要期刊论文总数排名前 18 的国家中，美国高居首位，英国其次，我国位居第三位（图 2-7）。在该时间段，我国在管理科学领域重要期刊发文量已超越澳大利亚、德国、加拿大、西班牙、荷兰、法国、日本等传统科技强国，并高于韩国、印度等科技新兴国家。同时，中国学者在此期间发表的管理科学学术论文数的平均年增长率为 27.5%，世界领先；其中，公共管理、工商管理两个学科的平均年增长率最高，分别达到 38.5% 和 34.2%。此外，2019 年，管理科学与工程学科的国际期刊论文数位居世界第二，农林经济管理、图书情报与档案管理论文数均位居世界第二，经济学论文数位居世界第三，工商管理论文数位居世界第四，公共管理论文数位居世界第四。

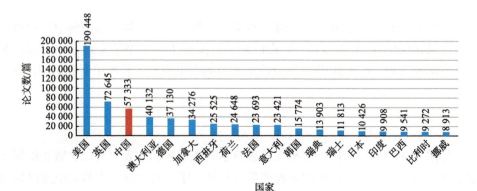

图 2-7　2015～2019 年管理科学重要期刊论文世界排序

另外，通过对中国管理学会联合会（Federation of Management Societies of China，FMS）的管理科学高质量国际期刊在 WoS 系统中检索的统计数据来看，2009 年中国重要期刊论文数为 2753 篇，排在世界第六位；2011 年跃升至第三位，仅次于美国、英国；截止到 2020 年 10 月，与第一位的美国发表量的差距缩小至 7992 篇（图 2-8）。

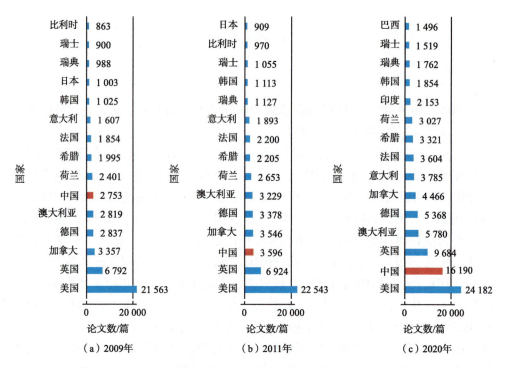

图 2-8　FMS 管理科学高质量国际期刊 Top 15 国家发表的论文数排序

2020 年数据为截至 2020 年 10 月 16 日的数据

分别取 2009 年至 2019 年在管理科学与工程、工商管理、经济科学、宏观管理与政策领域中 SCIE 及 SSCI 收录的 article 和 review 类型论文最多的国家，统计这些国家 2009 年至 2019 年发表论文数及其在世界论文总数中所占份额，分述如下。

### 1）管理科学与工程

如图 2-9 所示，中国近年来在管理科学与工程领域发表研究论文数和份额不断上升，且"十三五"以来增长速度超过其他国家，对全球论文数贡献率已超过 20%，并且正在逐步缩小与排名第一位的美国的差距，同时期美国占比缓慢下降，英国占比保持平稳。

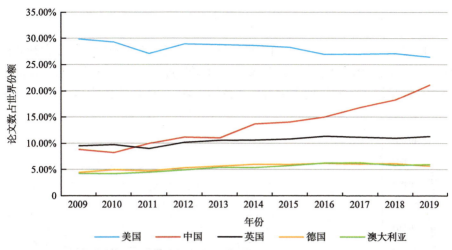

图 2-9　管理科学与工程领域研究论文 Top 5 国家论文数占世界份额变化趋势

如图 2-10 所示，在管理科学与工程领域顶级期刊研究论文数方面，中国与目前排名第二位的英国相比差距在逐步缩小，与排名第一位的美国则有巨大差距。中国在管理科学与工程领域顶级期刊发表论文数占全球论文数份额整体平稳增长，从 2019 年开始超过加拿大位居第三位，截至 2019 年，已接近 10%，同时期美国占比缓慢下降，英国占比保持平稳。

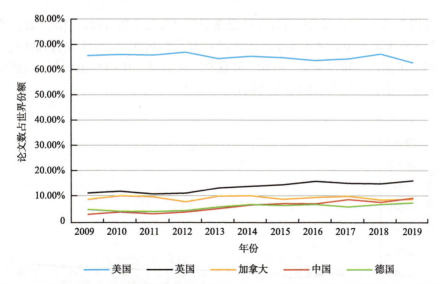

图 2-10　管理科学与工程领域顶级期刊研究论文 Top 5 国家论文数占世界份额变化趋势

### 2）工商管理

如图 2-11 所示，中国的工商管理领域论文从 2018 年开始超越澳大利亚位居世界第三，截至 2019 年，对全球论文数贡献率超过 10%，与贡献率第二位的英国的差距在逐步缩小，同时期美国占比在持续下降，英国占比保持平稳。

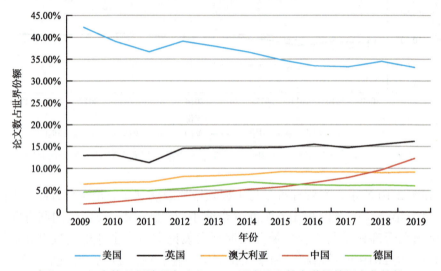

图 2-11 工商管理领域研究论文 Top 5 国家论文数占世界份额变化趋势

如图 2-12 所示，在工商管理领域顶级期刊研究论文数方面，中国也在稳步上升，与加拿大的差距在逐步缩小，且到 2018 年排名第四位。从工商管理领域顶级期刊研究论文占比情况来看，各国占比保持平稳，并且中国与加拿大、英国的差距在逐步缩小，但是与美国的占比仍有巨大差距。

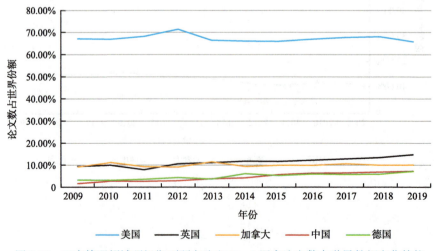

图 2-12 工商管理领域顶级期刊研究论文 Top 5 国家论文数占世界份额变化趋势

### 3）经济科学

如图 2-13 所示，中国近年来在经济科学领域发表研究论文数占世界份额越来越大，从 2016 年开始，每年发表论文数占比超过澳大利亚，2018 年开始又超过德国，正在接近英国而位列世界第三。从 2015 年开始，论文数占世界论文数份额开始出现较大的提升，并保持这一态势不断增长。

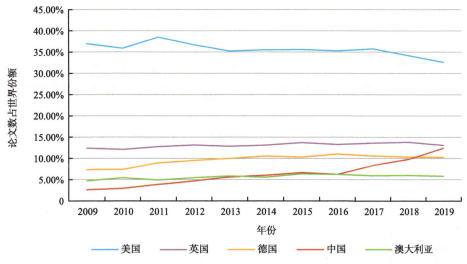

图 2-13　经济科学领域研究论文 Top 5 国家论文数占世界份额变化趋势

如图 2-14 所示，2014～2019 年，中国在经济科学领域顶级期刊发表的研究论文数占世界份额在稳步提高，2014～2018 年发表论文数占比在全球排名第五位，已呈现赶超德国和加拿大之趋势，但目前距排名第二位的英国仍有一定差距，与排名第一位的美国则有巨大差距。截至 2019 年，中国每年在经济科学领域顶级期刊发表论文数占全球论文数份额已超过 5%，从 2015 年开始增长速度加快，增长速度高于德国和加拿大，与英国的增长速度基本持平。

### 4）宏观管理与政策

如图 2-15 所示，宏观管理与政策领域发表的论文以 WoS 中的分类公共管理为例[①]，从论文数排名前七位的国家论文数占世界份额来看，美国所占份额呈现下降趋势，英国、加拿大、澳大利亚、荷兰和德国所占份额存在较小的波动，而中国整体的份额呈现上升态势。至 2019 年，中国宏观管理与政策领域研究论

---

① 此处 WoS 的公共管理领域定义系美国科技信息所（Institute for Scientific Information，ISI）的拆分，与我国教育部《授予博士、硕士学位和培养研究生的学科、专业目录》中公共管理学科定义尚有差异。此处公共管理领域对应国家自然科学基金委员会资助领域中的宏观管理与政策领域。

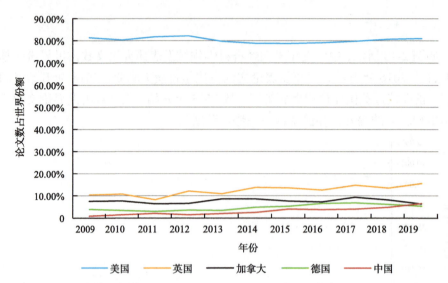

图 2-14　经济科学领域顶级期刊研究论文 Top 5 国家论文数占世界份额变化趋势

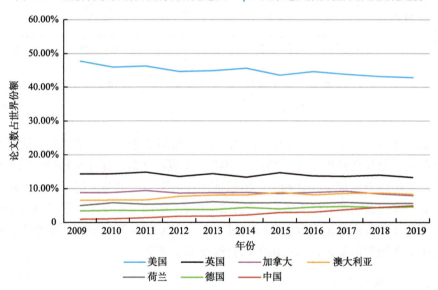

图 2-15　宏观管理与政策领域研究论文 Top 7 国家论文数占世界份额变化趋势

文数占全球论文数份额约为 5%，且已赶超德国，与其他国家相比，中国是所占份额唯一出现明显增长的国家。

## 2. 研究成果的影响力和国际学术话语权提升明显

2015～2019 年，我国管理学者在管理科学领域的研究水平及成果呈明显加速增长态势，已经形成了一定的国际影响力和话语权。

中国学者在 55 种高水平管理科学国际期刊[①]的发表数量增长迅速，已经以非常接近英国的水平排在全世界第三位；以管理科学中最先发展的学科管理科学与工程为例，中国管理科学与工程 2015～2019 年 WoS 高被引论文份额增长速度位居全球第一位，从 2012～2015 年的 136 篇增长到 2016～2019 年的 359 篇，占比从 14.21%增长到 29.10%，数量和份额均仅次于美国；由中国管理科学家主编的、具有完全自主知识产权的国际期刊（如 *Journal of Management Science and Engineering* 等一批期刊）已经开始产生国际影响；在数据平台和科学中心建设方面，北京大学等高校取得显著进展。这充分显示了国家自然科学基金委员会在完成国家自然科学基金"十三五"发展规划"培养全球视野和全球科技活动参与能力，强化国际合作的人才培养与合作网络建设功能；依托优势学科和机构，加强与全球优势和特色研究团队合作"的任务中取得了优异成绩。

分别取管理科学与工程、工商管理、经济学、农林经济管理、公共管理、图书情报与档案管理领域[②]中 2014～2019 年发表的研究论文、基本科学指标（Essential Science Indicators，ESI）数据库高水平论文、顶级期刊论文被引频次最高的 5 个国家，分析这些国家研究论文被引频次、学科规范化的引文影响力（Category Normalized Citation Impact，CNCI）指标、前向引文施引文献的学科分布以及国家、机构分布等数据，对比分析中国学者在管理学、经济学领域研究成果的学术影响力。

### 1）管理科学与工程

CNCI 是对文献类型、出版年、学科领域进行归一化的评价指标，若该值等于 1，则说明该地区/机构的文献被引表现与全球平均水平相当；若小于 1，则低于全球平均水平。2011～2020 年，从管理科学与工程领域主要国家研究论文 CNCI 整体来看，多个国家都呈下降趋势，美国下降幅度最大。如图 2-16 所示，"十三五"期间，中国在管理科学与工程领域发表的研究论文的 CNCI 指标增长很快，虽然在 2018 年后有所下降，但截至 2020 年，仍然位于首位，这显示出中国论文在全球影响力排名中具有重要地位。

从 2014 年开始，中国发表的管理科学与工程领域的研究论文的被引频次已超过英国而位居世界第二，并且在 2018 年及 2019 年发表的论文的被引频次已

---

① 55 种高水平管理科学国际期刊涵盖了英国商学院协会（Association of Business Schools，ABS）期刊列表中 GRADE 4*的期刊，以及得克萨斯大学达拉斯分校 24 种期刊（The University of Texas at Dallas，UT/DALLAS 24）、《金融时报》（*Financial Times*）50 种期刊中的部分期刊，共计 55 种期刊。

② 以 SCIE 及 SSCI 收录的管理科学与工程、工商管理、经济学、农林经济管理、公共管理、图书情报与档案管理领域 2011～2020 年的 article 和 review 论文作为统计样本。该领域划分是根据 WoS 数据库提供的领域分类，与管理科学部的学科分类不同。结合实际情况，本书将 WoS 数据库中农林经济管理和经济学对应于国家自然科学基金委员会资助领域中的经济科学，将公共管理、图书情报与档案管理对应于资助领域中的宏观管理与政策。

超过美国而位居世界第一。从论文被引频次计量指标看，中国发表的管理科学与工程领域的研究论文的学术影响力在不断提高，截至2019年，已处世界领先地位。

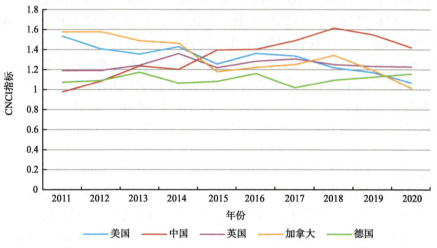

图 2-16　管理科学与工程领域主要国家研究论文 CNCI 指标

从 2014~2019 年研究论文数、研究论文被引频次、ESI 高水平论文数、ESI 高水平论文前向引文数、ESI 高水平论文前向引文涉及 WoS 分类数、ESI 高水平论文前向引文涉及国家数和 ESI 高水平论文前向引文涉及研究机构数看，中国与美国均有一定差距，这说明中国在管理科学与工程领域的研究成果影响力不如美国，具有一定差距。美国、英国发表的高水平研究论文影响的学科领域更广，影响的地区和研究机构也更广、更多（表 2-3）。

表 2-3　管理科学与工程领域主要国家 2014~2019 年研究论文被引频次及 ESI 高水平论文的前向引文分布情况

| 国家 | 研究论文数/篇 | 研究论文被引频次 | ESI 高水平论文数/篇 | ESI 高水平论文前向引文数/篇 | ESI 高水平论文前向引文涉及 WoS 分类数 | ESI 高水平论文前向引文涉及国家数 | ESI 高水平论文前向引文涉及研究机构数 |
|---|---|---|---|---|---|---|---|
| 美国 | 32 856 | 237 388 | 539 | 34 670（33 010） | 222 | 150 | 10 655 |
| 中国 | 19 633 | 132 955 | 313 | 16 465（16 167） | 177 | 126 | 6 146 |
| 英国 | 13 290 | 101 167 | 204 | 16 021（15 156） | 204 | 136 | 6 693 |
| 德国 | 7 245 | 49 680 | 79 | 6 724（6 496） | 174 | 116 | 3 915 |
| 加拿大 | 6 880 | 49 402 | 99 | 7 116（6 761） | 174 | 110 | 3 892 |

注：表中括号内的数字为在本书研究者所在单位目前购买的 WoS 平台数据库中实际检索到的引文数量。该数据库并非 WoS 平台的全部数据库，所以，在其实际检索到的引文数比 WoS 中给出的在全部数据库中统计得到的引文数要少。不过，这个数据与 WoS 中的全部前向引文数之间的误差不是很大，得到的数据应该能够大体说明相关趋势

2）工商管理

在工商管理领域的研究论文被引频次、ESI 高水平论文被引频次、顶级期刊论文被引频次及 CNCI 指标方面，中国与英美相比仍有一定差距。2017～2020 年，中国在工商管理领域的研究论文的 CNCI 指标呈现出先增长后下降的趋势。2011 年，中国发表的研究论文的 CNCI 指标较低，在 6 个主要国家中处于最低，但之后，中国 CNCI 指标在工商管理领域主要国家中排名呈上升趋势，2018 年达到最高，之后 2019 年和 2020 年有所下降，但截至 2020 年，排名仍处于全球第一位（图 2-17）。

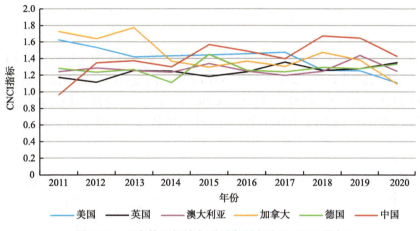

图 2-17　工商管理领域主要国家研究论文 CNCI 指标

从 2014～2019 年研究论文数、研究论文被引频次、ESI 高水平论文数、ESI 高水平论文前向引文数、ESI 高水平论文前向引文涉及 WoS 分类数、ESI 高水平论文前向引文涉及国家数和 ESI 高水平论文前向引文涉及研究机构数看，中国与美国、英国、澳大利亚和德国均有一定差距，这说明中国在工商管理领域的研究成果影响力不如美国、英国、澳大利亚和德国，和这些国家有一定差距。美国、英国、澳大利亚和德国发表的研究论文影响的学科领域更广，影响的地区和研究机构也更广、更多（表 2-4）。

表 2-4　工商管理领域主要国家 2014～2019 年研究论文被引频次及 ESI 高水平论文的前向引文分布情况

| 国家 | 研究论文数/篇 | 研究论文被引频次 | ESI 高水平论文数/篇 | ESI 高水平论文前向引文数/篇 | ESI 高水平论文前向引文涉及 WoS 分类数 | ESI 高水平论文前向引文涉及国家数 | ESI 高水平论文前向引文涉及研究机构数 |
| --- | --- | --- | --- | --- | --- | --- | --- |
| 美国 | 30 465 | 194 662 | 513 | 30 207（28 543） | 210 | 144 | 8 947 |
| 英国 | 13 536 | 83 200 | 204 | 13 280（12 513） | 190 | 129 | 5 497 |

续表

| 国家 | 研究论文数/篇 | 研究论文被引频次 | ESI高水平论文数/篇 | ESI高水平论文前向引文数/篇 | ESI高水平论文前向引文涉及WoS分类数 | ESI高水平论文前向引文涉及国家数 | ESI高水平论文前向引文涉及研究机构数 |
|---|---|---|---|---|---|---|---|
| 澳大利亚 | 8 094 | 43 049 | 84 | 5 390（5 148） | 145 | 111 | 3 217 |
| 德国 | 5 642 | 35 399 | 73 | 5 707（5 423） | 149 | 114 | 3 513 |
| 中国 | 6 955 | 32 995 | 108 | 4 936（4 742） | 141 | 102 | 2 979 |

注：如前所述，表中括号内的数字比 WoS 中给出的在全部数据库中统计得到的引文数要少，与 WoS 中的全部前向引文数之间有一些误差，但不是很大，得到的数据应该能够大体说明相应趋势

### 3）经济科学

2017 年之后，中国发表的经济科学领域研究论文的 CNCI 指标在 1.2 以上，高于世界平均被引水平，2020 年在主要国家中已超过英国，处于世界领先水平。虽然在 2011～2013 年中国发表论文的 CNCI 指标呈现出下降的趋势，但之后呈上升趋势，2020 年，CNCI 指标在主要国家中已排名第一（图 2-18）。

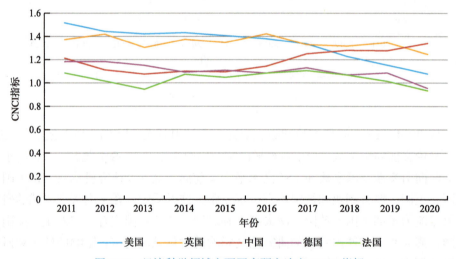

图 2-18 经济科学领域主要国家研究论文 CNCI 指标

中国在经济科学领域的发展较快。虽总体上与美国、英国相比仍有较大差距，但在 2014～2019 年，中国发表的研究论文被引频次排名已经达到世界第四，从 2017 年开始，发表的论文的被引频次已超过德国。

从 2014～2019 年研究论文数、研究论文被引频次、ESI 高水平论文数、ESI 高水平论文前向引文数、ESI 高水平论文前向引文涉及 WoS 分类数、ESI 高水平论文前向引文涉及国家数和 ESI 高水平论文前向引文涉及研究机构数看，中国与美

国、英国有较大差距，这说明中国在经济科学领域的研究成果影响力不如美国、英国等国家（表 2-5）。

表 2-5　经济科学领域主要国家 2014～2019 年研究论文被引频次及 ESI 高水平论文的前向引文分布情况

| 国家 | 研究论文数/篇 | 研究论文被引频次 | ESI 高水平论文数/篇 | ESI 高水平论文前向引文数/篇 | ESI 高水平论文前向引文涉及 WoS 分类数 | ESI 高水平论文前向引文涉及国家数 | ESI 高水平论文前向引文涉及研究机构数 |
|---|---|---|---|---|---|---|---|
| 美国 | 43 350 | 239 888 | 566 | 35 909（34 691） | 231 | 181 | 13 204 |
| 英国 | 17 868 | 96 069 | 226 | 13 038（12 513） | 207 | 157 | 7 814 |
| 德国 | 12 351 | 56 854 | 109 | 6 210（6 018） | 179 | 134 | 4 140 |
| 中国 | 10 596 | 46 582 | 164 | 6 127（6 029） | 147 | 99 | 3 214 |
| 澳大利亚 | 8 280 | 36 088 | 67 | 4 244（4 148） | 173 | 129 | 3 563 |

注：如前所述，表中括号内的数字比 WoS 中给出的在全部数据库中统计得到的引文数要少，与 WoS 中的全部前向引文数之间有一些误差，但不是很大，得到的数据应该能够大体说明相应趋势

### 4）宏观管理与政策

2011～2020 年，中国宏观管理与政策领域研究论文 CNCI 指标在主要国家中排名相对靠后。2011～2019 年，中国宏观管理与政策领域研究论文 CNCI 指标在主要国家总体排名第九位（图 2-19）。2014 年后，中国宏观管理与政策领域研究论文 CNCI 指标呈上升趋势，与各国的差距逐渐变小，影响力接近 1，相当于全球平均水平。

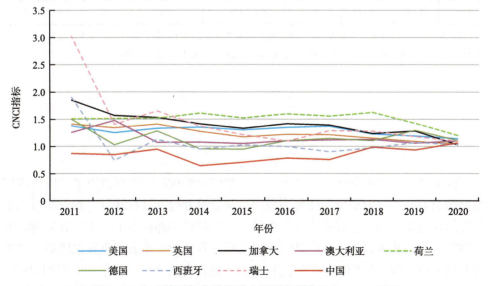

图 2-19　宏观管理与政策领域主要国家研究论文 CNCI 指标

从 2014～2019 年研究论文数、研究论文被引频次、ESI 高水平论文数、ESI 高水平论文前向引文数、ESI 高水平论文前向引文涉及 WoS 分类数、ESI 高水平论文前向引文涉及国家数和 ESI 高水平论文前向引文涉及研究机构数看，中国与美国、英国、加拿大、澳大利亚、荷兰、德国、西班牙、瑞士有一定差距，这说明中国在宏观管理与政策领域的研究成果影响力不如美国、英国、加拿大、澳大利亚、荷兰、德国等国家，其中，与美国、英国、加拿大等国家差距较大（表 2-6）。

**表 2-6 宏观管理与政策领域主要国家 2014～2019 年研究论文被引频次及 ESI 高水平论文的前向引文分布情况**

| 国家 | 研究论文数/篇 | 研究论文被引频次 | ESI 高水平论文数/篇 | ESI 高水平论文前向引文数/篇 | ESI 高水平论文前向引文涉及 WoS 分类数 | ESI 高水平论文前向引文涉及国家数 | ESI 高水平论文前向引文涉及研究机构数 |
|---|---|---|---|---|---|---|---|
| 美国 | 38 888 | 228 906 | 462 | 30 088（29 622） | 218 | 182 | 18 468 |
| 英国 | 12 184 | 82 174 | 202 | 13 532（13 342） | 198 | 167 | 11 614 |
| 加拿大 | 7 726 | 48 905 | 96 | 8 170（8 102） | 187 | 153 | 8 017 |
| 澳大利亚 | 7 475 | 41 419 | 73 | 4 725（4 655） | 166 | 130 | 5 474 |
| 荷兰 | 5 071 | 35 750 | 98 | 7 160（7 034） | 191 | 146 | 7 000 |
| 德国 | 3 933 | 22 859 | 58 | 2 936（2 888） | 163 | 130 | 4 113 |
| 西班牙 | 2 706 | 13 782 | 31 | 1 905（1 871） | 128 | 98 | 3 269 |
| 瑞士 | 1 964 | 11 668 | 32 | 1 535（1 523） | 123 | 129 | 2 553 |
| 中国 | 3 184 | 11 681 | 14 | 474（471） | 106 | 108 | 1 537 |

注：如前所述，表中括号内的数字比 WoS 中给出的在全部数据库中统计得到的引文数要少，与 WoS 中的全部前向引文数之间有一些误差，但不是很大，得到的数据应该能够大体说明相应趋势

## 2.2 管理科学的发展态势

### 2.2.1 管理科学"十三五"发展目标回顾

国家自然科学基金委员会"十三五"战略对管理科学发展提出了"以建成创新型国家对基础研究提出的任务为导向，从总量并行、过程并行、源头并行三个维度进行度量"的基本要求。在此指导下，管理科学部制定了"十三五"期间的管理科学发展基本目标，分别是"实现总量过程并行，形成特色领先优势""实现基础支撑布局，改善科学研究条件""力争创新源头并行，达成顶天立地目标"，具体指向资金支持、人才培养、国际影响力、科研条件及"中国议题"国际地位

等方面。截至目前，除了个别领域有待完善，整体基本上实现了上述三大目标。

### 1. 保证总量发展，追赶世界领先水平

在总量发展上，国家自然科学基金"十三五"发展规划明确提出，"充分发挥国家自然科学基金在资助中国管理科学基础研究中的主渠道作用，力争在'十三五'时期资助经费稳定增长、资助强度维持平稳、平均资助率继续提升并使之达到国际同业水平"。纵观"十三五"期间的资助情况，以国家自然科学基金为主要资助来源，尽管在平均资助率上与既定目标略有差距，但在资助经费、资助强度上已经基本实现规划要求。就学科差异而言，资助力度最强的是管理科学与工程领域，其次是经济科学领域、工商管理领域，而宏观管理与政策领域力度则相对较弱。

具体来看，首先，资助经费实现稳定增长。2016～2019年，面上项目、青年科学基金项目、地区科学基金项目三类不同科学基金项目从50 000万元增加到59 420万元，达到2010～2019年涨幅之最。其次，资助强度维持平稳且略有增长。2016～2019年，面上项目、青年科学基金项目、地区科学基金项目三类项目资助强度波动较小，基本维持在32万元/项左右。然而，平均资助率呈现逐年下降趋势。2016～2019年，管理科学部面上项目、青年科学基金项目、地区科学基金项目的申请数从7946项逐年攀升至12 049项，但整体资助率从2016年的19%左右一路下降到2019年的15%。以上数字说明，随着项目申请数的大幅增长，尽管国家自然科学基金资助数额与之提升，秉持科学利用经费原则，管理科学部严格把控申请项目质量，宁缺毋滥。这从一个侧面说明未来项目申请难度逐渐增大，申请者更应注重提高项目质量。

### 2. 鼓励过程发展，培育致力于重要科学领域的优秀本土人才

在过程发展上，针对人才队伍和研究领域，国家自然科学基金"十三五"发展规划做出明确引导，即"到2020年，在具有较好研究基础和未来具有重大科学机遇的领域，努力培育与形成若干由多名顶尖管理科学家组成的、具有重要国际学术影响的研究群体队伍"。从2016～2020年实践来看，这一目标基本实现。

一方面，随着管理科学部项目资助规模的不断扩大，通过资助项目参与管理科学研究的科研人员数量不断增加。由管理科学部资助的面上项目、青年科学基金项目和地区科学基金项目成员结构可知，历年项目主要成员为中高级人员（超过人员总数50%），其作为管理科学发展主力。"十三五"期间，一些优秀的管理科学家（特别是在国家杰出青年科学基金项目、优秀青年科学基金项目和创新研究群体项目等的支持下）的工作已经在国际管理科学领域产生影响，并且对中国的管理实践起到了重要的支撑作用。这些充分说明我国已形成由高水平科研人

才汇聚而成的中国管理科学研究群体。

另一方面，基于科学管理部自上而下统一把关和课题申请者自下而上自主选择相结合的选题导向，中国管理科学学者致力于管理科学与工程、工商管理、经济科学、宏观管理与政策等学科的重要和热门领域。例如，管理科学与工程学科聚焦于大数据、数据挖掘相关研究等，工商管理聚焦于市场营销、财务管理等方面，宏观管理与政策聚焦于公司经济、政府法律与环境科学等领域。随着社会问题的越发复杂，针对"大数据驱动的管理与决策研究""非常规突发事件应急管理"研究等跨学科重大研究议题的关注度越来越高。这些研究领域积极响应国家重大需求，具有较大学术价值和研究潜力。

### 3. 兼顾数量质量，提升中国管理科学研究群体的国际影响力

在中国研究的国际影响力上，"十三五"规划不仅对成果数量有明确要求，"中国学者在国际 A 级期刊上发表的论文中具有中国特色的论文达到 60%以上，满足为国家重大需求提供孕育源头的储备性管理科学成果"，对研究质量也有所强调，"在全球管理科学知识创新的发展过程中体现出中国管理学家的重要贡献""推动世界管理科学知识的发展"。2016～2019 年，受管理科学部较充分资助，中国管理科学研究群体的科研能力迅速提高，国际论文发表数量和质量呈明显加速增长之势，日益成为具有一定国际影响力和话语权的国际管理科学研究中坚力量。

首先，我国管理科学发文数量和年增长率优势明显。截至 2009 年，中国学者在 55 种高水平管理科学国际期刊上的发文数量增长快速，以非常接近英国的水平跻身于全球第三位，其中，"中国"主题下的国际发文比重始终维持在 70%，超过规划要求 10%。相较于整体论文数和顶级期刊数，中国 ESI 高水平论文数优势更加明显。其中，管理科学与工程、工商管理及经济科学成果最为显著，分别占全球论文份额的 40%、15%、20%，位列第一位、第三位及第二位。中国学者于2016～2019 年在 55 种高水平管理科学国际期刊上的管理科学与工程领域的发文量，相较 2012～2015 年同比增长了 70.62%，占比从 5.63%增长到 8.32%，在宏观管理与政策领域的发文量同比增长 74.34%。其次，中国研究被认可度大幅提升，体现在引用频次、CNCI 指标、前向引文涉及的学科广度等指标。尽管与英美等科技大国还有差距，但整体进步明显，尤其是在管理科学与工程、经济科学等学科发展上（当前引用率均位列前五）。

### 4. 完善基础支撑，力促科研条件改善

在基础支撑上，"十三五"规划提出整体发展要求，即"完善管理科学研究基础支撑条件和设施总体布局设计，探索并形成科学基金支持管理科学研究基础

设施建设的新方式和新机制"。在此总布局下，管理科学部分别对数据平台、科学研究中心、资助机制及支持国际期刊发展等方面加以规定，力促科研条件改善。从 2016～2020 年发展成绩来看，较好完成了这一目标，具体成果包括以下几个方面。

首先，在数据平台和科研中心建设上，以北京大学管理科学数据中心、中国人民大学中国调查与数据中心为代表的一批管理科学数据平台开始取得显著影响。管理科学获批了两个基础科学研究中心，紧紧瞄准国际学术发展前沿和国家重大战略需求，吸引了包括诺贝尔奖获得者在内的数十位国际著名学者积极参与。完成了规划要求的"继续新建并切实提高已建成数据平台的产出效率与水平，尝试新建以开放的研究资源和技术平台为依托的管理科学研究中心，形成若干个具有显著国际学术影响的中国管理科学数据平台、科学研究中心"任务。

其次，在资助机制探索上，国家自然科学基金通过设立"海外及港澳学者合作研究基金项目"，资助多名海外及港澳学者与内地学者开展合作研究，并在他们所在国/地区和中国内地分别建立合作研究基地。该措施赢得了海内外学者的广泛欢迎和好评，凝聚了一批海外及港澳优秀人才服务于中国管理科学的提高、发展，强有力地促进国内外及跨学科学者交流，较好实现了"启动并初步尝试支持具有国际影响力、促进学科广泛交叉的开放式研究协作网络的资助新机制，在重要前沿和特色领域上吸引具有国际学术影响的学者进行持续的、深度的学术交流"的预期。

此外，以 *Journal of Management Science and Engineering* 等为代表、具有完全自主知识产权、由中国管理科学家主编的一批国际期刊方阵已经开始产生影响，基本实现了"十三五"规划关于"拥有中国知识产权的、由中国管理科学家主编的、在特色领域中具有显著国际学术影响力的高水平国际期刊"的目标。

### 5. 力争创新源头，增强"中国议题"的国际地位和实践价值

为推进中国管理科学研究与国际接轨，"十三五"规划重点强调，"促使具有'中国议题'相关的管理科学问题的基础研究成为国际管理科学领域的重要领域之一，并使中国管理科学家成为该领域的主力领军者"，"充分利用时代所赋予的机遇，通过'中国情境'和'中国议题'凝练生成全新科学问题，形成管理学知识的源头创新，培育若干具有国际影响和中国特色的，以及能够支持国家重大管理决策的管理科学成果"。从 2015～2019 年发展来看，较好达成了深入中国情境的目标。中国学者以"中国议题"为灵感，拓宽管理科学研究边界，形成创新源头。吸引国外学者关注"中国议题"，展开进一步探讨和对话，促成"中国议题"在国际管理科学中逐渐占据重要位置的良好态势。在中国学者的带动下，2015 年至 2019 年，以"中国"为主题的相关学术论文数量一直保持稳定且强劲

的增长态势，截止到 2019 年上半年，由哈佛商学院主导开发的中国企业案例也已经达到 147 项。同时，以"大数据驱动的管理与决策研究""非常规突发事件应急管理"研究等国家自然科学基金重大研究计划为代表的管理科学研究项目，积极响应国家治理现代化、突发事件应急管理、新技术发展与产业革新等国家重大需求，助力于国家迫切需要解决的现实议题，体现了管理科学部引导下中国管理科学研究群体日益彰显的"中国情怀"。

除了提高中国管理科学研究国际化水平，"十三五"规划还强调理论与实践接轨的重要性，"在中国管理实践活动中，体现出中国管理科学家及其原创性管理科学知识的关键性支撑作用，形成若干个具有重要影响的智库，并使其成为管理科学理论到中国管理实践的链条，切实提高管理科学研究为中国宏观和微观管理实践的服务能力"。回顾"十三五"期间的努力，以国家自然科学基金持续资助的中国科学院、清华大学、北京大学、同济大学、北京理工大学等为代表的团队和平台，对国家在中美贸易冲突、突发事件处置、国家能源战略等方面的重大决策及大型复杂航空网络优化等领域的支持，发挥了重要的影响力和决策支持作用。

## 2.2.2 管理科学发展态势分析

### 1. 管理科学发展总体态势分析

作为一门以实践需求驱动为主的学科，进入 21 世纪以来，全球管理科学伴随着人类管理实践活动的新动向而呈现出一些新的学科发展态势；而作为一门其理论发展具有"情境依赖"特点的学科，中国的管理科学也呈现出一些自身的特有发展形态。

#### 1）管理科学的一般性学科发展态势

（1）数据驱动的发展态势。随着新一代信息技术的发展，互联网、物联网、区块链等新的技术及其应用平台的商业化扩张，不仅使人类经济和管理活动的结果被更多地记录下来，更重要的是这些活动的过程也被以各种形式的"数据"（数字、文本、图像、视频、音频等）记录下来，进而实现了可用于管理科学研究的数据资源的飞速增长。与此同时，高能芯片、海量存储、云计算、人工智能等又使深度加工处理、快速计算分析上述"大数据"，进而更深刻地认识人类经济和管理活动成为可能。同时，由于"大数据"的独特性，管理科学家处理这样的数据，进而发展出新的管理理论知识的研究方法也在发生变化，除了梳理模型的方法之外，常规的、基于数据的实证分析方法得到了进一步加强，更重要的是基于

"计算"的方法（如数据挖掘、深度学习、计算实验等）得到了长足发展。此外，管理科学研究中一直比较受限的"实验"方法，也因互联网的广泛触达能力、平台型经济形态的涌现等所提供的实验设计和数据收集的新机遇，而成为管理研究方法的新锐。中国国家自然科学基金委员会在"十三五"期间设立的"大数据驱动的管理与决策研究"重大研究计划、美国国家科学基金会自 2017 年开始设立的"NSF's 10 Big Ideas"中的"Harnessing the Data Revolution"等，都从不同的侧面反映了这个重要的学科发展趋势。

（2）学科交叉的发展态势。跨越学科边界的研究一直是引领科学发展的重要方面，对研究人类组织管理活动客观规律的管理科学而言也是如此。特别地，进入 21 世纪以来，管理科学研究活动中的这种趋势越来越明显。中国企业在经济全球化中的跨国实践，不仅需要管理科学内部子学科之间的交叉研究（如企业的物流供应链需要与战略管理相联系、跨文化及外国政商关系的考虑等），而且管理科学与其他自然科学、社会科学的交叉研究也快速发展（如生理甚至基因对投资者的风险认知和金融决策的影响、混合智能管理系统中的机器行为、全球气候变化的经济影响等）。国家自然科学基金委员会新建立的交叉科学部、各个科学部正在调整的申请代码中的相互渗透部分，美国国家科学基金会"NSF's 10 Big Ideas"中设立的"NSF 2026"及其下的社会行为经济学部专门推动该学部与美国国家科学基金会其他科学部之间的跨界研究之社会行为与经济科学学部下的多学科活动办公室（SBE Office of Multidisciplinary Activities，SMA）项目等，都是对这种学科发展趋势的一些回应。

（3）国际合作的发展态势。对全人类来说，不同文明的智慧头脑之间的交流是科学发展的基本内在需求，也是人类文明发展的需求，新的学术思想是在多元文化的不断碰撞中出现的；对一个国家来说，跨国的科学合作是能够塑造科学文化、增强原始创新能力、提升国家的全球科学领导力的非常重要的战略举措。习近平指出，要"持之以恒加强基础研究""加强国际科技合作"[①]。在国家自然科学基金第 259 期双清论坛上[②]，有专家也指出，面临国际形势的巨大变化，越是面临以美国为首的西方在贸易、经济、科技等诸多方面的打压，中国就越要坚持开放合作，通过发挥科学基金的独特优势，选择包括管理科学在内的恰当科学领域、恰当的国际合作伙伴组合，进一步推进科学前沿，提升国家的原始创新能力。事实上，本书前面部分的数据分析已经表明，中国管理科学的发展与不断扩大和质量不断提高的国际合作具有密切的关系。从国际上看，尽管近年来美国政府一再

---

① 在科学家座谈会上的讲话. https://epaper.gmw.cn/gmrb/html/2020-09/12/nw.D110000gmrb_20200912_1-02.htm[2020-09-11].

② 发挥科学基金独特优势助力新时期国际合作. 北京：第 259 期双清论坛，2020.

奉行"单边主义",在各个领域"退群",在科学领域设置重重"审查制度"来干扰包括中国科学家在内的外籍科学家、学生、学者在美国的学术研究,但美国国家科学基金会还是通过 Accelnet 等特设项目,将支持建立科学领域的战略性国际合作网络作为杠杆来强化其已有科学资源和投入的效应,以期作为重要战略手段试图维持和提升其全球科学领导力。这也从另一个侧面反映出基础科学研究的国际合作重要性。

(4)问题导向的发展态势。无论是在中国还是在国际上,管理科学主要不是依靠科学家的个人兴趣,而是更多地由管理现实中的实际问题所驱动。习近平指出,"实践是理论的源泉。我国经济发展进程波澜壮阔、成就举世瞩目,蕴藏着理论创造的巨大动力、活力、潜力,要深入研究世界经济和我国经济面临的新情况新问题"[1]。因此,"问题导向"本应一直是管理科学发展的重要特点。不过回顾过去,1959 年两份影响世界管理教育的卡内基报告和福特基金报告发布,在全球管理教育中引发了纯粹追求"学术化"的浪潮(客观地讲,那曾是对 20 世纪50 年代之前的管理教育过度"职业培训化"的一种"矫正"),随之而来的是在对"严谨性"的盲目追求下,"商学院只是偶尔涉及社会问题,也很少讨论重要的公共管理政策问题","被一只无形的手所牵引,追随自我限制的主流,针对同样的商业问题无休止地发表越来越窄的研究成果"[2]。2010~2019 年,包括中国管理科学家在内的全球管理学者对这种管理科学发展历史上的现象进行了深刻的反思,提出了"服务社会的管理教育"等理念,强调管理研究的学术"严谨性"和实践"相关性"的平衡[3],突出管理科学研究的问题导向特点。此外,随着中国国际地位和国际事务参与度的显著提升,以及随着中国学者的国际学术对话能力不断增强,具有中国特色的研究问题越来越多地被纳入全球学者的研究视野。中国的管理科学研究需要更加紧密地与中国科技、经济、社会发展相结合,提高管理科学研究对中国宏观和微观管理实践的服务能力,推进顶天立地的管理科学研究。这给管理科学的研究者带来极大挑战,同时也为我们提供了提高原始创新能力的难逢机遇。因此,开展以中国管理实践为基础的问题导向的研究既是对中国特色管理实践的发掘,也是顺应学科国际发展趋势的举措。

---

① 在中共中央政治局第二十八次集体学习时强调 习近平:立足我国国情和我国发展实践 发展当代中国马克思主义政治经济学. http://jhsjk.people.cn/article/27852257[2015-11-25].

② 穆夫 K,迪利克 T,德雷韦尔 M,等. 造福世界的管理教育. 周祖城,徐淑英,译. 北京:北京大学出版社,2014.

③ 参考北大光华管理学院等五所中国的商学院 2019 年 12 月 12 日联合发起的"服务社会的管理研究"首届峰会之"行动宣言"。

### 2）中国管理科学发展的整体态势

管理科学论文发表情况在一定程度上也可反映管理科学发展的总体态势。以管理科学与工程、工商管理、经济科学、宏观管理与政策为分析领域，对 WoS 数据平台中 SCIE 及 SSCI 两个数据库中收录的 article 和 review 两种类型的文献进行统计分析来反映中国学者在管理科学领域论文发表情况。总体而言，中国学者在管理科学领域论文发表的数量和质量继续稳步提升。中国学者在管理科学领域的发文质量、学术影响力、国际合作情况、国家自然科学基金资助情况和聚焦的研究领域具有以下特点。

A. 中国管理科学研究已从量变过渡到质变阶段

2014～2019 年，中国学者在管理科学领域不仅论文发表数量增加，研究质量也显著提升，已形成了一定的国际影响力，与美英等西方发达国家之间的差距进一步缩小，甚至在某些指标上呈现超越的趋势。分别选取管理科学与工程、工商管理、经济科学、宏观管理与政策领域中 2014～2019 年发表的研究论文、ESI 高水平论文和顶级期刊论文被引频次指标，对比分析中国学者在经管领域研究成果的被引情况（表 2-7），可以发现，2014～2019 年，中国学者在管理科学与工程领域、工商管理领域和经济科学领域发表的 ESI 高水平论文数已分别位列世界第二、第三和第三。在顶级期刊发文方面，2014～2019 年，中国学者在管理科学与工程领域和工商管理领域发表的研究论文数在全球均排名第四位；在宏观管理与政策领域发表论文数量占全球论文数份额约为 7%；在经济科学领域发表的研究论文数量在全球排名第六位。

从被引频次来看，中国管理科学与工程领域在 2019 年发表论文的被引频次已超过美国而位列世界第一。从 2016 年开始，中国发表的工商管理领域研究论文的被引频次已超过德国而位列世界第四。中国学者 2014～2019 年在工商管理领域顶级期刊发表的论文的被引频次排名世界第六。在宏观管理与政策领域，2014～2019 年，中国学者研究论文被引频次排名第七，从 2015 年开始发表论文的被引频次已超过瑞士。在经济科学领域，2014～2019 年，中国学者发表的研究论文被引频次排名世界第四，从 2017 年开始发表论文的被引频次已超过德国。

B. "中国议题"的管理科学研究已受到国际学者关注

随着中国国际地位和国际事务参与度的显著提升，以及随着中国学者的国际学术对话能力不断增强，有特色的"中国议题"已经越来越多地进入全球学者的研究视野。国家自然科学基金委员会所倡导的"顶天立地的管理科学研究"在推动这一局面的形成中发挥了重要的作用。

表 2-7 四大领域主要国家 2014~2019 年研究论文被引频次及 ESI 高水平论文的前向引文分布情况

| 国家 | 管理科学与工程 | | | | 工商管理 | | | | 宏观管理与政策 | | | | 经济科学 | | | |
|---|---|---|---|---|---|---|---|---|---|---|---|---|---|---|---|---|
| | 研究论文数/篇 | 研究论文被引频次 | ESI 高水平论文数/篇 | ESI 高水平论文前向引文数/篇 | 研究论文数/篇 | 研究论文被引频次 | ESI 高水平论文数/篇 | ESI 高水平论文前向引文数/篇 | 研究论文数/篇 | 研究论文被引频次 | ESI 高水平论文数/篇 | ESI 高水平论文前向引文数/篇 | 研究论文数/篇 | 研究论文被引频次 | ESI 高水平论文数/篇 | ESI 高水平论文前向引文数/篇 |
| 美国 | 32 856 | 237 388 | 539 | 34 670 (33 010) | 30 465 | 194 662 | 513 | 30 207 (28 543) | 38 888 | 228 906 | 462 | 30 088 (29 622) | 43 350 | 239 888 | 566 | 35 909 (34 691) |
| 中国 | 19 633 | 132 955 | 313 | 16 465 (16 167) | 6 955 | 32 995 | 108 | 4 936 (4 742) | 3 184 | 11 681 | 14 | 474 (471) | 10 596 | 46 582 | 164 | 6 127 (6 029) |
| 英国 | 13 290 | 101 167 | 204 | 16 021 (15 156) | 13 536 | 83 200 | 204 | 13 280 (12 513) | 12 184 | 82 174 | 202 | 13 532 (13 342) | 17 868 | 96 069 | 226 | 13 038 (12 513) |
| 德国 | 7 245 | 49 680 | 79 | 6 724 (6 496) | 5 642 | 35 399 | 73 | 5 707 (5 423) | 3 933 | 22 859 | 58 | 2 936 (2 888) | 12 351 | 56 854 | 109 | 6 210 (6 018) |
| 加拿大 | 6 880 | 49 402 | 99 | 7 116 (6 761) | | | | | 7 726 | 48 905 | 96 | 8 170 (8 102) | | | | |
| 澳大利亚 | | | | | 8 094 | 43 049 | 84 | 5 390 (5 148) | 7 475 | 41 419 | 73 | 4 725 (4 655) | 8 280 | 36 088 | 67 | 4 244 (4 148) |
| 荷兰 | | | | | | | | | 5 071 | 35 750 | 98 | 7 160 (7 034) | | | | |
| 西班牙 | | | | | | | | | 2 706 | 13 782 | 31 | 1 905 (1 871) | | | | |
| 瑞士 | | | | | | | | | 1 964 | 11 668 | 32 | 1 535 (1 523) | | | | |

以"主题:（China or Chinese）AND 出版年:（2009～2019 年）AND 文献类型:（article or review）"为检索策略在 SCIE 和 SSCI 数据库中检索 2009～2019 年发表的"中国"主题的研究论文可以发现，四大领域有关"中国"主题的研究论文数量在"十三五"期间呈逐年上升趋势（图 2-20）。"中国"主题研究论文在工商管理和经济科学领域所占份额最高，已超过 9%，而且近年来提高较快，如图 2-21（a）所示。在管理科学与工程领域，"十三五"期间"中国"主题研究论文所占份额基本为 4%～5%；在宏观管理与政策领域，"中国"主题研究论文所占份额不足 4%。在管理科学与工程、工商管理和经济科学领域，发表"中国"主题研究论文的中国以外区域数量总体呈上升趋势，如图 2-21（b）所示，这表明越来越多的国外机构关注"中国"主题的研究。发表经济科学领域"中国"主题研究论文的中国以外的国家数量最多，而且近年来增加较多；发表工商管理、管理科学与工程领域"中

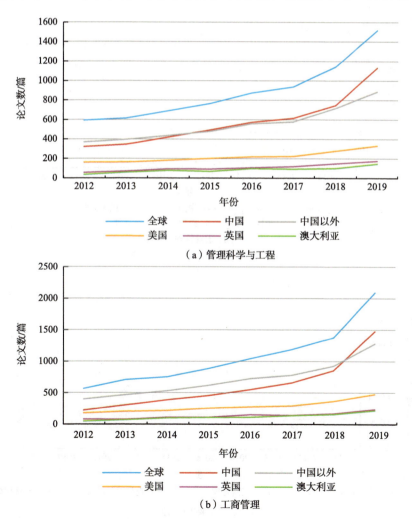

（a）管理科学与工程

（b）工商管理

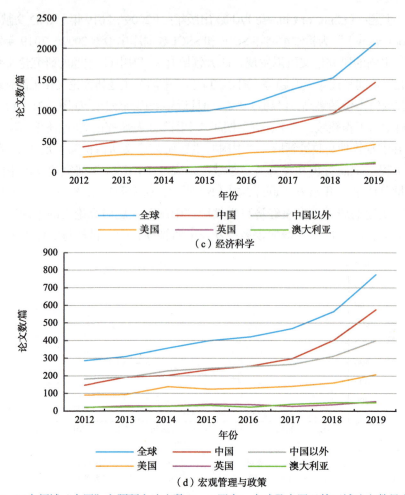

（c）经济科学

（d）宏观管理与政策

图 2-20 四大领域"中国"主题研究论文数 Top 4 国家、全球及中国以外区域论文数量变化趋势

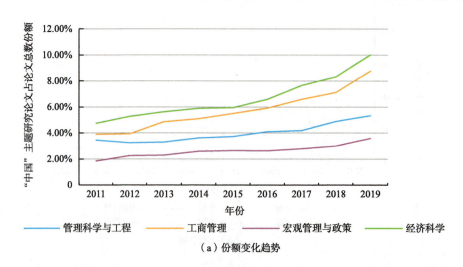

（a）份额变化趋势

（b）数量变化趋势

图 2-21　四大领域"中国"主题研究论文在相应学科论文中所占份额和发表
"中国"主题研究论文的中国以外国家数量变化趋势

国"主题研究论文的中国以外的国家数量近年来增加较多。

C. 中国与其他国家在管理科学领域的国际合作逐步加深

分别选取 2011～2015 年、2016～2020 年发表的管理科学与工程、工商管理、宏观管理与政策和经济科学领域的 ESI 高水平论文分析国际合作情况可发现（图 2-22 和图 2-23），在管理科学与工程、工商管理和经济科学领域，2011～2015 年美国在国际合作中起主导作用，相比于 2011～2015 年，2016～2020 年美国仍在国际合作中起主导作用，但中国在国际合作中的地位有所上升。这与国家自然科学基金委员会切实实施营造有利于国际（地区）科学合作的开放创新环境，促进中国科学更好融入全球科学体系，推进新型国际化发展，全面提升科学基金资助与管理的国际化水平等一系列举措密切相关。

在宏观管理与政策领域，中国 2011～2020 年在国际合作中处于相对较落后位置（图 2-23）。2011～2015 年，在国际合作中处于领先地位的国家为美国、英国、加拿大、荷兰、澳大利亚。美国与加拿大、美国与英国、英国与澳大利亚、英国与加拿大、美国与荷兰合作最为密切。中国与美国、瑞士、加拿大、澳大利亚、意大利等国家合作相对较多，但与领先国家之间的合作密切度相比差距甚大。2016～2020 年，在国际合作中处于领先地位的国家仍然为美国、英国、荷兰、加拿大、澳大利亚。中国与英国、美国、德国、瑞士、加拿大等国家合作相对较多。

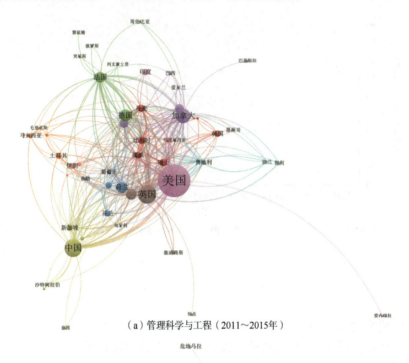

（a）管理科学与工程（2011～2015年）

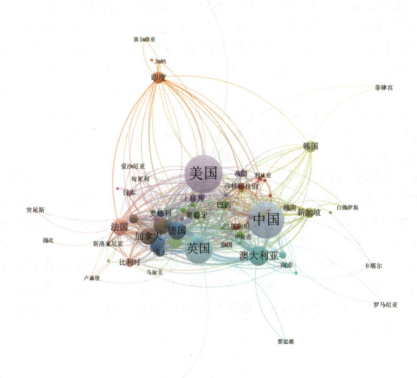

（b）管理科学与工程（2016～2020年）

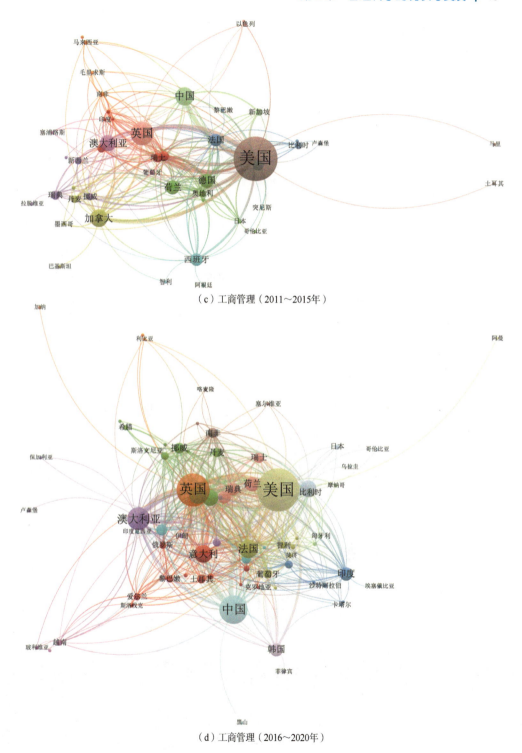

（c）工商管理（2011～2015年）

（d）工商管理（2016～2020年）

图 2-22　管理科学与工程和工商管理 ESI 高水平论文合作网络

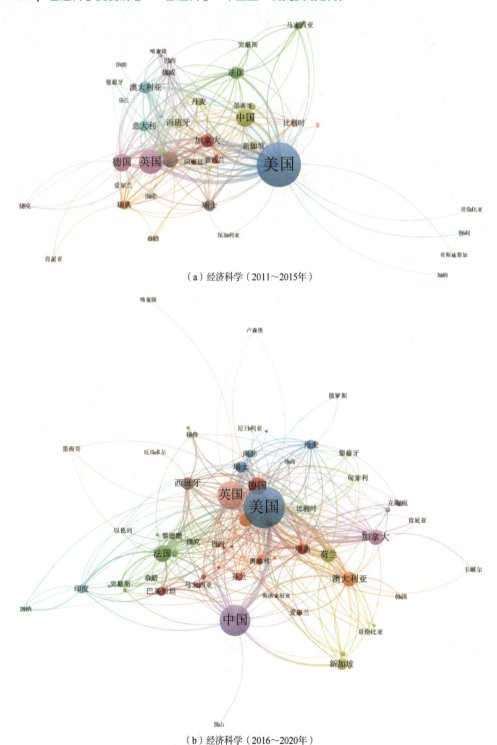

（a）经济科学（2011～2015年）

（b）经济科学（2016～2020年）

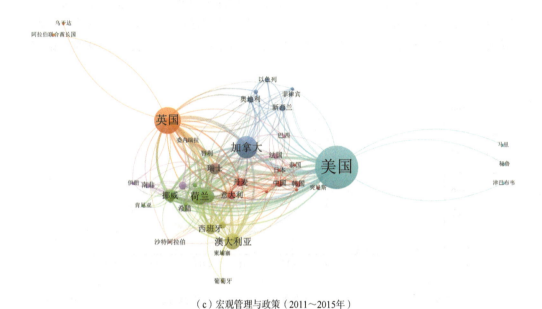

（c）宏观管理与政策（2011～2015年）

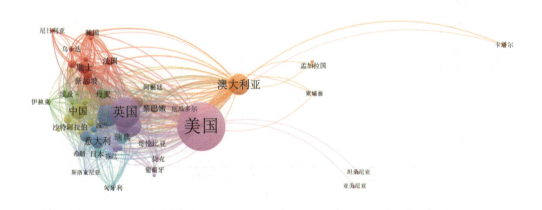

（d）宏观管理与政策（2016～2020年）

图 2-23　经济科学和宏观管理与政策 ESI 高水平论文国家合作网络

D. 国家自然科学基金资助的论文比例逐步上升

通过对 2012～2019 年在国际期刊上发表论文①标注的基金资助情况进行统计发现,国家自然科学基金对四大领域资助比例整体上呈现增长的趋势(图 2-24)。其中,资助最多的领域为管理科学与工程领域,资助最少的领域为宏观管理与政策领域。在管理科学与工程领域,2012～2019 年,中国学者发表的 16 988 篇论文

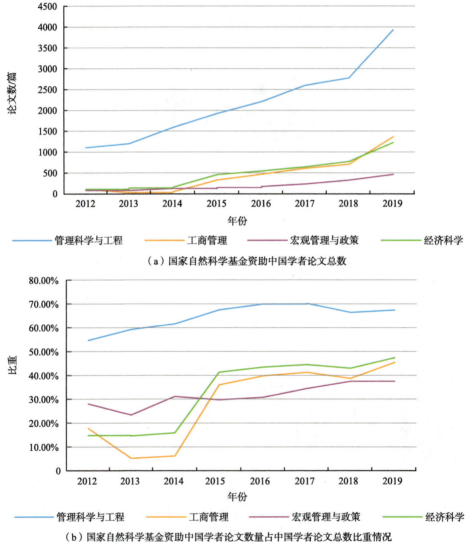

(a)国家自然科学基金资助中国学者论文总数

(b)国家自然科学基金资助中国学者论文数量占中国学者论文总数比重情况

图 2-24　国家自然科学基金资助中国学者论文情况

---

① 以 SCIE 及 SSCI 收录的管理科学与工程、工商管理、经济科学(对应经济学、农林经济管理)、宏观管理与政策(对应公共管理、图书情报与档案管理)领域 2012～2019 年的 article 和 review 论文作为统计样本。

中有 65.02%的论文受到国家自然科学基金的资助，且受国家自然科学基金资助比例从 2012 年的 53.79%增加到 2019 年的 66.89%。同时期在宏观管理与政策领域，中国学者在国际期刊发表的 4096 篇论文中有 29.64%的论文受到国家自然科学基金资助，且受国家自然科学基金资助的论文比例从 2012 年的 28.07%上升到 2019 年的 37.81%。在工商管理领域，通过对 2015～2019 年在国内核心期刊发表论文标注的基金资助情况进行统计发现，国家自然科学基金是工商管理领域论文发表最主要的资助来源。在经济科学领域，"十三五"期间国家自然科学基金资助的论文数量及其占论文总数比重较"十二五"期间都有明显的提高。

国家自然科学基金资助管理科学与工程和经济科学领域中国学者发表的 55 种高水平管理科学国际期刊的论文数量在"十三五"期间比在"十二五"期间也有明显的提高。资助论文数量最多的是管理科学与工程领域，其次是工商管理领域，经济科学领域、宏观管理与政策领域有少量国家自然科学基金资助的顶级期刊论文（图 2-25）。其中，2019 年，管理科学与工程领域国家自然科学基金资助的中国学者顶级期刊论文数量占中国学者该领域顶级期刊论文总数的比重已超过 60%，工商管理领域接近 50%，经济科学领域超过 35%，宏观管理与政策领域达到 100%（图 2-26）。

图 2-25　国家自然科学基金资助中国学者在顶级期刊发表论文数

E. 我国管理科学研究领域聚焦的若干研究领域

通过梳理近年我国管理科学研究成果，可以看到受关注较多的研究领域。中

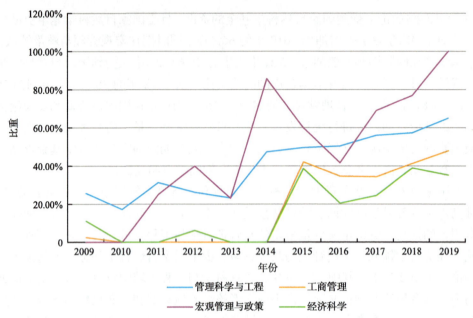

图 2-26　国家自然科学基金资助中国学者顶级期刊论文数量占中国学者顶级期刊论文总数
比重情况

国科学院科技战略咨询研究课题组曾分析[①]指出，2014～2018 年，我国管理科学领域高水平中文论文中出现次数最多的 5 个关键词分别是经济增长、影响因素、货币政策、全要素生产率和技术创新，出现次数均在 300 次以上。2014～2018 年 63 种管理科学高水平中文论文的主题聚类，如图 2-27 所示，可以发现，我国管理科学研究关注较多的 7 个研究领域分别是公司治理、影响因素、供应链、货币政策、大数据、经济增长、对外直接投资。这些领域一方面反映着国际管理科学的研究前沿，另一方面也特别地回应了中国社会经济发展的企业、政府管理实践需求和国家重大发展战略需求。

## 2. 管理科学与工程分学科的发展态势

近年来，中国学者在管理科学与工程领域期刊上的发文，不仅数量增长很快，占世界论文比例也呈现出快速增长趋势，而且在顶级期刊发表的论文也呈现出迅猛的增长趋势，研究水平已经开始由量变过渡到了质变的阶段。

---

① 中国科学院科技战略咨询研究课题组通过在我国经济学和管理学学科评估前 20%的高校中收集部门期刊列表，确定我国管理科学领域重要中文期刊列表范畴，共收集到管理科学领域期刊 219 种。按照出现次数20%的阈值，在 31 份期刊表中出现次数超过 6 次的期刊共有 63 种，形成管理科学领域重要中文期刊列表。进而统计2014～2018年 63 种管理科学高水平中文论文的关键词，得出聚类图，分析我国管理科学领域高水平中文论文的研究热点。

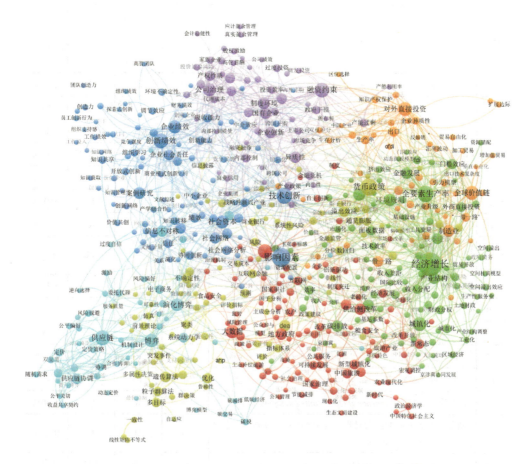

图 2-27　2014～2018 年 63 种管理科学高水平中文论文主题聚类

资料来源：中国科学院科技战略咨询研究课题组《中国管理科学研究态势分析报告》

### 1）顶级期刊与被引论文

近年来中国管理科学与工程研究已经出现许多重要成果发表在顶级期刊上，55 种高水平管理科学国际期刊上都有中国学者发表的论文。2012～2019 年部分国际管理科学与工程顶级期刊发文情况如表 2-8 所示。2012～2019 年，共有 1050 篇发表在 55 种高水平管理科学国际期刊上，其中，2012～2015 年发表的论文数为 388 篇，2016～2019 年发表论文数为 662 篇，同比增长了 70.62%。中国学者在顶尖期刊发表的论文占比从 2012～2015 年的 5.63%增长到 2016～2019 年的 8.32%，这两组数据结合国内论文数和占比的变化反映了管理科学与工程领域由数量导向到质量导向的转变。

表 2-8 2012～2019 年部分国际管理科学与工程顶级期刊发文情况

| 排序 | 期刊名称 | 论文数/篇 | | | 占该刊论文比重 |
| --- | --- | --- | --- | --- | --- |
| | | 2012～2015 年 | 2016～2019 年 | 2012～2019 年 | |
| 1 | 《管理学院学报》（Academy of Management Journal） | 17 | 19 | 36 | 5.84% |
| 2 | 《管理学院评论》（Academy of Management Review） | 0 | 2 | 2 | 0.85% |
| 3 | 《管理科学季刊》（Administrative Science Quarterly） | 2 | 3 | 5 | 2.86% |
| 4 | 《哈佛商业评论》（Harvard Business Review） | 2 | 1 | 3 | 0.39% |
| 5 | 《人际关系》（Human Relation） | 9 | 14 | 23 | 3.90% |
| 6 | 《人力资源管理》（Human Resource Management） | 12 | 36 | 48 | 10.91% |
| 7 | 《信息系统研究》（Information Systems Research） | 17 | 29 | 46 | 10.43% |
| 8 | 《运筹学和管理学研究协会季刊计算杂志》（Informs Journal on Computing） | 18 | 28 | 46 | 11.17% |
| 9 | 《应用心理学杂志》（Journal of Applied Psychology） | 23 | 40 | 63 | 8.71% |
| 10 | 《国际商业研究杂志》（Journal of International Business Studies） | 23 | 31 | 54 | 12.50% |
| 11 | 《管理学杂志》（Journal of Management） | 9 | 30 | 39 | 5.88% |
| 12 | 《管理信息系统杂志》（Journal of Management Information Systems） | 24 | 28 | 52 | 15.81% |
| 13 | 《管理研究杂志》（Journal of Management Studies） | 10 | 12 | 22 | 5.41% |
| 14 | 《运营管理杂志》（Journal of Operations Management） | 7 | 8 | 15 | 5.00% |
| 15 | 《制造业与服务业的经营管理》（M&SOM-Manufacturing & Service Operations Management） | 17 | 21 | 38 | 10.76% |
| 16 | 《管理科学》（Management Science） | 44 | 78 | 122 | 7.22% |
| 17 | 《管理信息系统季刊》（MIS Quarterly） | 9 | 25 | 34 | 7.69% |
| 18 | 《麻省-斯隆管理评论》（MIT Sloan Management Review） | 2 | 6 | 8 | 2.45% |
| 19 | 《运筹学研究》（Operations Research） | 38 | 32 | 70 | 8.84% |
| 20 | 《组织科学》（Organization Science） | 8 | 6 | 14 | 2.14% |
| 21 | 《组织研究》（Organization Studies） | 1 | 5 | 6 | 1.06% |
| 22 | 《组织行为与人类决策过程》（Organizational Behavior and Human Decision Processes） | 7 | 20 | 27 | 6.11% |
| 23 | 《生产与运营管理》（Production and Operations Management） | 54 | 119 | 173 | 17.08% |
| 24 | 《研究政策》（Research Policy） | 18 | 37 | 55 | 4.69% |
| 25 | 《战略创业期刊》（Strategic Entrepreneurship Journal） | 5 | 2 | 7 | 4.07% |
| 26 | 《战略管理杂志》（Strategic Management Journal） | 12 | 30 | 42 | 4.39% |

　　UTD 期刊（UT/Dallas 期刊）指的是世界顶级商业论文期刊，包含了前沿最新的研究以及最有价值的研究论文。2012～2016 年，中国学者在 UTD 期刊中发表的论文数整体稳步增加；2017 年，论文数超过了 100 篇，占国际论文比重为9.66%（图 2-28）。

图 2-28　2012～2019 年我国学者在 UTD 期刊中的发文情况

　　2012～2019 年，从各国在 UTD 期刊发表的论文来看，我国在世界排名第四位，共计发文 697 篇，超过新加坡、法国等发达国家，但与论文数最多的美国有较大的差距（论文数 6330 篇）（图 2-29）。

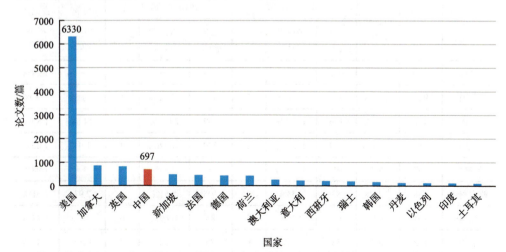

图 2-29　2012～2019 年部分国家的 UTD 期刊发表论文情况

近几年，我国管理科学与工程 WoS 高被引论文数增长速度位于全球第一位，从 2012～2015 年的 136 篇增长到 2016～2019 年的 359 篇，占比从 14.21%增长到 29.10%，数量和份额均仅次于美国。但国内高被引论文的平均被引频次仍低于全球高被引论文的平均被引频次（图 2-30）。2012～2019 年管理科学与工程领域部分国家 WoS 高被引论文情况如表 2-9 所示。

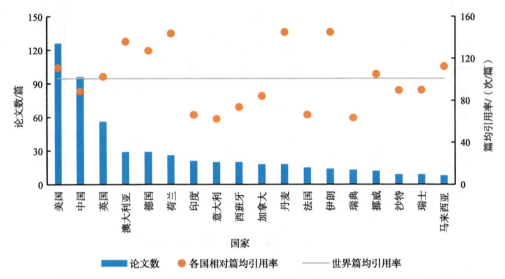

图 2-30　2012～2019 年管理科学与工程领域部分国家 WoS 高被引论文数和相对篇均引用率

表 2-9　2012～2019 年管理科学与工程领域部分国家 WoS 高被引论文情况

| 国家 | 总计/篇 | 占世界份额 | 2012～2015 年 | | | 2016～2019 年 | | | 份额增量/百分点 | 占论文总数比重 |
|---|---|---|---|---|---|---|---|---|---|---|
| | | | 论文数/篇 | 占世界份额 | 排名 | 论文数/篇 | 占世界份额 | 排名 | | |
| 全球 | 2191 | — | 957 | — | — | 1234 | — | — | — | 1.29% |
| 美国 | 925 | 42.22% | 467 | 48.80% | 1 | 458 | 37.12% | 1 | −11.68 | 1.96% |
| 中国 | 495 | 22.59% | 136 | 14.21% | 3 | 359 | 29.09% | 2 | 14.88 | 1.89% |
| 英国 | 388 | 17.71% | 159 | 16.61% | 2 | 229 | 18.56% | 3 | 1.94 | 2.06% |
| 加拿大 | 193 | 8.81% | 103 | 10.76% | 1 | 90 | 7.29% | 5 | −3.47 | 1.98% |
| 澳大利亚 | 158 | 7.21% | 53 | 5.54% | 8 | 105 | 8.51% | 4 | 2.97 | 1.61% |
| 德国 | 154 | 7.03% | 69 | 7.21% | 5 | 85 | 6.89% | 6 | −0.32 | 1.47% |
| 法国 | 128 | 5.84% | 53 | 5.54% | 8 | 75 | 6.08% | 7 | 0.54 | 1.41% |
| 荷兰 | 127 | 5.80% | 64 | 6.69% | 6 | 63 | 5.11% | 11 | −1.58 | 1.94% |

续表

| 国家 | 总计/篇 | 占世界份额 | 2012~2015 年 | | | 2016~2019 年 | | | 份额增量/百分点 | 占论文总数比重 |
|---|---|---|---|---|---|---|---|---|---|---|
| | | | 论文数/篇 | 占世界份额 | 排名 | 论文数/篇 | 占世界份额 | 排名 | | |
| 意大利 | 114 | 5.20% | 43 | 4.49% | 10 | 71 | 5.75% | 9 | 1.26 | 1.52% |
| 西班牙 | 111 | 5.07% | 37 | 3.87% | 11 | 74 | 6.00% | 8 | 2.13 | 1.30% |
| 丹麦 | 61 | 2.78% | 28 | 2.93% | 13 | 33 | 2.67% | 15 | −0.25 | 2.37% |
| 瑞士 | 61 | 2.78% | 30 | 3.13% | 12 | 31 | 2.51% | 16 | −0.62 | 2.35% |
| 印度 | 58 | 2.65% | 23 | 2.40% | 16 | 35 | 2.84% | 13 | 0.43 | 1.30% |
| 比利时 | 52 | 2.37% | 24 | 2.51% | 14 | 28 | 2.27% | 17 | −0.24 | 1.78% |
| 新加坡 | 52 | 2.37% | 24 | 2.51% | 14 | 28 | 2.27% | 17 | −0.24 | 1.88% |
| 韩国 | 51 | 2.33% | 16 | 1.67% | 18 | 35 | 2.84% | 13 | 1.16 | 0.94% |

注：份额增量数据为原始数据经计算所得

综上所述，在管理科学与工程领域，中国学者发文数量不仅在逐年增长，而且在顶级期刊发表的论文数量越来越多，但是，高被引论文的平均被引频次（88.33次/篇）仍略低于全球高被引论文的平均被引频次，和其他一些国家存在一定差距，我国论文质量还有进一步提升空间。

2）研究主要领域分析

在引领科技前沿领域，通过重大项目与重大研究计划各个项目的关键词检索，在前沿领域国家自然科学基金资助的主要是与新兴信息技术相关的研究，如表 2-10 所示。

表 2-10　重大项目与重大研究计划关键词

| 关键词 | 频数/次 |
|---|---|
| 大数据 | 14 |
| 数据挖掘 | 7 |
| 大数据分析 | 6 |
| 深度学习 | 4 |
| 可信软件 | 3 |
| 非常规突发事件 | 2 |

续表

| 关键词 | 频数/次 |
|---|---|
| 管理决策 | 2 |
| 非结构化数据 | 2 |
| 大数据融合 | 2 |
| 多利益主体 | 2 |

在管理科学与工程学科领域，以 2020 年 4 月 10 日筛选得到的 2017～2020 年发表的 ESI 高被引、热点、前沿论文作为分析对象，以新颖性、创造性（主要依据颠覆性指数）、跨学科领域广泛的影响力及知识基础、发展势头等方面因素作为计量分析综合指标，筛选出管理科学与工程学科领域的热点前沿论文[①]。在管理科学与工程学科领域热点前沿论文研究关键词主要包括模型、决策、信息等，具体的关键词列表如表 2-11 所示。

表 2-11 管理科学与工程学科领域相关论文关键词

| 关键词 | 词频/次 | 论文数/篇 |
|---|---|---|
| 模型 | 34 | 32 |
| 决策 | 16 | 15 |
| 信息 | 12 | 12 |
| 共识 | 5 | 12 |
| 神经网络 | 11 | 11 |
| 设计 | 11 | 11 |
| 管理 | 11 | 11 |
| 算法 | 4 | 11 |
| 网络 | 10 | 10 |

---

① 数据分析对象是基于课题组于 2020 年 4 月 10 日完成的《管理学、经济学领域研究前沿分析报告》筛选的热点前沿文献。数据中关键词为文献中原有的作者关键词及 WoS 数据库对文献标引的补充关键词，在这次分析中对关键词进行了人工阅读判断，对某些认为是同义词或近义词的关键词进行了归并及一定的数据清洗工作。表 2-11 中所列关键词及统计的词频、涉及的论文篇数系对原文献中的关键词进行了适当的人工归类和标引（但未对原关键词进行改写，而是保持了原关键词的表达形式）及对归类标引后的关键词进行统计所形成。人工标引后的某些关键词存在一定程度的层级关系，如 "supply chain" 包括 "supply chain design"，"supply chain design" 是 "supply chain" 下更具体的下一级关键词，以及存在一定程度的共属关系（一个关键词可能被归类到两个上级关键词），如 "information modeling bim" 被归类到 "model" 和 "information" 两个上级关键词，"consensus model" 被归类到 "model" 和 "consensus" 两个上级关键词。

续表

| 关键词 | 词频/次 | 论文数/篇 |
|---|---|---|
| 供应链 | 18 | 9 |
| 大数据 | 9 | 8 |
| 可持续性 | 8 | 8 |
| 选择 | 8 | 8 |
| 服务 | 8 | 8 |
| 系统 | 8 | 8 |
| 旅游 | 7 | 7 |
| 集合算子 | 7 | 7 |
| 预测 | 7 | 7 |
| 偏好 | 7 | 7 |
| 框架 | 6 | 6 |

　　注：对原文献中的关键词进行人工归类标引时仅根据个人对关键词涉及的相关概念的理解，考虑到词频较低的关键词一般不会对本书需要的高频词信息统计结果产生太大影响，故主要是对原文献中词频相对比较高的关键词进行了归并标引。本书中关于管理科学与工程、工商管理、经济科学、宏观管理与政策四个学科领域的关键词统计，都是基于上述方式

### 3. 工商管理分学科的发展态势

#### 1）顶级期刊的发文情况

　　2015～2019 年，我国工商管理领域作为管理科学的重要分支之一呈现出快速发展的趋势，其知识产出以论文、高水平案例为主。在 WoS 系统中检索，2015～2019 年，我国学者在 13 种工商管理领域国际顶级期刊上发表的论文总数持续增长。具体来说，如表 2-12 所示，除了 2018 年比上一年有小幅回落以外，其他年份都保持增长，尤其是 2017 年及 2019 年，我国学者发文量占总发文量的比例超过 6%。

**表 2-12　2015～2019 年中国学者在国际代表性期刊上的发文量统计**（单位：篇）

| 序号 | 期刊名称 | 中国发文情况/世界发文情况 | | | | |
|---|---|---|---|---|---|---|
| | | 2015 年 | 2016 年 | 2017 年 | 2018 年 | 2019 年 |
| 1 | 《管理学院学报》（*Academy of Management Journal*） | 7/72 | 5/88 | 4/90 | 5/87 | 5/73 |
| 2 | 《管理学院评论》（*Academy of Management Review*） | 0/26 | 0/29 | 0/28 | 1/35 | 1/34 |
| 3 | 《会计评论》（*Accounting Review*） | 4/85 | 3/70 | 3/60 | 4/85 | 6/88 |
| 4 | 《管理科学季刊》（*Administrative Science Quarterly*） | 0/21 | 0/20 | 1/21 | 1/25 | 1/34 |

续表

| 序号 | 期刊名称 | 中国发文情况/世界发文情况 | | | | |
|---|---|---|---|---|---|---|
| | | 2015 年 | 2016 年 | 2017 年 | 2018 年 | 2019 年 |
| 5 | 《会计与经济学杂志》（*Journal of Accounting & Economics*） | 1/33 | 3/45 | 1/40 | 3/43 | 4/39 |
| 6 | 《会计研究杂志》（*Journal of Accounting Research*） | 1/27 | 2/32 | 0/32 | 0/34 | 1/35 |
| 7 | 《消费者研究杂志》（*Journal of Consumer Research*） | 1/55 | 3/59 | 3/68 | 1/67 | 2/68 |
| 8 | 《国际商业研究杂志》（*Journal of International Business Studies*） | 4/53 | 7/48 | 6/50 | 8/51 | 10/89 |
| 9 | 《市场营销杂志》（*Journal of Marketing*） | 5/37 | 2/37 | 4/47 | 3/47 | 1/44 |
| 10 | 《市场研究杂志》（*Journal of Marketing Research*） | 6/56 | 6/67 | 6/63 | 4/60 | 6/60 |
| 11 | 《营销科学》（*Marketing Science*） | 4/50 | 4/52 | 7/52 | 5/52 | 4/50 |
| 12 | 《组织科学》（*Organization Science*） | 1/99 | 5/83 | 0/61 | 1/63 | 0/64 |
| 13 | 《战略管理杂志》（*Strategic Management Journal*） | 7/121 | 6/153 | 11/139 | 6/133 | 7/121 |
| 总计 | | 41/735 | 46/783 | 46/751 | 42/782 | 48/799 |
| 中国发文量占世界发文量比例 | | 5.58% | 5.87% | 6.13% | 5.37% | 6.01% |

整体来看，2015~2019 年，我国学者在工商管理领域的研究水平及成果呈明显加速增长态势。与国际同行相比，研究水平已经具备一定的国际竞争力和话语权，尤其是高水平研究成果呈加速涌现趋势。

通过中国知网等数据库对工商管理领域国内中文期刊的论文发表情况进行文献检索[①]，国内机构在这些期刊的论文发表量如表 2-13 所示。中国人民大学、清华大学、南开大学、西安交通大学、大连理工大学、华中科技大学、北京大学等的论文发表数均超过 600 篇，发表情况领先其他高校。

表 2-13　2014~2020 年国内期刊上机构发文量前 30 名

| 序号 | 机构 | 论文数/篇 | 序号 | 机构 | 论文数/篇 |
|---|---|---|---|---|---|
| 1 | 中国人民大学 | 941 | 4 | 西安交通大学 | 672 |
| 2 | 清华大学 | 757 | 5 | 大连理工大学 | 669 |
| 3 | 南开大学 | 737 | 6 | 华中科技大学 | 609 |

---

① 来源期刊：《管理科学学报》《管理学报》《金融研究》《系统工程学报》《系统管理学报》《管理工程学报》《科研管理》《预测》《科学学研究》《农村经济问题》《科学学与科学技术管理》《中国农村经济》《经济研究》《系统工程理论与实践》《管理世界》《中国软科学》《中国管理科学》《会计研究》《管理评论》《南开管理评论》《管理科学》《中国工业经济》《研究与发展管理》《中国社会科学》《数量经济技术经济研究》。

续表

| 序号 | 机构 | 论文数/篇 | 序号 | 机构 | 论文数/篇 |
|---|---|---|---|---|---|
| 7 | 北京大学 | 607 | 19 | 复旦大学 | 420 |
| 8 | 中山大学 | 568 | 20 | 对外经济贸易大学 | 418 |
| 9 | 武汉大学 | 565 | 21 | 厦门大学 | 402 |
| 10 | 中央财经大学 | 529 | 22 | 同济大学 | 401 |
| 11 | 南京大学 | 514 | 23 | 东北财经大学 | 360 |
| 12 | 华南理工大学 | 509 | 24 | 暨南大学 | 337 |
| 13 | 中国科学院大学 | 505 | 25 | 中南财经政法大学 | 336 |
| 14 | 上海财经大学 | 481 | 26 | 中南大学 | 323 |
| 15 | 重庆大学 | 474 | 27 | 湖南大学 | 322 |
| 16 | 上海交通大学 | 473 | 28 | 东北大学 | 311 |
| 17 | 西南财经大学 | 439 | 29 | 东南大学 | 300 |
| 18 | 浙江大学 | 437 | 30 | 天津大学 | 271 |

### 2）研究主要领域分析

在工商管理学科领域，以 2020 年 4 月 10 日筛选得到的 2017～2020 年发表的 ESI 高被引、热点、前沿论文作为分析对象，以新颖性、创造性（主要依据颠覆性指数）、跨学科领域广泛的影响力及知识基础、发展势头等方面因素作为计量分析综合指标，筛选工商管理学科领域的热点前沿论文，在工商管理学科领域热点前沿论文研究关键词主要包括模型、信息、创新等，具体的关键词列表如表 2-14 所示。

表 2-14　工商管理学科领域相关论文的关键词

| 关键词 | 词频/次 | 论文数/篇 |
|---|---|---|
| 模型 | 18 | 17 |
| 信息 | 12 | 11 |
| 创新 | 15 | 11 |
| 服务 | 11 | 9 |
| 可持续性 | 10 | 9 |
| 旅游 | 9 | 8 |
| 影响 | 8 | 8 |
| 技术 | 9 | 8 |
| 顾客 | 8 | 7 |
| 偏好 | 7 | 7 |
| 大数据 | 8 | 6 |

续表

| 关键词 | 词频/次 | 论文数/篇 |
|---|---|---|
| 社交媒体 | 8 | 6 |
| 行为 | 7 | 6 |
| 知识 | 8 | 6 |
| 管理 | 7 | 6 |
| 供应链 | 7 | 6 |
| 感知 | 6 | 6 |
| 绿色 | 10 | 5 |
| 环境 | 6 | 5 |
| 策略/战略 | 6 | 5 |

### 3）案例研究与行业分析

除了学术论文以外，商业管理案例也是工商管理学科的重要知识产出形式。在国家自然科学基金支持下，我国工商管理学者近年来在企业案例编写方面也得到了长足发展。最初从 1996 年开始有中国企业入选哈佛案例库，截至 2019 年 8 月 25 日，已经累计有 147 篇中国管理案例入库，提供给全球商学院的学生进行学习，并为全球管理学者提供具有中国特色的研究素材。从入库的数量趋势上看，2007～2011 年这五年间达到高潮，随后经过一定的回落后，在"十三五"期间又开始形成一个新的高潮（图 2-31）。

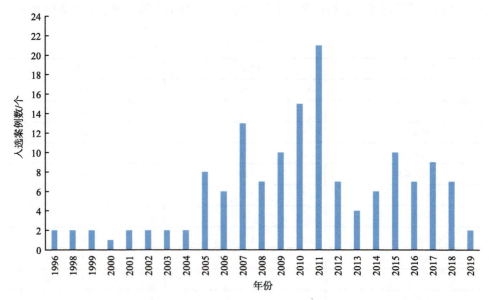

图 2-31 我国企业案例入选时间及相应案例数

　　入选哈佛大学商学院案例库的企业所属行业共有 18 个（表 2-15）。其中，制造业有 34 家企业，占比为 30.9%，这充分反映了中国作为全球制造大国的发展现实；金融业有 18 家企业，占比为 16.4%，信息传输、软件和信息技术服务业有 18 家企业，占比为 16.4%，这也体现了我国经济结构在数字信息时代的发展趋势和新经济结构的表现。

表 2-15　入选哈佛案例库的我国企业所属行业

| 所属行业 | 企业数/家 | 占比 |
| --- | --- | --- |
| 制造业 | 34 | 30.9% |
| 金融业 | 18 | 16.4% |
| 信息传输、软件和信息技术服务业 | 18 | 16.4% |
| 房地产业 | 6 | 5.5% |
| 综合 | 6 | 5.5% |
| 电力、热力、燃气及水生产和供应业 | 4 | 3.6% |
| 科学研究和技术服务业 | 4 | 3.6% |
| 商务服务业 | 4 | 3.6% |
| 交通运输业 | 3 | 2.7% |
| 零售业 | 3 | 2.7% |
| 建筑业 | 2 | 1.8% |
| 卫生和社会工作 | 2 | 1.8% |
| 采矿业 | 1 | 0.9% |
| 林业 | 1 | 0.9% |
| 农业 | 1 | 0.9% |
| 文化、体育和娱乐业 | 1 | 0.9% |
| 邮政业 | 1 | 0.9% |
| 住宿业 | 1 | 0.9% |
| 总计 | 110 | 100% |

　　哈佛大学商学院案例库中的中国企业案例所属学科共有 13 个（所属学科为哈佛网站给出的学科）。其中，涉及案例个数最多的学科为综合管理，涉及 30 个案例，占比为 20.4%；战略，涉及 26 个案例，占比为 17.7%；金融，涉及 22 个案例，占比为 15.0%（表 2-16）。

表 2-16　中国企业案例所属学科

| 学科 | 案例数/个 | 占比 |
|---|---|---|
| 综合管理（general management） | 30 | 20.4% |
| 战略（strategy） | 26 | 17.7% |
| 金融（finance） | 22 | 15.0% |
| 运营管理（operations management） | 14 | 9.5% |
| 创业（entrepreneurship） | 13 | 8.8% |
| 营销（marketing） | 12 | 8.2% |
| 组织行为（organizational behavior） | 11 | 7.5% |
| 商业与政府关系（business & government relations） | 8 | 5.4% |
| 会计（accounting） | 5 | 3.4% |
| 信息技术（information technology） | 2 | 1.4% |
| 国际商业（international business） | 2 | 1.4% |
| 商业道德（business ethics） | 1 | 0.7% |
| 人力资源管理（human resource management） | 1 | 0.7% |
| 总计 | 147 | 100% |

### 4. 经济科学分学科的发展态势

#### 1）顶级期刊的发文情况

随着中国经济高速发展，中国的经济科学在科学研究、社会服务和国际交流等方面取得了巨大进步。如表 2-17 所示，2014～2019 年，在顶级期刊发表经济科学领域论文最多的 10 个中国机构发表论文数量达到 938 篇，特别是在国际五大经济科学期刊和经济科学各大领域国际顶级期刊的论文发表中均有斩获。2015～2019 年上半年中国学者在经济科学各大领域国际顶尖期刊的发表情况，如图 2-32 所示。在《计量经济学杂志》（*Journal of Econometrics*，*JoE*）的发表论文数是最多的，达到了 120 篇；其次在《金融经济学杂志》（*Journal of Financial Economics*，*JFE*）发表了 39 篇，在《国际经济学杂志》（*Journal of International Economics*，*JIE*）发表了 38 篇；发表超过 30 篇的顶级国际期刊还有《金融与定量分析杂志》（*Journal of Financial and Quantitative Analysis, JFQA*）和《经济理论杂志》（*Journal of Economic Theory*，*JET*）。

表 2-17　2014～2019 年在顶级期刊发表论文最多的 10 个中国机构发表论文数

| 序号 | 机构名称 | 论文数/篇 |
|---|---|---|
| 1 | 清华大学 | 153 |
| 2 | 北京大学 | 131 |

续表

| 序号 | 机构名称 | 论文数/篇 |
|---|---|---|
| 3 | 上海交通大学 | 113 |
| 4 | 复旦大学 | 110 |
| 5 | 上海财经大学 | 105 |
| 6 | 中国人民大学 | 85 |
| 7 | 中山大学 | 71 |
| 8 | 中欧国际工商学院 | 65 |
| 9 | 厦门大学 | 53 |
| 10 | 华中科技大学 | 52 |

图 2-32 中国学者在经济科学各大领域国际顶尖期刊发表的论文数
（2015～2019 年）

2）研究主要领域分析

在经济科学学科领域，以 2020 年 4 月 10 日筛选得到的 2017～2020 年发表的 ESI 高被引、热点、前沿论文作为分析对象，以新颖性、创造性（主要依据颠覆性指数）、跨学科领域广泛的影响力及知识基础、发展势头等方面因素作为计量分析综合指标，筛选经济科学学科领域的热点前沿论文，在经济科学学科领域热点前沿论文关键词主要包括二氧化碳排放、能源、模型等，具体的关键词列表如表 2-18 所示。

表 2-18 经济科学学科领域相关论文的关键词

| 关键词 | 词频/次 | 论文数/篇 |
|---|---|---|
| 二氧化碳排放 | 26 | 15 |
| 能源 | 19 | 14 |
| 模型 | 15 | 13 |

续表

| 关键词 | 词频/次 | 论文数/篇 |
|---|---|---|
| 经济 | 13 | 11 |
| 中国 | 9 | 8 |
| 政策 | 8 | 8 |
| 影响 | 7 | 7 |
| 经济增长 | 7 | 6 |
| 增长 | 6 | 6 |
| 区域 | 6 | 6 |
| 原油 | 7 | 5 |
| 气候变化 | 6 | 5 |
| 面板数据 | 5 | 5 |
| 比特币 | 5 | 4 |
| 不确定性 | 5 | 4 |
| 准确性 | 4 | 4 |
| 驱动因素 | 4 | 4 |
| 创新 | 4 | 4 |
| 强度 | 4 | 4 |
| 波动性 | 4 | 4 |

　　从经济科学发展的国际趋势上看，经济科学通过近几十年的发展变得更加"实证"了，实证经济学研究在经济科学学科中的整体重要性和对其他学科中的影响力均在稳步提升[①]。如图 2-33 所示，从经济科学各领域发表的论文数量来看，微观经济学领域发表的论文数量自 20 世纪 80 年代中期以来增长迅速，超过了宏观经济学，位列第一位；发展经济学先抑后扬，自 2010 年以后逐步跃居第四位。同时，论文体裁中实证、计量和理论的论文数量比重也呈现出相同趋势。发表在顶级经济科学期刊中的实证类论文占比从 20 世纪 80 年代的不到 50%上升到 2015 年的 50%以上。如表 2-19 所示，2015～2019 年中国学者在国际五大经济科学期刊发表的论文中，计量领域发文比例最高约为 2.17%，理论和实证论文数量和占比还有待提升。

---

① Angrist J, Azoulay P, Ellison G, et al. Economic research evolves: fields and styles. American Economic Review, 2017, 107（5）: 293-297.

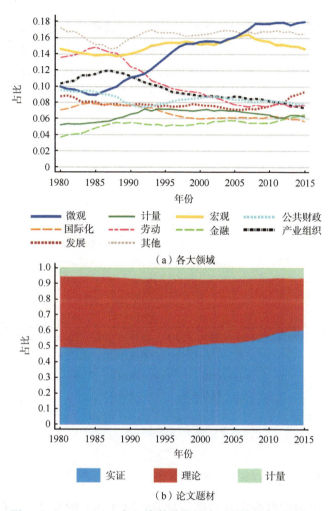

（a）各大领域

（b）论文题材

图 2-33　1980～2015 年经济科学分领域、题材发表论文占比

资料来源：Angrist J，Azoulay P，Ellison G，et al. Economic research evolves：fields and styles. American Economic Review，2017，107（5）：293-297

表 2-19　2015～2019 年中国学者在国际五大经济科学期刊的发表论文统计

| 期刊名 | 期刊发文总量/篇 | 中国发文量/篇 | 占比 |
|---|---|---|---|
| AER | 530 | 11 | 2.08% |
| ECONOMETRICA | 277 | 6 | 2.17% |
| JPE | 244 | 3 | 1.23% |
| QJE | 157 | 3 | 1.91% |
| RES | 243 | 5 | 2.06% |

从我国经济发展的整体背景来看，中国经济的增长动力和增长模式正在进行

着深刻的调整与转型，正在从高速增长阶段转向高质量发展阶段，为此，在经济科学领域，以"中国"为主题的研究论文数量中，中国学者的研究论文数占比整体呈上升趋势，虽然在中国以外的区域发表的论文数占比整体有所下降，但世界主要经济体对"中国议题"的热度基本稳定，也表现出其对中国经济发展及其实践活动的持续关注，如图 2-34 所示。

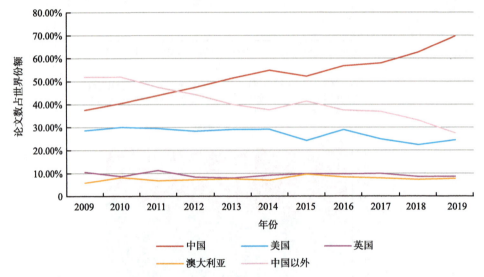

图 2-34　经济科学领域"中国"主题研究论文数 Top 4 国家及中国以外区域
论文数量占世界份额变化趋势

## 5. 宏观管理与政策分学科的发展态势

近年来，中国学者在宏观管理与政策领域期刊上的发文，不仅数量增长很快，占世界论文数比例也呈现出快速增长趋势。我们对 WoS 数据库中社会科学下宏观管理与政策学科期刊在 2012～2019 年中国学者发文情况进行了描述性统计，检索论文数据库包括 WoS 核心合集及相关数据库中的全部论文，发现如下。

### 1）顶级期刊的发文情况

2012～2019 年中国学者在宏观管理与政策 10 种 A+期刊发文情况如表 2-20 所示。从我国学者发表在宏观管理与政策 10 种 A+期刊的论文数量占宏观管理与政策 10 种 A+期刊论文总数的比例上可以看出，中国学者的文章在 A+期刊上发表的活跃程度很高，从单个 A+期刊来看，中国学者宏观管理与政策领域论文占比最高达到 3.44%，占据了一定的比重。2012～2019 年，学者发表在 55 种高水平管理科学国际期刊上的论文数量达到 1871 篇，占到期刊论文总数的 6.16%。

表 2-20　2012～2019 年中国学者在宏观管理与政策领域 A+期刊发文情况

| 排序 | 期刊名称 | 论文数/篇 | | | 占该刊论文比重 |
|---|---|---|---|---|---|
| | | 2012～2015 年 | 2016～2019 年 | 2012～2019 年 | |
| 1 | 《国际行政科学评论》（*International Review of Administrative Sciences*） | 3 | 9 | 12 | 3.44% |
| 2 | 《政策分析与管理杂志》（*Journal of Policy Analysis and Management*） | 1 | 5 | 6 | 2.27% |
| 3 | 《公共行政研究与理论杂志》（*Journal of Public Administration Research and Theory*） | 1 | 3 | 4 | 1.25% |
| 4 | 《社会政策杂志》（*Journal of Social Policy*） | 5 | 0 | 5 | 1.69% |
| 5 | 《政策与政治》（*Policy and Politics*） | 0 | 4 | 4 | 1.49% |
| 6 | 《政策科学》（*Policy Sciences*） | 2 | 1 | 3 | 1.56% |
| 7 | 《政策研究杂志》（*Policy Studies Journal*） | 0 | 0 | 0 | 0 |
| 8 | 《公共管理》（*Public Administration*） | 7 | 3 | 10 | 2.05% |
| 9 | 《公共管理评论》（*Public Administration Review*） | 3 | 13 | 16 | 2.91% |
| 10 | 《国际政策管理与机构杂志》（*Governance-An International Journal of Policy Administration and Institutions*） | 1 | 7 | 8 | 3.01% |

近几年，中国学者的宏观管理与政策 WoS 的引文量表现出迅速增长态势。在世界范围内，2012～2019 年共有 4448 篇 WoS 高被引论文发表在 A+级别期刊上，其中有 501 篇来自中国学者；2012～2015 年发表的论文数量为 2009 篇，其中有 123 篇出自中国学者；2016～2019 年发表论文数量为 2439 篇，其中有 378 篇出自中国学者。8 年间中国学者的高被引论文数量占世界高被引论文的 11.26%。高被引论文发表数量、排名如表 2-21 所示。

表 2-21　2012～2019 年宏观管理与政策领域各国家的高被引 WoS 论文情况

| 国家 | 总计/篇 | 世界份额 | 2012～2015 年 | | | 2016～2019 年 | | | 份额增量/百分点 | 占论文总数比重 |
|---|---|---|---|---|---|---|---|---|---|---|
| | | | 论文数/篇 | 世界份额 | 排名 | 论文数/篇 | 世界份额 | 排名 | | |
| 全球 | 4448 | — | 2009 | — | — | 2439 | — | — | | 1.38% |
| 美国 | 2045 | 45.98% | 1027 | 51.12% | 1 | 1018 | 41.74% | 1 | −9.38 | 1.63% |
| 英国 | 1103 | 24.80% | 509 | 25.34% | 2 | 594 | 24.35% | 2 | −0.98 | 2.46% |

续表

| 国家 | 总计/篇 | 世界份额 | 2012～2015 年 | | | 2016～2019 年 | | | 份额增量/百分点 | 占论文总数比重 |
|---|---|---|---|---|---|---|---|---|---|---|
| | | | 论文数/篇 | 世界份额 | 排名 | 论文数/篇 | 世界份额 | 排名 | | |
| 荷兰 | 525 | 11.80% | 240 | 11.95% | 3 | 285 | 11.69% | 4 | −0.26 | 2.84% |
| 中国 | 501 | 11.26% | 123 | 6.12% | 7 | 378 | 15.50% | 3 | 9.38 | 2.30% |
| 澳大利亚 | 495 | 11.13% | 240 | 11.95% | 3 | 255 | 10.46% | 5 | −1.49 | 1.94% |
| 德国 | 443 | 9.96% | 191 | 9.51% | 6 | 252 | 10.33% | 6 | 0.82 | 2.52% |
| 加拿大 | 437 | 9.82% | 221 | 11.00% | 5 | 216 | 8.86% | 7 | −2.14 | 1.86% |
| 法国 | 229 | 5.15% | 96 | 4.78% | 8 | 133 | 5.45% | 10 | 0.67 | 2.52% |
| 瑞典 | 229 | 5.15% | 94 | 4.68% | 10 | 135 | 5.54% | 8 | 0.86 | 3.17% |
| 意大利 | 223 | 5.01% | 90 | 4.48% | 11 | 133 | 5.45% | 8 | 0.97 | 2.00% |
| 西班牙 | 221 | 4.97% | 86 | 4.28% | 12 | 135 | 5.54% | 8 | 1.25 | 1.82% |
| 瑞士 | 209 | 4.70% | 95 | 4.73% | 9 | 114 | 4.67% | 12 | −0.05 | 2.89% |
| 挪威 | 166 | 3.73% | 75 | 3.73% | 13 | 91 | 3.73% | 13 | 0 | 2.78% |
| 丹麦 | 137 | 3.08% | 65 | 3.24% | 14 | 72 | 2.95% | 16 | −0.28 | 2.52% |
| 奥地利 | 133 | 2.99% | 52 | 2.59% | 15 | 81 | 3.32% | 15 | 0.73 | 4.23% |
| 比利时 | 129 | 2.90% | 45 | 2.24% | 16 | 84 | 3.44% | 14 | 1.20 | 2.37% |
| 南非 | 87 | 1.96% | 30 | 1.49% | 18 | 57 | 2.34% | 17 | 0.84 | 1.89% |
| 芬兰 | 86 | 1.93% | 39 | 1.94% | 17 | 47 | 1.93% | 18 | −0.01 | 2.44% |
| 日本 | 73 | 1.64% | 26 | 1.29% | 19 | 47 | 1.93% | 18 | 0.63 | 1.36% |

注：份额增量数据为原始数据经计算所得

　　但是在论文质量上，我国和其他国家仍然存在差距。虽然中国学者在宏观管理与政策领域的高被引论文世界排名上升到第 4 位，但是高被引论文仅占论文总数的 2.30%，仅在发文量前列国家/地区中位于第 12 位，小于奥地利（4.23%）、瑞典（3.17%）、瑞士（2.89%）和荷兰（2.84%）等论文质量较高的国家。高被引论文的被引量如图 2-35 所示，可以看出，虽然我国存在相当数量的高被引论文，但是每篇高被引论文的相对引用量仍然位居下游。我国高被引论文相对篇均引用率仅有 86.58 次/篇，与德国、荷兰、澳大利亚、英国和美国差距显著，且没有达到世界平均水平（120.61 次/篇）。我国论文质量仍然存在上升空间。

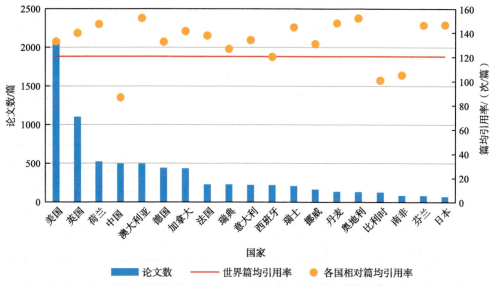

图 2-35　宏观管理与政策领域各国 WoS 高被引论文数和相对篇均引用率

## 2）研究主要领域分析

在宏观管理与政策学科领域，以 2020 年 4 月 10 日筛选得到的 2017～2020 年发表的 ESI 高被引、热点、前沿论文作为分析对象，以新颖性、创造性（主要依据颠覆性指数）、跨学科领域广泛的影响力及知识基础、发展势头等方面因素作为计量分析综合指标，筛选宏观管理与政策学科领域的热点前沿论文，在宏观管理与政策学科领域热点前沿论文的关键词主要包括模型、影响、二氧化碳排放、能源等，具体的关键词列表如表 2-22 所示。

表 2-22　宏观管理与政策学科领域相关论文的关键词

| 关键词 | 词频/次 | 论文数/篇 |
| --- | --- | --- |
| 模型 | 28 | 24 |
| 影响 | 20 | 20 |
| 二氧化碳排放 | 37 | 19 |
| 能源 | 23 | 18 |
| 气候 | 15 | 15 |
| 经济 | 14 | 14 |
| 可持续性 | 15 | 11 |
| 环境 | 13 | 11 |
| 绩效 | 13 | 11 |

续表

| 关键词 | 词频/次 | 论文数/篇 |
|--------|---------|-----------|
| 政策 | 11 | 11 |
| 中国 | 11 | 10 |
| 管理 | 12 | 10 |
| 信息 | 9 | 9 |
| 创新 | 11 | 9 |
| 增长 | 10 | 9 |
| 行为 | 6 | 6 |
| 面板数据 | 6 | 6 |
| 美国 | 6 | 6 |
| 区域 | 6 | 6 |
| 决策 | 7 | 6 |

在宏观管理与政策领域全部文章发表量中，按照 WoS 的领域分类，前三名的领域分别为医疗保健科学与服务、健康政策和服务、医学信息学，2016～2019 年的发文量取得了长足增长，分别为 2248 篇、753 篇、560 篇，分别是 2012～2015 年的 2.84 倍、2.16 倍、2.99 倍（表 2-23）。

表 2-23　2012～2019 年中国学者宏观管理与政策领域论文部分子学科分布情况

| 学科名称 | 2012～2015 年 | | 2016～2019 年 | |
|----------|---------------|---------|---------------|---------|
| | 论文总数/篇 | 比重 | 论文总数/篇 | 比重 |
| 医疗保健科学与服务（health care sciences & services） | 791 | 66.69% | 2248 | 77.22% |
| 健康政策和服务（health policy & services） | 349 | 29.43% | 753 | 25.87% |
| 医学信息学（medical informatics） | 187 | 15.77% | 560 | 19.24% |

2013～2018 年，中国科学院发文数接近 1000 篇，清华大学和北京大学发文数量基本相当。如图 2-36 所示，2013～2018 年，论文总数超过 90 篇的只有 8 家机构。在这 8 家中，中国科学院是发文机构的主力，占据了 29.5%，2016～2018 年的发文数是 2013～2015 年发文总量的 1.56 倍；另外，清华大学和北京大学文章数量均超过了 200 篇，北京师范大学上升势头明显，2013～2018 年 6 年间文章数量达到 192 篇。

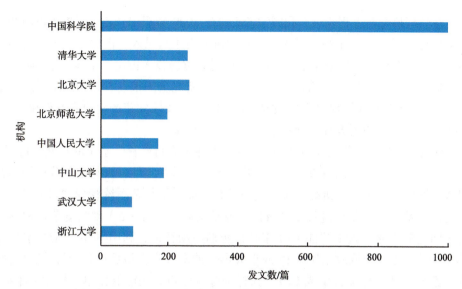

图 2-36　2013～2018 年中国宏观管理与政策领域机构发文情况

### 2.2.3　中国管理科学已取得的典型成就

长期以来，我国管理科学家在国家自然科学基金的稳定支持下，在借鉴和学习西方理论的基础上，伴随着我国经济变革发展，通过融合我国丰富的管理实践不断发展新的管理理论，用于指导中国的管理实践，并在多个领域实现了成功应用，如新结构经济学、和谐管理理论、投入占用产出分析理论、"TEI@I"建模理论和方法等。

在经济科学领域，我国学者在近年来基于西方经济学"旧结构经济学""新古典经济学"等理论，提出了"新结构经济学"用于解释我国在生产过程中产业结构的变化。"新结构经济学"设计了增长甄别与因势利导框架，获得了国内外学者的一致好评，并有效地应用于指导实践，如华坚鞋业集团在埃塞俄比亚的快速成功。

我国工商管理领域学者提出和谐理论的思想，并在包括国家杰出青年科学基金、创新研究群体项目、重点项目等一系列研究基金的资助下，逐步将其扩展成和谐管理理论。和谐管理理论以人与物的互动及人与系统的自治性和能动性为前提，以"和则"与"谐则"的耦合互动来应对管理问题，以提高组织绩效为目标。学者在和谐管理理论的基础上，采用系统、动态和整体的视角构建了一种整合商业模式的概念框架。该框架强调了领导在其中的核心作用，界定了战略与商业模式的关系，突出了商业模式实施与变革的过程与机理，改进了对商业模式绩效的测量方法。

在管理科学与工程领域，我国学者最初在 1989 年提出和建立了投入占用产出分析理论，成功解决了利用投入产出技术研究占用与投入、占用与产出之间的关系问题。主要研究者还编制了 1995 年中国对外贸易投入占用产出表，为国际贸易谈判提供了理论依据。目前，投入产出模型在研究全国粮食谷物预测中得到了精度很高的 20 个非线性粮食产量预测方程、10 个非线性棉花产量预测方程和 15 个非线性油料产量预测方程，预测平均误差为 1.15%。

同样，在管理科学与工程领域，我国学者在国家自然科学基金的长期支持下，基于钱学森院士倡导的解决经济社会系统的问题需要定性分析与定量分析相结合和从定性分析到定量分析综合集成的方法论，提出了复杂系统管理 "TEI@I" 方法论，其基本原理是通过计量经济模型或随机微分方程（$E$）刻画复杂管理系统的长期趋势，通过人工智能（$I$）来捕捉短期波动特征，利用事件分析/文本分析/专家判断（$T$）把握政策影响和/或重大事件冲击效应，最后通过统计/优化模型或专家系统来实行综合集成（$I$）。这样的综合分析方法能够比单一模型（体系）更好地刻画复杂系统的管理规律。迄今为止，这个理论及其方法在复杂系统管理领域取得了广泛的成功应用，在国内外有大量文献报道其研究进展或是成功应用的实例，从国民经济计划制定到全球价值链设计、从大型企业安全生产到国家应急管理、从水资源管理到国土资源规划、从国民营养健康研究到全球新冠疫情监测预测、从火力配置方案研究到联合作战指挥等，都体现出强大优势；在宏观经济预测、行业经济预测或是金融市场预测方面都取得了令人信服的预测精度。

在服务于航空、物流、港口、运输等方面的规划和管理的国家重大需求方面，我国学者在包括国家杰出青年科学基金项目在内的项目支持下，针对我国目前航空运控管理决策系统主要依靠欧美进口、其产品理念不完全契合我国国情的局面，选择中国航空公司运控管理中众多资源在航空网络中多阶段决策、难以统筹优化的科学问题展开研究，提出了针对多维度大规模时空网络的弧路由问题的求解模型和算法，用于飞机、航班、机组、旅客等多种资源的一体化运控管理，全面优化航班网络、飞机路径、机组排班及旅客服务保障等方面的工作部署。研究突破了分步决策方式可能导致的次优性，解决了反复校正等瓶颈问题。研究成果在《交通科学》（*Transportation Science，TS*）、《美国运筹学和管理学研究协会计算杂志》（*INFORMS Journal on Computing，IJOC*）、《运输研究 B 部分：方法论》（*Transportation Research Part B: Methodological，TRB*）等顶级期刊发表，被多位中国、美国工程院院士及国内外知名学者引用，并做对标性研究。研究成果在我国多个航空公司落地应用并产生显著经济效益，打破了高端运控决策系统长期被欧美垄断的格局。

在宏观管理与政策领域，2000～2019 年，中国农业政策研究中心（Center for

Chinese Agricultural Policy，CCAP）在国家自然科学基金委员会等资助下，在农村发展与政策领域提出了一系列原创性研究成果，包括农村经济转型路径及制度、政策和投资影响转型速度与效果的次序性；率先开展的农业生物技术经济与政策研究；教育、营养和卫生等对农村人力资本的影响；灌溉制度与管理等对水资源利用和农业生产的影响；农业部门均衡模型（China's agricultural policy simulation and projection model，CAPSiM）和中国农业可持续发展决策支持系统（decision support system for sustainable development of agriculture in China，CHINAGRO）。成果发表在 Science 和 Nature 等顶尖期刊，得到国内外广泛好评。

在工商管理领域，我国学者在国家自然科学基金重点项目的支持下，在企业管理理论方面持续研究，针对由于各国制度基础、经济基础、社会文化基础等因素的差异而对传统企业管理理论提出的诸多挑战，基于我国具有新兴市场和转型经济的双重特征，以及制度环境和市场环境具有变化迅速、不确定性高、规模庞大及模糊地带众多等特征，提出了具有中国特色的企业管理"合"理论，构建了复合、联合、相合、结合等核心概念元素，提出资源和能力的"独特组合、开放利用和共生发展"，以合补短、以合促长、合则共生，进而创建其竞争优势或弥补劣势，规避简单直接的取舍和极端决策，从而创造出市场快速响应、高性价比、复合式服务等独特优势。该领域研究构建了中国特色企业管理的上升螺旋模型及其理论逻辑与动态机制，得到国际学术同行的广泛关注。

除上述经济管理理论的发展之外，中国的管理科学研究在实践和社会应用方面也取得了成就。这些典型成就在西方现有的理论体系的基础上，通过结合中国管理实践和情境特色，创造性探索实现了理论突破，并基于此进一步解决重大现实管理问题。比如，我国学者基于西方学者提出的概率论公理体系、静态非线性期望——Choquet 期望，开创性地建立了动态非线性数学期望理论——g-期望理论，并进一步发展成为 G-期望理论，应用于分析和计算具有高度动态复杂特性的金融风险。这一理论对经济、金融量化分析技术与方法具有变革性意义，直接推动了市场操作层面的可实现性问题的解决，有助于相应的金融风险管理实践。不仅如此，这个领域的资助工作在学科建设和社会影响方面也做出了重要贡献，这催生了我国金融工程学科的出现，推动了金融工程学科理论上的进一步发展，促进我国金融市场的成熟化。

我国经济学家在管理科学部的支持下主持了大型微观数据调查——中国健康与养老追踪调查（China Health and Retirement Longitudinal Study，CHARLS），该项目首先于 2008 年开展了浙江、甘肃两省预调查，并于 2011 年在全国铺开，通过随机抽样在 150 个区县、450 个村居访问了 1 万余户、约 1.8 万余名 45 岁及以上的中老年人，随后对这些受访者进行持续跟踪访问，至今共计访问 132 787 人次。CHARLS 数据具有高质量、跨学科的特点，包括宏观政策管理、经济学、医学、社会学、金融投资学等方面信息，全面反映了我国中老年人的健康和生活状况，为世界卫生组织（World Health Organization，WHO）、国家卫生健康委员会和中国老龄协会等研究老龄问题提供数据支持，在跨学科研究和政策制定方面发挥重要作用，已成为国际上研究中国老龄化问题最有影响力的数据库。

管理科学与工程领域的专家学者在 2009 年开展"非常规突发事件应急管理"重大研究计划中，经过跨越 8 年的努力，于 2018 年结题验收。该重大研究计划的成果提出了应对非常规突发事件的较为完整的理论和方法体系，在重大现实管理决策中发挥了重要作用。例如，其非常规突发事件应急准备体系的构成及其评估理论与方法，帮助完成北京市重大突发事件（巨灾）情景构建工作；在青海玉树地震救灾工作中发挥了重要的决策支持作用；同时，该计划的实施还催生了我国一级安全科学与工程学科，推动了学科建设和人才培养工作。更值得指出的是，该计划的综合成果不仅推进了中国非常规突发事件应急管理领域的跨越式发展，而且为世界卫生组织提供了应急平台方案，牵头制定应急能力评估国际标准，并在厄瓜多尔、特立尼达和多巴哥、巴西等国家公共安全一体化平台中得到应用，其中，协助厄瓜多尔建设的国家公共安全一体化平台，使犯罪率下降 40%。这些成果极大地提升了中国在应急管理领域的国际话语权。

随着互联网、人工智能、物联网等技术的突破式发展，企业供应链管理的业务范围逐步延伸，日常运营的决策颗粒度和时效性日益多样，外部环境的不确定性和风险与日俱增，传统的供应链运营体系将难以适应。我国企业运营管理团队针对如何超越传统供应链决策体系、构建智慧供应链决策的整体解决方案这一学术界共同关注的科学问题，结合中国石油供应链运营管理实践，运用大数据挖掘、人工智能、运筹优化等方法和技术，突破实时求解算法优化的难点和瓶颈，建立了一套智慧供应链决策的整体解决方案，突破了企业运营管理的诸多瓶颈，构建了天然气供应链优化平台，2015～2016 年累计为中国石油天然气集团公司节约成本约 20 亿元。

在过去几十年，中国管理学取得了巨大的进步。近年来，国际格局和国内形势有很大变化，政府管理和企业管理及其他组织管理面临着更多新的机遇和挑战，也为中国管理学发展创造了新的条件。在未来一段时间，中国学者会提出更多的管理理论、方法与技术，并逐渐形成中国管理学派，在国际上产生重要影响。

## 2.2.4 管理科学的发展不足与制约因素

回顾管理科学发展的历程，尽管我国自改革开放以来，特别是在"十三五"期间取得了巨大的成就并基本上实现了预定的战略目标，但面向未来的新征程，我们还存在着一些薄弱的环节及其相应的制约因素。这些薄弱环节主要体现在贴近中国管理实践、服务国家重大需求、形成国际引领性成果、夯实基础性工作及推进交叉变革性研究等多个方面。造成这些薄弱环节的原因与现存的制约因素有关，这些因素可以分成研究者自身的主要制约和来自外部的体制机制性制约（表 2-24）。

表 2-24 学科发展的不足和制约因素间的关系

| 存在学科发展不足的方面 | 主要制约因素 | | | | | |
|---|---|---|---|---|---|---|
| | 学术评价机制 | 项目类型设置 | 外部数据资源 | 学科特性认知 | 全球视角 | 研究手段方法 |
| 原创性研究 | √ | | √ | | | √ |
| 贴近中国管理实践 | √ | √ | | √ | √ | |
| 新范式和新方法 | √ | | √ | | | √ |
| 多学科交叉融合 | √ | √ | | √ | | √ |

### 1. 管理科学的发展不足与薄弱环节

虽然我国管理科学基础研究已取得了一系列的骄人成绩，但总结走过的道路、展望未来的发展责任，我们还应当清醒地看到中国管理科学基础研究在发展过程中仍然存在一些薄弱环节与制约因素，亟待在"十四五"期间解决和突破。

#### 1）具有方向引领作用和重要国际影响力的原创性研究偏少

随着中国在政治、经济、文化方面全球影响力的显著提升，中国的经济发展成就和管理实践也受到了国际学者的关注。在此背景下，中国国家自然科学基金委员会不断努力，推动了 2010～2019 年中国管理科学研究的国际交流与学术发表，并且使这些合作从原先简单地提供数据、劳动力的形式，逐步过渡到了较为平等的学术智力合作形式。

不过，考虑到当今世界正经历巨大的变化，尽管一些基于中国管理实践特色的原创性工作（如和谐管理理论、投入占用产出分析理论、新结构主义经济理论等）也开始出现，但我们在针对重大管理科学前沿问题开展深层次研究方面仍显薄弱，在国际上具有方向引领性的研究成果较少。我们的管理科学研究还没有完全反映出中国作为一个负责任大国在世界上的担当，具有学科发展引领性和主导型的全球合作项目还很缺乏，进而由此产生的具有科学原创性的学术成果也相对偏少。那些能够结合中国管理实践特色、提出原创性新理论框架的典型性研究，总体来说还处于发展的早期，这些新理论框架还需要更多技术性工作的支撑来扩大在国际上的话语权和影响力。

2）理论滞后于中国管理实践，如何讲好中国故事有待加强

管理科学是一门"实践"的科学，在科学发展的"双轮驱动"模式中，更多的是由"实践需求"来驱动的，针对实践中提出的问题，形成研究内容，进而通过研究寻找规律，依据这些被发现的规律提出解决实践问题的答案，形成管理决策支持。回顾我国管理科学发展的历程不难看出，在20世纪八九十年代，老一代管理科学家的工作都是紧紧围绕着我国社会经济发展的重大现实问题，通过深入实践调查来展开的，如刘源张的企业质量管理研究、汪应洛的教育管理研究、王众托的信息系统管理研究等。

在世纪之交，国际上发达经济体的管理研究范式和内容逐步开始影响我国管理科学发展脉络，在推动我国管理科学研究的国际化、严谨性，进而使学科水平达到一个新的高度的同时，也逐步出现了脱离管理现实的倾向。这种现象在全世界也具有一定的普遍性，国际管理学界也在反思。

回顾中国管理科学发展的历程，尽管国家自然科学基金委员会管理科学部从21世纪之初就一直强调管理科学的研究要"顶天立地"，2010～2019年，中国管理科学家也在积极回应这个问题，深入中国管理实践并从中寻求科学问题的呼声已经很高了，但由于种种原因，这些还没有完全在管理科学家中形成一种"学术习惯"，对管理实践的深度观察或体验还远远不够（尽管这种现象在"十三五"期间已经开始有所改善），"从论文到论文"与"从实践中提炼问题"的两类研究选题之间依然没能很恰当地平衡，这类现象在青年学者中尤其突出，极大地影响我国管理科学家的理论创新能力，也由此削弱了我国管理科学家研究成果的原创性和国际学术影响力。同时，在当前面临的百年未有之大变局的新形势下，我们在服务于国家战略需求的前瞻性布局方面仍然还有不足。面对国家的一些重大战略决策和企业的迫切而重要的管理实践，面对国际竞合暴露出的我国很多"卡脖子"技术与全球治理的瓶颈等重大现实，还缺少更多的具有理论指导意义的工作。对于中国经济发展实践的巨大成功和不断面临的新挑战，还没有完全形成系统性的科学总结，针对我国社会经济发展规律的内在特征、差异特性的系统性管理理论构建尚未完成。

中国的改革开放及其所呈现出来的社会经济发展新道路，蕴含着丰富的管理科学新问题，仅仅从现有西方的理论框架下进行修正是具有局限性的，仅仅自己"关起门来讲故事"既无法体现学术对我国现实的指导价值，也无法体现对人类管理活动规律认知的中国智慧。因此，在"十四五"期间，需要全体中国管理科学家的共同努力，建立站在世界整体格局上看中国管理创新实践及其规律的全球视角，并在此基础上为世界讲好中国故事。

### 3）颠覆性技术带来的管理科学新范式和新方法薄弱

在某种意义上，科学的本质其实就是通过一定的"手段"来发现由"数据"表达出来的观测"现象"，进而试图通过建立某种"理论"来解释这些现象背后的规律。当今时代，大数据、互（物）联网、人工智能乃至于神经科学、脑科学的发展，都为记录、测量人类复杂的经济和管理活动微观行为及其涌现出来的现象提供了全新的手段；为分析这些现象的观测数据及其内在关系和作用机理提供了强有力的存储、传输、计算能力；计算机科学、复杂科学、数学与统计学、行为科学乃至于社会科学其他领域，也相应地发展了可能被用于管理科学研究的相关新理论、新方法。

"十三五"以来，国家自然科学基金委员会管理科学部也一直在倡导新的研究范式的探索，并通过"数据驱动的管理决策研究"等重大研究计划及基于复杂系统范式下的以复杂网络、计算实验、复杂系统等为主题的重大/重点项目等途径来加以推动。但是，新的研究范式和方法的探索与使用往往受到大数据的积累基础薄弱、大数据整合面临的法律和商业制约、相关新范式和方法探索与使用的相对高学习成本、新范式和新方法下的学术研究成果在"主流期刊"发表时面临的挑战、其他学术评价标准的相对固化等复杂因素的影响，致使在当前我国管理科学基础研究中，无论是基于新范式、新方法的科学探索工作，还是对于这些新范式、新方法本身的发展，都还是相对薄弱的，亟须在"十四五"期间有所突破。

### 4）多学科交叉融合有待加强

管理科学研究对象的复杂性、实践/情境依赖性等特殊性质，决定了需要考虑其研究对象的多元属性及从事管理活动的个体性质和互联性质，这与中国文化中强调整体观的思想高度吻合。并且，在现代科学意义下，也需要从经济、社会、政治、心理，甚至生理、地理的角度来综合地探究其规律。同时，上述属性特征还决定了需要在学术思想和研究手段上汲取诸如信息科学、数学、生命科学、行为科学、社会学、政治学、人类学等不同学科的理论方法。这些因素导致管理科学的研究具有比较典型的大跨度交叉的特点。尽管目前中国管理科学研究中的学科交叉趋势已经比较明显（如与信息科学、数学的交叉），但具有"变革性"特点的深度交叉还显得非常不够。

美国国家科学基金会也早在 2007 年就提出了"变革性研究"的思想及相应的项目评价措施。这类交叉性、变革性研究，对于研究者是一个极大的挑战。他们或者需要跨学科地掌握原先不熟悉的理论和方法，或者需要学会运用不同的学术语言与其他学者进行沟通、合作。而以上这些多学科交叉融合的科学探索，不仅需要研究者付出额外的努力，而且需要他们承担更大的职业风险。应该采取积极有效的措施，鼓励大胆的交叉科学探索创新，否则可能会较为严重地影响我国管理科学基础研究的原始创新能力。

## 2. 管理科学发展的制约因素

当前，我国正处于新一轮科技革命和产业变革的重大突破期、国民经济高质量发展的动力转换期、科技与经济发展的深度融通期、全球科技创新版图的深度调整期、增强源头创新能力的重要攻坚期。虽然我国管理科学已取得了一系列的成绩，但是目前在发展中仍然存在的一些问题和薄弱环节与相应的主要制约因素有密切关系。如前所述，这些因素可以分成来自研究者外部的体制机制性制约和来自研究者自身的内因性制约两大类型，并亟待解决和突破。

### 1）来自研究者外部的体制机制性制约

这些外部性制约主要体现在：①学术绩效考核机制、学术影响力评价的僵化；②项目类型设置和协调性方面的缺陷；③公共研究数据资源的建设、开放和共享机制薄弱。

科学研究的成效和影响力评价是一个塑造科学研究活动过程和科学成果价值的重要因素，但也是长期以来困扰学术研究者和学术管理者的问题。尽管国家自然科学基金委员会管理科学部一直倡导"顶天立地"，但由于现存整体科学研究大的环境使然，无论是学术研究者自身，还是学术评价者的行为和价值取向都不自觉地存在某些"偏颇"，进而在前述各个方面都导致了我国管理科学当下发展中表现出来的不足。

科学研究离不开学术资源的支持。由于我国现行的学术资助体系与发达国家有所不同，在基础研究方面也更多地采用了相对短期的"竞争性项目"形式，因而形成了研究人员对各类科学基金项目资助渠道的依赖，进而"塑造"了他们依据现存项目类型进行研究的行为。因此，各类基金的资助定位不明确、项目类型彼此之间协调性不好、类型设置存在缺陷等情况的出现，就会影响到管理科学研究者在研究的"相关性"（relevance）和"严谨性"（rigour）之间的平衡，导致对基础条件平台建设的放弃和对多元（交叉学科、多元文化）合作的退缩。

数据和案例等资源是形成管理科学基础研究与理论创新的基本元素。从目前的情况来看，尽管有一些商业性的数据资源可供使用，但从资源质量和对学术性需求满足程度的角度看，还存在不少缺陷；而由学者主导、从公共产品提供角度的系统性学术研究数据、案例等资源建设工作的资助渠道还十分缺乏。这些问题对管理科学家深入贴近企业管理实践和国家重大战略需求，形成更多的"相关性"研究工作形成了阻碍，也不利于借助不同类型的"数据"来推动交叉学科的管理科学研究。

**2）来自研究者自身的内因性制约**

这些内因性制约主要体现在三个方面：①研究者对学科特点的认知差异；②研究者的职业风险顾虑；③学术视野和手段的局限。

与国家自然科学基金委员会资助的一些更加基础性的学科相比，管理科学更加受到实践需求的驱动，因而更加具有情境依赖性，研究者的学科背景也更加多元化。为此，无论在学者还是学术评价者、管理者中，对学科特点的认知仍然存在较大差异，对于管理科学的"顶天-立地""严谨性-相关性""普适性-本土化""科学属性-人文属性"等一系列理念的不同认知，导致了不同的学术行为和评价标准的冲突。

当今的科学研究工作不仅是学者的兴趣、实践的需要，同时也是一种社会分工的职业。在大的环境形势下，研究者常常也会顾及职业风险，对需要长期探索、结果不确定性很高的研究问题不太愿意触碰。对于那些需要长期深入实践并密切关注国家和企业重大战略需求的强"相关性"研究，对于需要更多地与其他学科和文化中的学者交流及合作的变革性交叉学科研究，以及在某种意义上"为他人作嫁衣"的学科基础条件建设工作等，还缺少足够的职业热情。

研究者的学术视野和研究手段的局限性，也导致目前研究存在一些薄弱环节。随着科学技术的进步和人类对客观世界认知能力的进步，在严谨前提下的管理科学研究方法的多元化还需要加强。与自然界相比，管理科学研究的对象社会经济系统具有规律的普适性相对弱、因素关联扭结且多变、研究假设复杂且不易清晰表达、发展目标受到不同价值观的影响等特殊性，并且这些特点随着新一代科技革命的到来愈加突出。除了外部的学术评价多元化还不足以外，研究者从多学科的视角审视复杂现实问题的能力、熟练驾驭多元方法（如综合地采用实证/案例分析、理论模型、实验手段、数据驱动的计算，以及诸如人类学方法、规范定性分析等）的能力、与不同学科和不同文化背景的学者进行深度学术交流的能力等，都还有所欠缺。同时，站在全球视角看待中国管理实践中的本质性规律，还没有成为一种学术习惯。诸如此类的因素，常常既削弱了我们处理多因素扭结的复杂现实所提出的问题的能力，也不利于形成具有主导性的国际合作及有全球引领性的成果。

## 2.3　管理科学的发展前沿与挑战

### 2.3.1　管理科学的发展前沿

管理科学的发展前沿应是在认清当前重大影响因素和重大机遇的前提下，所提出的面向未来的重要发展方向或者亟待研究的重大的科学问题。回顾管理科学特点和发展的历史可以看到，新的管理科学理论的提出，与它所处的时代密切相关①。"平稳"的时代比较满足于已有理论，而"变革"的时代则常常产生新理论。因此，如图 2-37 所示，当变革的时代出现更多异于现有理论的管理"异象"之时，管理科学家的使命就在于探索由此导致的新规律。

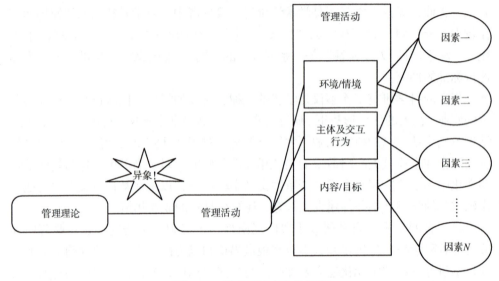

图 2-37　管理理论产生的逻辑

因此，结合本书前述的管理科学发展规律、态势和现实背景，可以将 2021～2030 年中国管理科学领域的重大科学前沿确定为"认识百年变局中复杂管理活动的新规律"。

### 1. 百年变局的理解

习近平近年来多次强调"我们面对的是百年未有之大变局"②。这不仅对人类发展、国家发展来说是一种全新的局面和挑战，也是包括管理科学在内的科学发展之时代大背景。从管理科学发展角度，可以认为这种百年变局主要体现在五大变革上。第一是世界经济中心在变，经济总量从北大西洋转到太平洋；第二是全球治理在变，世界政治格局正在中美关系演变中发生变化，非西方化与多极化并存，新兴经济体正在成为重要角色；第三是全球化进程在变，主要推动力量面临

① 陈春花在管理科学部第二次"十四五"发展战略专家咨询会的发言. 中山大学，2019。

② 习近平: 习近平接见二〇一七年度驻外使节工作会议与会使节并发表重要讲话. http://jhsjk.people.cn/article/29734996[2023-05-08].

重组；第四是科技与产业在变，发达国家和发展中国家的力量对比正在发生变化；第五是影响人类命运共同体发展的因素在变，从单纯的恐怖主义到全球气候变化，再到全球性公共卫生危机，这些不仅形成了短期的冲击，而且会对人类发展的路径和方式产生持续性的影响。

从数次工业革命历程看，每次技术变革都带来生产力革命，进而引发整个社会大变革；国际主要行为体之间的力量对比发生重大变化，由此引发国际格局大洗牌、国际秩序大调整、全球治理大变化；不同国家政治经济制度的时代适应性、不同类型的重大事件的突然爆发或者累积效应，都影响了人类社会经济发展历程上的轨迹选择和演进方向。所有这些都会推动新的管理理论与管理学派的产生。

### 2. 管理活动的日益复杂化

如本书前面所述，作为管理科学的研究对象，人类社会经济组织可以看作由不同的能动主体（包括自然人、机器人、下层单元组织）通过（演化）规则和（动态）结构相互联结、为达成特定目标而形成的复杂系统。经济和管理活动是这类复杂系统中重要的活动。在迅猛发展的新一代信息技术推动下，管理组织内部单元之间、组织与外部环境的复杂和动态的长程关联更加彰显无遗；快速和大量积累的宏观及微观的管理、经济大数据，为细致深入地刻画组织单元间和组织与外部的各类管理活动提供了基础资料；数据挖掘、深度学习、区块链等技术更使分析这些大数据，进而发现和揭示作为复杂系统的管理组织的新的管理规律成为可能。

### 3. 管理活动新规律的认识

通过理解中国的国家重大战略需求、组织中国管理科学家群体的战略研讨、判断国际管理科学界的发展动态、分析各国政府的战略布局、观察全球各大咨询机构和国际组织的关注焦点，可以发现，认识百年变局中管理活动的新规律，可以从以下四大影响因素领域入手。

（1）全球治理格局的变化（governance，G）。随着国家级顶层合作倡议的不断深入，中国正在全球价值链上扮演重要的角色，积极参与全球治理。全球供应链、价值链正面临贸易保护主义和逆全球化风潮的严重冲击，跨国公司管理风险增加。在中共中央提出的"逐步形成以国内大循环为主体、国内国际双循环相互促进的新发展格局"的新战略思路下，中国如何推进技术链—产业链—价值链的重大变革，如何在新时期将价值链从低端迈向高端将是重要的研究内容。另外，全球大国 G2 的形成可能性与 G2 可能的演变及 G2 架构下的全球价值链和全球供应链的发展、世界经济治理与国际话语权、全球资源配置管理也是非常重要的研究内容[1]。此外,逆全球化背景下全球治理格局变革管理理论及国家治理能力构建、国家安全战略管理与全球治理参与机制、全球产业链与价值链的演化及其风险、面向高度不确定性的复杂系统韧性管理理论与方法、国际竞合环境下的管理理论等也将是产生新的管理理论的前沿。

（2）颠覆性技术的重要影响（technology，Te）。伴随新一轮科技革命的兴起,科学技术的快速发展,如大数据、人工智能、区块链技术、5G、新能源技术、生命科学等深刻地影响着管理实践的变革,深刻改变着产业发展理念和方式,不断催生如智能化管理与决策、个性化定制、全球化协同、数字化创新等新的模式和需求,也产生新的管理前沿。例如,新一代信息技术环境下的人机协同与智慧管理变革、人机协创趋势下的创新型社会管理与发展[2],新技术革命下的管理变革与创新,金融科技、金融体系变革与系统性风险管理,创新战略引领下的数字经济发展规律、产业升级与企业数字化转型的管理创新[2]等都是重要的研究问题。

（3）中国最佳实践和新兴经济体的崛起（China，C）。随着改革开放的进一步深化,中国正处于经济从高速发展到高质量发展的转型时期,特别是中国情境问题背景下的最佳实践方法,如面向美好生活、新型医疗健康、新社区管理等领域都迫切需要新兴的管理方法与技术,都需要新的管理理论支撑。源于中国情境但将对世界管理学产生影响的新课题,如数字经济、智能商务（如新零售）、金融创新（如新金融）等同样迫切需要新的管理思想、理论与方法的指导。因此,我国社会经济高质量发展的理论与实现路径、改革开放与中国经济发展的规律及理论、国家级顶层合作倡议下的中国企业国际化发展模式、区域与城市群协同发展管理、绿色治理与可持续发展理论也将是新的管理研究前沿。

（4）人类发展面临的挑战（Human，H）。人类社会管理与组织方式正在迈入全新的时代,随着自动化和机器人的发展,未来越来越多的工作将会被机器人占领,可能会造成工人失业等社会伦理问题[3]。5G 时代与人工智能社会管理范式研究[4]、基于平台的管理战略与平台管控方式、新型全球性经济危机的可能性与控制方式[1]、全球性公共危机（如恐怖主义袭击、公共卫生危机）对社会经济发展的短期冲击和长期影响等,都将是重要的管理研究问题。

---

[1] 汪寿阳. 影响中国管理学发展的几个世界性问题. 广州"十四五"专家会议,2019。

[2] 华为, 全球产业展望 GIV(Global Industry Vision)@2025 白皮书,2019。

[3] 《2016—2045 年新兴科技趋势报告》,《2019 年世界发展报告》。

[4] 《德国人工智能国家战略》。

这四大领域涉及的因素将通过管理活动的环境/情境、管理活动主体及其交互行为、管理活动的内容和目标等三个方面产生作用，从而对管理活动的规律产生重大影响，分别如图 2-38 和图 2-39 所示。

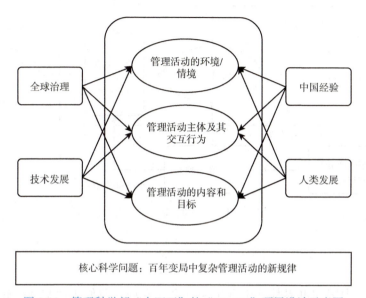

图 2-38　管理科学部"十四五"的"GTeCH"顶层设计示意图

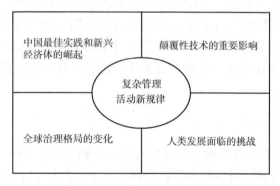

图 2-39　复杂管理活动的新规律

如图 2-40 所示，我们认为，未来管理前沿在于认识百年变局中复杂管理活动的新规律。通过管理科学部的"十四五"理论前沿研究，将立足中国独特实践，推动形成具有全球影响力的原创性管理科学理论体系；体现全球责任担当，在人类普适性管理规律探索的前沿方向取得引领性成果；回应重大现实挑战，显著提升管理科学学科服务国家战略需求的能力；夯实学科发展基础，形成具有国际影响力的学术中心和管理科学家群体。

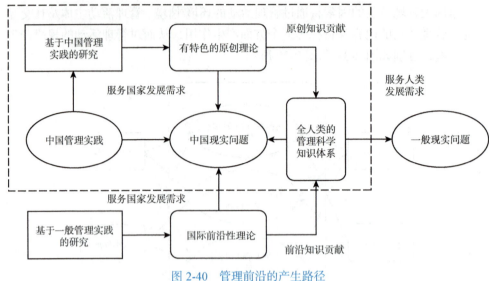

图 2-40　管理前沿的产生路径

## 2.3.2　现阶段面临的挑战

当前，中国和世界都处于百年未有之大变局。我们正面临新一轮科技革命和产业变革的重大突破期、全球科技创新版图的深度调整期、科技与经济发展的深度融通期、国民经济高质量发展的动力转换期、增强源头创新能力的重要攻坚期。尽管这些变化因素都对中国管理科学的未来发展提出了挑战，但同时也形成了难得的研究机遇，从而能够推动中国管理科学的基础研究进入一个崭新的发展阶段。

### 1. 新时代正在经历的百年变局所带来的挑战

当今世界，科技进步影响深远并伴随众多不确定性，国际政治经济格局发生了重大的变化，多边体系瓦解与重构，全球治理的结构和动能体现出全新的形式，不同民族的文化与价值观正在重新对比和估量，人类的可持续发展也正面临着新的机遇和挑战[①]。国际上，经济问题政治化倾向加深，各国经济复苏步伐分化，外部环境不确定因素增多。中国作为新兴经济体代表，正在以负责任的大国形象出现在国际舞台，在体现制度优势的同时，也面临着经济下行压力增大、部分地区经历转型阵痛、改革进入深水区等问题。中国正处在转向高质量发展的关键时期。

回顾管理科学的发展历史，管理理论和方法的创新往往伴随着经济社会政治环境的巨大变革（如在 20 世纪 50～80 年代发展起来的一大批主流管理理论，正

---

① 张宇燕. 理解百年未有之大变局. 国际经济评论, 2019, 143（5）: 4, 9-19.

是源于欧美在那个年代风起云涌的新型工业化浪潮）。因此，在当前百年未有之大变局背景下，管理活动规律正在发生新的变化，与现有管理理论冲突的"管理异象"频现，这为管理科学发展带来百年难遇的研究机遇，迫切需要新的、颠覆性的和交叉性的管理科学研究。

### 2. 新一代信息技术发展凸显管理系统复杂性特征带来的挑战

经典管理科学理论的基础假设建立在"简单系统"理念之上，学者关于管理活动规律的研究及所取得的科学理论成就，大多也是在这个基础框架下或者基于这个框架的补充性调整。然而，社会经济组织形成的管理系统本质上是由不同的能动主体通过一定规则相互联结、为达成特定目标而形成的复杂系统。特别地，新一代信息技术（如物/互联网、大数据、云计算、人工智能、5G 等）的迅速发展更凸显出社会经济活动主体间复杂的关联和交互，整个社会经济体系变革和动态演化日趋加速。例如，融合工业自动化技术、数字工厂等技术，工业互联网将向工业智联网进化，其中，人、物（设备）、智能体（或机器人）等所构成的新型复杂系统体系，必将给管理与决策带来深刻的影响。新一代信息技术下管理系统的复杂性特征更加明显，进而使经典管理理论与管理现实之间出现脱离，使管理科学研究亟须开辟新的道路。

党的十九大报告明确提出，"要瞄准世界科技前沿，强化基础研究，实现前瞻性基础研究、引领性原创成果重大突破"[①]。新一代信息科学技术的进步、管理活动信息实时记录存储、大数据快速和海量积累，使学者摆脱"简单系统"认识论束缚，采用"复杂系统"的视角、理论和方法，运用数据驱动的新途径为管理科学研究探索新的道路。

### 3. 中国特色社会主义市场经济建设所引发的迫切需求

回顾历史，在中国共产党领导下，中国人民经过艰苦卓绝的奋斗，不仅迎来了一个伟大复兴的新时代，还取得了一系列举世瞩目的辉煌成就，成为世界百年变局中的关键见证者、参与者和推动者。同时，中国发展过程也凝聚了大量成功经验。面向未来，中国的社会经济发展将会面临更加复杂的国际环境和多变的管理情境，很多"卡脖子"技术与全球治理的瓶颈将逐渐暴露在国际竞争与合作中，也会遇到管理科学理论前所未有的新问题。

中国特色社会主义市场经济发展成功实践和机遇挑战尚缺乏深刻的科学总结，容纳内在特征和差异的系统性管理科学理论尚未形成，亟须进行开拓性和前

---

① 习近平：决胜全面建成小康社会 夺取新时代中国特色社会主义伟大胜利——在中国共产党第十九次全国代表大会上的报告. http://www.gov.cn/zhuanti/2017-10/27/content_5234876.htm[2017-10-18].

瞻性的管理科学基础理论研究，进而丰富管理科学的理论宝库。

### 4. 回应重大管理实践需求所引发的管理科学挑战

管理科学最重要的发展动力之一是管理实践。当前，新经济的发展、新技术的进步等给中国管理实践带来了更多的机会，也为管理科学理论研究提供了更好的契机。然而，中国管理研究发展起步较晚，理论创新跟不上实践剧烈发展的速度，导致实践与理论创新两者存在严重的脱节现象。另外，管理科学家与管理实践者的基本任务不同。前者需要对管理活动的规律进行科学探索，发现管理活动中的新现象，创新管理理论，以及发展管理体系，对新的或者已有现象进行新的（或更好的）解释，这样的工作需要从不同学科的侧面花费较长的时间，运用多种假设和严谨的方法去试图获得事物间的因果关系。而管理实践者的主要任务是解决现实管理问题，"迈过眼前这道坎"，因而在解决现实问题时需要用试错性动态应对的方式，快速地把握主要因素，综合考虑多个角度而非单一侧面。上述差别使管理理论回归管理实践有一个漫长的过程，进而导致产生管理理论脱离管理实践的错觉，使管理科学家在回应现实中的重大管理问题时面临巨大挑战，尤其是在当今巨大的变革时代，这种挑战体现得更加充分。

因此，我们既不能无视管理现实提出的重大需求，也不能无视科学家与实践者根本任务的差别特性，需要新的思维和机制的突破来恰当地融合鸿沟，更进一步强化管理科学研究为重大管理实践需求服务的能力。

### 5. 全球化风潮所引发的管理科学挑战

自从改革开放以来，中国一直顺应着经济全球化趋势，在平等互利原则的基础上积极主动地与世界各国开展投资合作。2000 年，中国第一次提出实施"走出去"战略，鼓励国内有条件的企业"走出去"参与国际经济合作与竞争。2012 年，党的十八大以来，以习近平同志为核心的党中央"统筹国内国际两个大局"[①]，高度重视对外投资工作，鼓励企业"统筹利用国际国内两个市场、两种资源"[②]，发展更高层次的开放型经济。2013 年，中国提出国家级顶层合作倡议，鼓励资本、技术、产品、服务和文化"走出去"，对外投资进入全新的发展阶段[③]。截至 2019 年底，中国已与五大洲 137 个国家和 30 个国际组织签署了共建国家级顶层合作倡议文件 199 份。参与"一带一路"项目合作为中国企业提供了重要的市场，为加

---

① 习近平：紧紧围绕坚持和发展中国特色社会主义 学习宣传贯彻党的十八大精神. http://jhsjk.people. cn/article/19615998[2023-05-09].

② 习近平：共同维护和发展开放型世界经济. http://jhsjk.people.cn/article/22826347[2023-05-09].

③ 中国对外投资发展报告.

强我国与"一带一路"沿线国家之间的政治、经济、文化交流提供了新的机遇和良好的国际环境。2020 年以来，针对中美多领域冲突加剧、国际局势风云变幻的局面，党中央提出并正在实施推进加强国内国际双循环的战略构想，对资源和市场的全球与国内的均衡配置，都提出了新的战略需求，将形成管理科学研究的新热点。

全球化进程深刻的传播、扩散、冲刷作用，使得世界正在形成新的政治、经济、社会、文化生态，给多边经济合作、全球经济治理、中国产业链升级发展、中国安全战略管理等带来了巨大的挑战。我们亟须进行具有开拓性和前瞻性的管理科学基础理论研究，及时更新管理理念和管理体系，以确保适应全球化的发展趋势。

### 6. 可持续发展战略给政府治理与企业管理带来的挑战

历史上，人类生产制造活动破坏环境的例子比比皆是，伦敦烟雾事件、日本水俣病事件、切尔诺贝利事件、我国近年来的雾霾天气问题，这些都反映了人类社会在经济发展过程中面临的威胁。如何处理好保护生态与经济发展的关系，如何应对新冠疫情这种人类前所未有的重大公共卫生事件对社会经济所造成的持续冲击，如何处理好中央与地方的协同关系，如何处理好中国与全球的关系等问题，对政府治理与企业管理提出了更高的要求，也是管理科学的发展所面临的巨大挑战。因此，需要新的管理思想、管理制度、管理方法的提出和实践来促进我国经济与社会的可持续发展。

# 第3章 指导思想与发展目标

## 3.1 指 导 思 想

根据《国家自然科学基金条例》和《国家自然科学基金委员会章程》，国家自然科学基金主要任务在于"促进基础研究，培养科学技术人才，增强自主创新能力"，并通过战略前瞻部署，推动学科交叉融合，"实现科技创新对经济社会发展的支撑和引领，促进创新型国家和世界科技强国建设"。在"十四五"期间，国家自然科学基金将落实"按照'四个面向'的要求，突出科学问题导向，坚持面向科学前沿和面向重大需求相结合，坚持培养人才和支持团队相结合，统筹布局科学基金资助管理"的战略定位，以"培育原始创新能力"为宗旨。由此，管理科学学科也将根据国家自然科学基金委员会的战略部署，努力"统筹学科发展和服务社会经济发展，重视国家治理体系和治理能力现代化的重大需求，促进自然科学知识应用，形成学科发展特色"，以"植根中国管理实践和世界科学发展前沿，推进对于管理活动客观规律的原创科学认知及其范式变革，服务国家治理和社会经济发展重大需求"作为学科的基本定位。

随着世界进入百年未有之大变局，中国特色社会主义建设进入了一个新时代，我国社会经济发展迈入了新的历史阶段。中国经济正在由高速发展阶段向高质量发展阶段转变，需要构建中国特色社会主义理论以指导未来发展；与此同时，外部的经济、社会和环境也在持续发生变革，全球化的新形势和新机遇不断产生，随着中国在全球价值链体系中影响力的持续提升，我国需要主动参与并深度影响全球化竞争和治理格局，全面提升我国在全球创新格局中的位势，提高我国在全球科技治理中的影响力和规则制定能力。在这一背景下，根据上述国家自然科学基金的战略定位和宗旨、国家自然科学基金在新时期的战略构想和方针，以及国家自然科学基金管理科学学科的基本定位，管理科学部将把"紧密围绕科学基金改革的战略部署，积极落实改革任务，立足中国管理实践，聚焦基础理论创新，服务国家需求"作为在"十四五"时期的学科发展战略指导思想，力求能够根植于中国管理与经济发展的实践，服务于国家需求，并最终发展、促进和创新管理科学的理论与方法。与管理科学部"十三五"期间的发展战略指导思想——"秉承科学基金基础使命，面向国家重大管理需求，推动管理学科前沿引领"相比，这些指导思想保持了方向上的统一性，并进一步将其在新背景下进行了深化和发展。

国家自然科学基金委员会管理科学部也必将在这一指导思想的指引下推动新时期的基础科学研究资助工作，坚持面向世界科技前沿、面向经济主战场、面向国家重大需求、面向人民生命健康，不断向科学技术广度和深度进军。为此，新时代的管理科学研究要紧盯世界管理科学前沿，不断提升基础研究源头创新能力；要深刻回应中国社会经济发展中的管理实践，为总结中国成功经验、解决国家发展中的重大管理问题提供有力支撑。

立足中国管理实践，是指基于中国的历史文化、社会现实和体制机制特点，突破现有管理科学理论主要建立在西方体制、文化和实践经验基础上的局限，发展有特色且有一定普适性的管理科学理论，反映中国成功的管理经验和伟大成就，回应和支持中国管理实践的重大需求，为丰富人类管理知识宝库做出中华民族的贡献。虽然中国的经济发展和社会变革均取得了重大成功，但是相对缺乏具有针对性和实践指导意义的管理理论，需要将中国在长期实践中获得的经验成果深化总结并凝练出中国特色的管理科学理论，为世界贡献"中国智慧"，讲好"中国故事"。

聚焦基础理论创新，是指持之以恒加强基础研究，在遵循科学发现自身规律的基础上，聚焦解决中国管理实践中抽象出的理论问题，进而探索科学规律，以形成有特色的、具有国际引领性的原创管理科学理论；需要立足于中国环境实践和独特经验，揭示共性规律，推动中国经济管理学派的形成，并在夯实学科发展的基础上，逐步形成若干具有国际影响力的学术中心。聚焦世界管理科学前沿问题，体现中国负责任世界大国的形象，关注人类发展中共同面临的管理科学挑战，逐步实现带动或引领若干管理科学研究领域的发展。2021～2030 年，管理科学部应该注重结合微观、中观、宏观及复杂管理系统的不同管理层次中的前沿热点，分别从宏观管理与政策、经济科学、工商管理和管理科学与工程的学科分类角度强调基础理论的创新。

服务国家需求，是指中国管理科学学科研究始终坚持以现实实践为导向，深植中国管理实践的同时回应重大现实挑战，深入思考国家发展战略所面临的大问题，丰富具有中国特色的管理科学理论和管理学研究，着力为满足国家重大战略需求提供智力支持，提升服务国家重大需求和解决重大管理问题的能力，并最终显著提升管理科学学科服务国家战略和人类命运共同体的能力。正如习近平所指出的，"穷理以致其知，反躬以践其实"[1]，科学研究既要追求知识和真理，也要服务于经济社会发展和广大人民群众[2]。广大科技工作者要把论文写在祖国的大地

---

[1] 微镜头——习近平总书记在科学家座谈会上. http://jhsjk.people.cn/article/31859312[2020-09-13].

[2] 习近平：为建设世界科技强国而奋斗. http://jhsjk.people.cn/article/28399667[2023-05-09].

上，把科技成果应用在实现现代化的伟大事业中。因此，在"十四五"期间，国家自然科学基金委员会管理科学部必须引领中国管理科学研究以服务国家重大战略需求为己任，对重大战略需求做出有力回应，深入探究管理科学在服务国家重大战略需求中的角色与任务，从重大战略需求中挖掘重大科学问题，以理论创新推动实践发展。本书认为，中国改革的深化在微观层面的管理主体、中观层面的管理技术、宏观层面的管理环境及复杂管理系统这四方面均产生巨大变化：参与管理活动的主体不断增加，管理主体的行为方式发生显著变化，管理主体之间不断融合和协同影响；信息技术、人工智能等新技术快速应用于企业的管理实践，促使管理活动更加数据化、智能化和系统化；全球格局变革下国家管理与全球治理的经济、社会和环境持续发生改变；管理决策、系统科学与系统工程、优化仿真、大数据管理需要复杂管理系统理论和方法的支撑。中国管理科学的基础研究在新阶段中需要正确响应新时代背景下国家战略需求提出的新要求，为国家需求提供全方位的服务与支持。

遵循上述学科发展战略指导思想，管理科学部在"十四五"期间将进一步落实国家自然科学基金委员会在深化改革中提出的基于"鼓励探索、突出原创；聚焦前沿、独辟蹊径；需求牵引、突破瓶颈；共性导向、交叉融通"四类科学问题属性分类的资助导向，通过凝练聚焦"十四五"期间的优先资助领域，识别各个优先领域的主要科学问题属性，进行有导向的分类资助。

## 3.2 发展目标

当今，中国乃至全球管理科学学科研究正面临百年未有之大变局所带来的不确定性，颠覆性技术和管理协同影响的趋势不断加强，学科之间融合不断深入，为交叉性、原创性和本土化的中国管理理论的产生提供了机遇。为此，管理科学部将在过程中不断加强顶层设计、学风建设、原创探索、领域融合与平台建设，推进学科发展、人才培养、理论创新、学科交叉和数据共享，在"十四五"学科发展指导思想指引下，继承"十三五"战略目标及其实现结果，将"十四五"期间的发展总目标确定为"形成若干基于中国实践的原创性的管理科学理论；探索管理科学的新范式与新方法；提升服务国家战略需求的能力和水平；通过科学基金资助培养一批创新型的高端人才和团队"。我们力争借此引领我国管理科学学科整体水平进入"跟跑""并跑""领跑"并存，并且"并跑""领跑"分量不断加大的新的历史时期，并持之以恒地做出原创性的成果，创造更多竞争优势。

### 3.2.1　形成若干基于中国实践的原创性的管理科学理论

"十四五"期间，中国管理科学研究将立足于中国的独特实践，发掘学科创新动能，促进学科交叉融合，从中国管理实践情境中发掘科学研究素材，获得引领性、原创性基础研究，为世界贡献"中国智慧"，讲好"中国故事"，推动形成具有全球影响力的中国管理科学家原创管理科学理论。

### 3.2.2　探索管理科学的新范式与新方法

随着社会进步和技术的发展，一方面，管理活动的复杂性日益增加，不同层级的管理组织进一步呈现出"复杂系统"的典型特征，因而一直以来在主流管理研究中所遵循的"简单系统"观点及其所衍生出来的研究范式已经出现局限性。另一方面，科学认知和技术的进步，使人们对管理活动的微观细节有了更充分的观察和记录，对处理由此而产生的丰富和异构数据的手段也更加有力。在这个时代背景下，期待在"十四五"期间能够突破传统的管理研究惯用范式的局限，初步构建基于"复杂系统""数据驱动"的管理研究新范式，发展多样化的新科学方法来探究复杂管理活动的规律。

### 3.2.3　提升服务国家战略需求的能力和水平

"十四五"时期，管理科学部将充分发挥国家自然科学基金在资助中国管理科学研究中的引领作用，以支撑国家重大战略需求、中国企业发展的迫切需求为己任，通过形成具有典型中国特色、解决中国现实问题的一批重大源头创新成果，有效支持由高水平管理科学家领衔的智库平台的工作开展，显著地提升管理科学支撑国家发展的能力，为中华民族的伟大复兴提供有力的管理科学理论支撑，全面提升服务国家战略需求的能力和水平。

### 3.2.4　资助培养一批创新型的高端人才和团队

人才是科学创新的核心驱动力，是创新活动的根基和第一资源。"十四五"时期，管理科学部将进一步发挥国家自然科学基金对人才的发掘与培育作用，努力培育并资助若干具有国际一流学术研究水平、较强创新能力和具有重要国际学术影响力的高端人才与团队，推动构建由多个顶尖管理科学家组成的、反映中国理论特色、具有国际声誉的学术中心和管理科学家群体。

# 第4章 优先资助领域

## 4.1 优先资助领域确定的基本逻辑、过程和方法

经过组织管理科学学科战略科学家群体的讨论和对管理科学学科发展规律的把握，被选择的每个优先资助领域应当具有以下可能。

（1）针对目前管理科学理论回应我国社会经济发展重大实践及其成就的不足（包括宏观如经济、微观如企业，无论国内还是国外的现实），能够提出有影响力的、全新的管理科学理论和原创性结果。

（2）针对管理活动新出现的变革潮流和前沿动态（包括宏观如经济、微观如企业，无论什么因素引发），针对我国"十四五"乃至中长期国民经济和社会发展规划中提出的重要战略任务，能够提出有影响力的前瞻性新理论，甚至新的科学领域，引导人们对管理（甚至更广泛的社会）活动及其规律形成新的认知。

（3）针对我国国民经济和社会发展的重大战略决策制定（实施），能够提供具有严谨科学基础的、为国际学术同行接受的科学结论，并在此基础上能够形成有影响力的重量级决策咨询报告。

（4）针对大科学计划、国家重大战略及普遍且重要的行业共性需求，依托科学研究的结果，能够建立示范性应用平台或系统（如应急或常态决策支持平台、大型科学或决策支持的开放数据平台和/或技术工具平台、在专门领域具有国际影响力的重要智库等），提高管理研究与管理决策的效率和效果。

通过收集和研读学科发展相关的重要文件、报告和文献（如中央文件、政府工作报告、国家领导人重要讲话、国民经济与社会发展规划、国家自然科学基金委员会的项目指南和学科发展战略报告、国家社会科学基金/科学技术部的项目和指南文本分析、重要行业发展报告、各大国际科学基金的项目指南及战略报告、世界银行/经济合作与发展组织/美国国家经济研究局/美国联邦储备局等组织发布的研究报告等），深入企业和管理实践部门进行调研，分析相关学科领域顶级国际期刊和重要国际会议的主题动态，以及重要期刊的发文统计与综述文章，于2019年5月到11月，先后在天津、广州和成都组织召开了3次"十四五"发展战略专家咨询会，总共邀请到78位管理科学领域的战略科学家（其中，获得国家杰出青年科学基金、优秀青年科学基金资助的青年科学家占50%；按学科划分，管理科学与工程学科专家占34%，工商管理学科专家占26%，经济科学学科专家

占 19%，宏观管理与政策学科专家占 21%），针对"十四五"发展战略指导思想、重要影响因素、趋势方向和可能的领域展开深度的焦点小组式讨论，形成了基本的优先资助领域的基本原则和轮廓框架。

经 2019 年 10 月管理科学部专家咨询委员会审议讨论后，根据专家意见和学部指示，对优先领域的总体部署进行了适当优化调整，并先后聘请专家对优先领域内容开展了两轮的问题梳理、内容完善修订，进一步优化了优先领域。2020 年 3 月，管理科学部在召集了学部战略和学科战略研究全体负责人会议后，经过充分整理凝练和意见咨询，于 2020 年 5 月到 6 月再次召开各可能优先领域的小同行专家（涉及不同的交叉学科）一系列线上研讨会 18 场，进一步广泛征询专家群体（主要包括国家自然科学基金委员会科学部专家咨询委员会成员、各学科战略研究负责人、各个领域小同行的资深和青年科学家等，累计不少于 300 人次）的指导意见和修改建议。

与此同时，在 2019 年 10 月的管理科学部专家咨询委员会后，管理科学部战略研究组还同时应用计量分析、论文热点趋势分析、文献分析等方法，深化对可能的优先资助领域发展基础的研究，主要包括挖掘和整理 2014～2020 年由中国管理科学家发表在国际（顶级）期刊的论文的统计分析，以及相关会议论文及大会报告等的内容，分析相关领域发展态势；查阅 2014～2020 年国家杰出青年科学基金项目、优秀青年科学基金项目、创新研究群体项目、重大研究计划项目、重点研发计划、每年优秀成果的结题报告及相关资料，总结"十三五"期间的学术成果及应用情况；补充和完善学科与产业界的相关资讯和动态。其间，以通信的形式聘请了数十位管理科学家就各个拟设优先资助领域征询多轮意见和评审建议。

整体的工作流程如图 4-1 和图 4-2 所示。

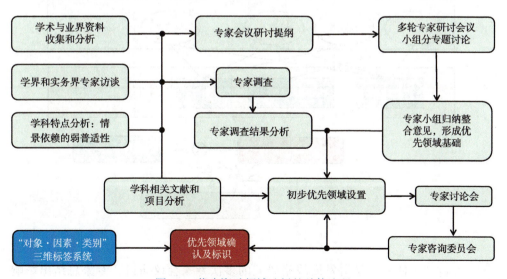

图 4-1　优先资助领域选择的总体流程

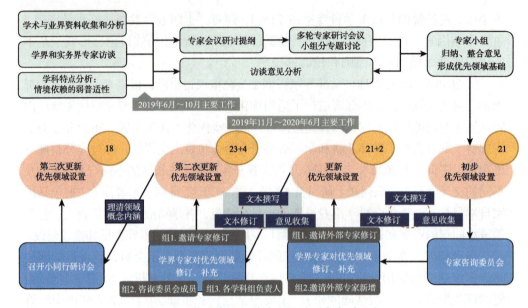

图 4-2　优先资助领域确定的系列专家讨论会

经过专家的反复讨论和凝练，结合管理科学学科的发展特点和基本规律，得到了以下汇聚优先领域的共识（图 4-3）：通过识别在百年未有之大变局下影响管理与经济活动所处的环境和情境、活动的主体及其交互行为、活动的内容和目标的主要因素，进而识别这些活动规律与现有管理科学理论之间存在的"异象"，从而判别出管理科学理论发展的可能优先前沿领域。

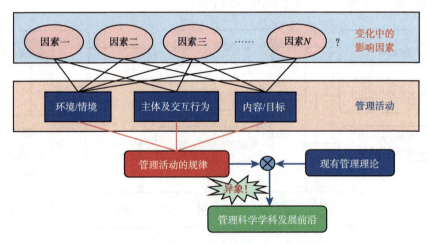

图 4-3　管理科学学科发展的前沿与优先领域

经过"十四五"学科发展战略研究的多次专家会议研讨，专家总结出影响2021～2030 年管理科学学科知识发展的重要影响因素有以下四大类别：颠覆性技术的重要影响、中国的情境和实践产生的战略需求、全球治理格局的剧变引发的变化、人类发展面临的共同挑战带来的问题。通过认真学习和研究分析 2021 年初十三届全国人民代表大会第四次会议通过的《中华人民共和国国民经济和社会发展第十四个五年规划和 2035 年远景目标纲要》所提出的未来重要任务，结合管理科学的学科特点，专家围绕着上述四大类影响因素，形成了以下四个优先资助领域集群（其中每个集群包含着若干具体的优先领域和方向及相应的科学问题举例）。

（1）数字和智能技术驱动的管理理论。

（2）中国管理实践的科学规律。

（3）全球变局下的管理研究。

（4）应对人类发展挑战的管理科学。

同时，这些具体的优先领域还可以根据其主要的研究类型特点，对应到国家自然科学基金对研究项目的四类科学问题属性："鼓励探索、突出原创""聚焦前沿、独辟蹊径""需求牵引、突破瓶颈""共性导向、交叉融通"（简称原创、前沿、需求、交叉）之上（图 4-4）。此外，在学科的均衡性上，在反映具体宏观微观管理组织活动规律的宏观管理与政策、工商管理这类学科，以及在更多体现一般性管理活动基础性规律的管理科学与工程、经济科学这类学科，这些具体领域在两大类学科之间具有较好的平衡。

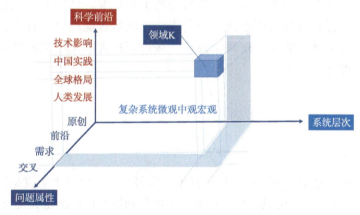

图 4-4　优先资助领域的属性标注示意图

通过对比分析，《中华人民共和国国民经济和社会发展第十四个五年规划和2035 年远景目标纲要》中提出的 19 项重大战略任务中的 13 项任务都具有相应的管理科学基础研究问题，并与上述 4 个优先资助领域集群形成重要的支撑关系。其中，优先资助领域集群一对应支撑了 7 项、优先资助领域集群二对应支撑了 5 项、优先资助领域集群三对应支撑了 2 项、优先资助领域集群四对应支撑了 4 项重大战略任务（图 4-5）。

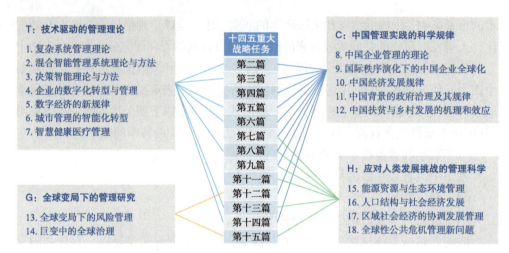

图 4-5 优先资助领域集群与《中华人民共和国国民经济和社会发展第十四个五年规划和 2035 年远景目标纲要》战略任务对照

## 4.2 优先领域集群一：数字和智能技术驱动的管理理论

本集群包含了七个具体的子优先领域及其方向，充分地回应了在 21 世纪中新一代信息技术对人类管理活动规律带来的冲击和影响。这些子领域包括复杂系统管理理论、混合智能管理系统理论与方法、决策智能理论与方法、企业数字化转型的管理原理、数字经济科学理论、城市管理智能化转型的规律、智慧健康医疗管理理论与方法。

### 4.2.1 复杂系统管理理论

#### 1. 基本概念、科学意义与国家战略需求

尽管距离"复杂系统"这一热门且重要学科的诞生已逾半个世纪之久，但学界对其定义莫衷一是。究其原因，复杂系统涉及领域甚广可能是关键所在①。大多数学者认为，复杂系统由彼此关联的众多元素构成，这些元素之间的相互作用使系统的整体表现大于成员表现的加总②。在管理学的背景下，小到微观的企业，大到宏观的经济体系，都可以看作由大量的依据自己有限信息行事的交互个体（个人、组织、社区）形成的系统。在这些系统中，个体在缺乏统一的中央指挥，甚

---

① 从自然到社会，从菌落到地球，都可以涵盖在复杂系统的概念下。

② Newman M E J. Complex systems：a survey. https://arxiv.org/pdf/1112.1440.pdf[2011-12-06].

至在不清楚其他个体行为如何影响自己的情况下，交换着彼此的资源[①]。任何成员特性或者成员间关联的改变都可能在系统层面上"涌现"出复杂的管理现象，值得深入思考与探究。

新一代信息技术的发展使个体的关联更加发达和多元化，系统的复杂程度也随之不断提高，对复杂系统的研究、管理提出了挑战。与此同时，新技术的应用也令记录系统运行的大量数据成为可能，使系统内部个体间的交互与系统层面的演化变得易于观测和度量。这两个方面的新情况给管理科学带来了新的研究问题，同时也呼唤着新的研究手段和研究范式的产生。通过对复杂系统的管理问题进行降解、分析，并辅之以新的数据技术、建模工具和解释框架，我们不仅能够提高对复杂系统管理内涵的认识，而且能提高处理和驾驭这类系统的能力，为已有的管理研究提供新的视角和思路，进一步促进管理理论体系的发展和完善。

复杂系统贯穿于经济社会的方方面面，其概念外延也渗透在很多的方针政策中。习近平指出，全面深化改革是一个复杂的系统工程[②]。党的十九届三中全会也强调，深化党和国家机构改革是一个系统工程[③]。李克强答记者问时指出，城镇化是一个复杂的系统工程[④]。2017 年，国务院印发的《新一代人工智能发展规划》中提出，发展人工智能是一项事关全局的复杂系统工程，要实现"对城市复杂系统运行的深度认知"，构建人工智能复杂场景下突发事件的解决方案。2018 年，工业和信息化部印发的《工业互联网 APP 培育工程实施方案（2018—2020 年）》明确提出推进复杂系统建模。复杂系统的相关概念也多次出现在中央的政策文件中，如《国家重大科技基础设施建设中长期规划（2012—2030 年）》《国务院办公厅关于城市公立医院综合改革试点的指导意见》等。在国家重大工程上，如北斗卫星导航系统、港珠澳跨海大桥、中国天眼射电望远镜等，复杂系统管理的思想也在跨部门、跨学科、跨行业、跨地域等方面发挥着顶层设计和组织协调的作用，为重大工程的完成提供了保障。

党的十九大以来，中国特色社会主义进入新时代，我国社会生产力水平显著提高，但是发展不平衡不充分的一些突出问题尚未解决，如发展质量效益不高、创新能力不强。当今世界正经历百年未有之大变局，人工智能、大数据、量子信

① Amaral L A N, Uzzi B. Complex systems—a new paradigm for the integrative study of management, physical, and technological systems. Management Science, 2007, 53（7）: 1033-1035.

② 习近平. 关于《中共中央关于全面深化改革若干重大问题的决定》的说明. http://www.qstheory.cn/dukan/2020-06/04/c_1126073313.htm[2013-11-09].

③ 中国共产党第十九届中央委员会第三次全体会议公报. http://cpc.people.com.cn/n1/2018/0228/c64094-29840241.html[2018-02-18].

④ 李克强答中外记者问. https://www.cae.cn/cae/html/main/col1/2013-03/18/20130318093112625451445_1.html[2023-05-07].

息等新一代科技蓬勃发展，世界正迎来新一轮科技革命和产业变革；全球治理体系将深刻重塑，地缘政治冲突增加，单边主义和贸易保护主义盛行，中美关系在2020年遭遇严重挑战；"双碳"发展目标和"双循环"发展方式下如何实现复杂的社会经济系统中各个单元的协调运行与平衡，成为亟待解决的重要管理问题。作为社会、经济等复杂系统应对管理与控制挑战的方法，复杂系统管理理论还不够成熟，新技术背景下对复杂系统的结构特征、演化、分析和优化的研究还不够完善。发展和扩充复杂系统管理的分析理论与方法，有助于解决复杂系统运行中涌现的突出短板，优化复杂系统的运行效率，发挥复杂系统整体性、全局性优势，使复杂系统适应新形势下社会发展的需要，也有助于发挥新型举国体制的优势。

### 2. 国际发展态势与我国发展优势

复杂管理系统的研究潜力巨大，应用范围广泛，实践意义丰富。因此，在国际上引发了来自业界和学界的兴趣。

从产业的角度看，复杂系统的概念兴起于美国，吸引了一批来自不同研究领域的学者的关注，并形成了不同的学派[①]。这些学者十分注意将复杂系统的知识理论与社会经济的现实背景相结合，并催生了一系列以复杂科学方法及其在管理中的应用为基础的咨询公司（其中比较著名的有 Complexity Solutions Ltd.），以及融合复杂科学知识的商业软件，如交互式管理（interactive management, IM）软件、解释性结构化建模（interpretive structure modeling, ISM）软件等[②]。而后，关于复杂系统的研究开始在欧洲兴盛起来，在欧盟委员会拟定的科技框架计划中，曾多次提及"复杂系统"这一概念，如在第七框架计划（FT7）中提到要探索复杂金融经济系统的动态规律，在第八框架计划（FT8，也称作 Horizon 2020）中提到要发明新的工具，以分析、预测疾病在社会复杂系统中的传播及可能产生的影响等。

眼下，我们正处于从互联网时代向物联网时代迈进、从信息化向智能化转变的阶段。这一阶段的突出特点首先表现在网络内的个体越来越多，这些个体不仅包括人，还包括各式各样的传感器、感应器、定位系统及终端设备等。为了实现对物端智能化信息的感知、识别、定位、跟踪、监控和管理，构建所有物端之间具有类人化知识学习、分析处理、自动决策和行为控制能力的智能化服务环境，这些个体间时时刻刻都在发生着信息传输和协同交互。其次是数据量大，据希捷（Seagate）预测，到2025年，新增数据总量将从2018年的33ZB增加到175ZB。主要的增长动力来自娱乐平台、视频监控录像、联网设备、生产力工具和元数据，这些数据对信息的分析和技术的迭代至关重要。因此，发展复杂管理系统的理论

---

① 如系统动力学学派、适应性系统学派、混沌学派等。

② 成思危. 复杂科学与系统工程. 管理科学学报, 1999,（2）: 3-9.

研究不仅是形势所迫，更是大势所趋。

从学术研究的角度看，复杂系统是一个比较年轻的学科。20 世纪中叶，科学家意识到很多复杂的行为其实是从简单个体的大规模组合中涌现出来的，这些现象无法被归入单个学科，而是需要从交叉学科的基础上加以理解。作为复杂系统的研究中心，圣塔菲研究所（The Santa Fe Institute，SFI）于 1984 年成立，旨在吸收来自不同领域的科学家对"科学中涌现的综合"[1]展开探讨。之后，詹姆斯·格雷克（James Gleick）在 1987 年出版了畅销书《混沌》（Chaos：Making a New Science）[2]，使复杂系统的概念走入了大众视野。在这之后，研究人员开始把复杂性理论引入包括社会学、生物学和物理学在内的众多领域，发现了很多技术-经济环境的玄奥特征，并借此修正、拓展了传统的战略规划理念，并集结成了一系列管理的著作[3]。

与复杂管理/经济系统有关的论文在 2000～2019 年呈现着逐年递增的趋势。从 2015 年到 2019 年，平均每年发表近 500 篇，显示了学者对这一领域的高度关注。这些论文覆盖了生态保护[4]、金融监管[5]、公关处理[6]、城市规划[7]、灾害监测[8]、疾病治疗[9]、风险预警[10]等众多领域。此外，顶级学术期刊 Science 在 2009 年组织了题为"complex systems and networks"的专辑，介绍了复杂系统和复杂网络领域内的最新进展。管理学界顶级期刊 Management Science 也在 2007 年出版了一期

[1] Pines D. Emerging Syntheses in Science. Boulder：Westview Press，1988.

[2] Gleick J. Chaos：Making a New Science. New York：Penguin，1987.

[3] 比如，《交互式管理》（Interactive Management）、《第五项修炼》（The Fifth Discipline）、《经济中的递增回报与路径依存》（Increasing Return and Path Dependence in the Economy）、《管理复杂系统——从框框外思考》（Managing Complex Systems：Thinking Outside the Box）等。

[4] Vandermeer J，Perfecto I. Hysteresis and critical transitions in a coffee agroecosystem. Proceedings of the National Academy of Sciences，2019，116（30）：15074-15079.

[5] Battiston S，Farmer J D，Flache A，et al. Complexity theory and financial regulation. Science，2016，351（6275）：818-819.

[6] Zhai X T，Zhong D X，Luo Q J. Turn it around in crisis communication：an ABM approach. Annals of Tourism Research，2019，79：102807.

[7] Gao X Y，Gayah V V. An analytical framework to model uncertainty in urban network dynamics using macroscopic fundamental diagrams. Transportation Research Part B：Methodological，2018，117：660-675.

[8] Baham C，Hirschheim R，Calderon A A，et al. An agile methodology for the disaster recovery of information systems under catastrophic scenarios. Journal of Management Information Systems，2017，34（3）：633-663.

[9] Yonathan A，Laetitia M，Carmelo D P，et al. MIB-MIP is a mycoplasma system that captures and cleaves immunoglobulin G. Proceedings of the National Academy of Sciences of the United States of America，2016，113（19）：5406-5411.

[10] Jiang J J，Huang Z G，Seager T，et al. Predicting tipping points in mutualistic networks through dimension reduction. Proceedings of the National Academy of Sciences of the United States of America，2018，115（4）：639-647.

关于复杂系统的特刊，收录了 10 篇论文，介绍了演化网络、系统效率等理论在管理学领域的应用。

一些专攻复杂系统研究的学术团体和研究机构也在世界各地涌现出来。除了前面提到的最负盛名的圣塔菲研究所，还有美国洛斯·阿拉莫斯国家实验室（Los Alamos National Laboratory）的非线性研究中心、新英格兰复杂系统研究所（New England Complex Systems Institute）等。领域内的著名会议包括由复杂系统学会（Complex Systems Society）举办的复杂系统会议[①]（Conference on Complex Systems）、异质交互个体经济学国际研讨会（Workshop on the Economic Science with Heterogeneous Interacting Agents，WEHIA）等。

近年来，特别是在"十三五"期间，中国在人工智能、大数据、通信网络、物流网络、电子支付、大型工程等领域的迅速发展，为复杂系统管理在我国产业界的应用提供了肥沃土壤。

从产业的角度看，自 2015 年国务院印发《关于积极推进"互联网+"行动的指导意见》以来，中国互联网相关产业迅速发展，如社交媒体、电子商务、数字金融等，传统企业也纷纷拥抱"互联网+"行动。如今，在跨境电商、第三方支付、数字货币、快递物流、人工智能等业务规模上，中国在国际上都遥遥领先，产生了一批全球领先的企业。截至 2019 年，中国拥有 4G 基站 544 万个，占全球 4G 基站一半以上，覆盖 99%的人口，95%以上的行政村。截至 2020 年 6 月，在 5G 牌照发放一周年时，中国已建成 25 万个 5G 基站，并以每周 1 万多个的速度继续增加。新一代的信息技术和中国的大规模国内市场，使中国各行业不仅产生了大量的复杂系统，也记录了丰盈的个体微观行为的数据。据互联网数据中心的研究报告，中国产生的数据量将在 2025 年超越美国[②]。这使中国企业有了运用复杂系统管理理论的可能性和必要性。以中国最大的二手平台闲鱼为例，其搜索引擎是一个体量巨大的复杂系统，不仅要通过搜索引擎为数十亿个商品提供高效的导购引流，还要满足二手商品查询复杂、商品的库存量低、频繁上下架等特点，而复杂搜索系统的管理优化使闲鱼能够稳定高效地提供服务。在大型工程建设中，系统科学思想也得到了广泛应用，并为我国复杂系统管理研究提供了鲜活的案例[③]。例如，港珠澳大桥的建设是涉及工程建设、环境保护等众多环节的复杂系统，在

---

① 这个会议自 2004 年以来，已经举办了十余次。开始时，会议名称为欧洲复杂系统会议（European Conference on Complex Systems），2015 年该会正式变为一个全球化会议，探讨复杂系统领域的最新问题。

② Choudhury S R. As information increasingly drives economies, China is set to overtake the US in race for data. https://www.cnbc.com/2019/02/14/china-will-create-more-data-than-the-us-by-2025-idc-report.html[2019-02-13].

③ 2019 年"系统思想与可持续发展实践国际学术研讨会"暨第十一届全国复杂性与系统科学哲学学术研讨会在我校召开. https://news.scnu.edu.cn/25171[2019-06-14].

施工过程中不仅涌现了大桥桥面铺装工程的管理决策实践，而且为"复杂性降解"等原理提供了实践支持①。再如，北斗卫星导航系统也是一个复杂系统，其包括了微观尺度上的"降解"和宏观尺度上的"中和"，学者将其概括为"系统融合"过程，发展了综合集成管理理论和方法②。

从学术研究的角度看，复杂系统管理相关研究也得到中国学者的高度重视。在中国知网上以"复杂系统"为主题检索，发现 2015～2019 年共有 17 304 篇论文；以"complex systems"为主题在 WoS 上进行检索发现，中国学术机构发表的与"complex systems"有关的国际学术论文，在 2015～2019 年达到了 2688 篇③，排在同期全球各个国家和地区同类论文数量的第二位（美国以 2958 篇名列第一位）④。同时，在此期间国内召开的主流管理科学和经济科学的系列学术会议也包括复杂系统管理专题分会场（如 2018 年和 2019 年中国管理科学学术年会分别设立能源与复杂系统管理、公共管理与复杂系统管理分会场）。国家自然科学基金委员会管理科学部在"十三五"期间共计资助了 40 余项复杂系统/网络相关项目，这些为复杂系统管理理论产生重大突破奠定了知识、技术和数据等方面的重要基础。同时，国内也建立了多家与复杂系统相关的研究中心、实验室（如清华大学复杂系统工程研究中心、中国科学院复杂系统管理与控制国家重点实验室、北京航空航天大学复杂系统分析与管理决策实验室），对复杂系统管理基础理论及其应用开展长期专门的研究。此外，很多高校也设立了复杂系统方向的博士、硕士等研究生教育项目，为复杂系统管理的研究输送了大量人才。

作为企业，阿里巴巴也意识到理解复杂系统的重要性，不仅招聘对复杂系统建模有深入研究的工程师，而且与杭州师范大学合作成立阿里巴巴复杂科学研究中心，"用复杂性思维提炼和研究信息社会的若干共性问题，力争建成复杂科学领域的全球高地"。

总体上看，大量带有复杂系统特征的公司和大型建设工程、完善的信息化基础设施及各行各业积累的海量数据，加上前期各级资助机构投入的资金支持、学术界形成的交叉学科研究态势及在系统科学方面所取得的成果积累，都将成为支撑我国进行复杂系统管理研究的有利条件，为我国学者在复杂系统管理研究领域提供了领先世界的机会。

---

① 麦强，盛昭瀚，安实，等. 重大工程管理决策复杂性及复杂性降解原理. 管理科学学报，2019，22（8）：17-32.

② 麦强，陈学钏，安实. 重大航天工程整体性、复杂性及系统融合：北斗卫星工程的实践. 管理世界，2019，35（12）：190-198.

③ 本章中涉及的中国相关数据均不包含港澳台地区数据。

④ 2020 年 8 月 11 日网络查询数据。

### 3. 主要研究方向

#### 1)复杂管理系统的结构特征、基本性质与演化机理

学者普遍认为,复杂系统具有多层次、多功能的结构,但这种结构并不是一成不变的,相反,其在发展过程中能够不断地学习并对自身结构进行完善或重组。同时,复杂系统是开放的,能够不断从周围汲取信息,并朝着适应环境的方向发展。现如今,由于科学技术的发展,人与人、物与物之间的关联变得更加紧密。同时,由于大国之间的博弈及疫情等"黑天鹅"事件的发生,周遭环境中的不确定性成分不断增多。原有的复杂管理系统的结构特征、基本性质及演化机理也可能会随之变化。因此,重新对复杂管理系统的内部交互与外在演化的规律进行探究变得十分迫切和紧要。

典型科学问题举例:复杂社会经济系统演化,复杂网络结构及其演化,时间序列的长程相关问题,网络演化的动态建模,多尺度模型的构建,信息化下认知人的个体行为及其交互与群体的行为的涌现规律,技术与管理的互动规律,高维非结构化数据的建模,等等。

#### 2)复杂系统的知识和信息融合

复杂系统理论在经历了半个多世纪的发展后,已经形成了一套较为完整和成熟的体系。然而,随着颠覆性创新的出现、人们生产生活方式的转变及经济全球化程度的加深,有些"知识"可能已经不再能够描绘复杂系统的运转模式,也不再适用于指导复杂系统的管理调控。同时,数据存储技术和运算能力实现了大幅提升,数据驱动的模型构建成为可能。因此,利用已有的知识指导新信息的获取,利用获取的新信息修正已有的知识可以帮助人们更好地理解复杂系统的运行机理,预测其演化方向。

典型科学问题举例:数据建模样本变量与常规建模领域变量间的关系,数据模型在常规模型环境下的普适性和鲁棒性,多个数据模型对常规模型的逼近过程优化,复杂管理系统中异构数据的融合技术,复杂系统知识信息数据的融合的计算实验,等等。

#### 3)复杂管理系统的融合建模与分析理论

当下,国际形势风云变幻,各种创新不断涌现,管理系统面临的环境不确定、信息不完整的问题日益突出,其内部各要素之间的非线性关联更加难以辨别,其外在动态演化的方向更加难以捉摸,对建模技术和分析方法提出了更高的要求。随着信息技术的快速发展,人工智能的作用日趋多样和强大。将已有的建模方法(如分形理论、混沌理论、模糊理论、复杂适应系统理论)和人工智能相融合,可以显著

地增强数据处理能力和模型的拟合程度，继而支持对复杂系统的深入分析。

典型科学问题举例：数学规划和人工智能的协同，带资源约束的实时数据计算理论与技术，区间数据的信息不完全建模，机器学习与高维度数据建模，等等。

### 4）复杂管理系统的智能优化、仿真和调控决策

优化和调控决策是管理的重要环节，小到企业生产方案的确定，大到国家大政方针的出台，都离不开优化和决策技术的支持。管理问题越复杂，在优化和决策时需要考虑的因素也就越丰富，备选方案也就越多样，预期目标和评价标准的确定也就越困难。面对复杂化的管理系统，亟须发展新理论以满足实践要求，并拓展和引领决策科学的国际前沿。一个可行方案是在现有的决策系统中引入人机混合的模式，将机器的运算能力和人类的智慧相结合，以适应决策问题不断复杂的需要。此外，也可以借助社会实验或者计算实验的手段对复杂管理系统进行仿真，模拟不同措施推行的结果。

典型科学问题举例：混合智能决策的可解释性问题，复杂系统的协同和资源调度的问题，新决策要素识别及测度，决策范式变迁及机理，数据标准化和质量测度理论与模型，非结构化异质数据的融合与决策分析，复杂管理系统的校准问题，等等。

### 5）宏观经济与金融复杂系统

国际政治局势的不明朗和严峻的公共卫生挑战，使中国的经济发展面临着很大的困难和冲击，需要借鉴复杂系统的相关理论去指导和提振经济。此外，近年来，金融创新〔移动支付、点对点网络借款（peer to peer lending，P2P）、数字货币等）〕层出不穷，在为资本市场注入活力的同时，也对政府的监管和投资者的甄别能力提出了更高的要求。加上中国资本市场一向以信息透明度低、投机情绪高涨、价格波动明显为特点，将复杂系统的管理思想引入宏观政策的制定和金融风险的防控中来，可以更好地化解系统性风险，为资本市场的健康发展保驾护航。

典型科学问题举例：基于复杂网络的系统性风险的识别、预防及应对，新冠疫情的演化和防控，基于自组织理论的经济复苏可行政策的分析，基于复杂自适应系统的疫情后国际局势演化特征，等等。

### 4.2.2 混合智能管理系统理论与方法

#### 1. 基本概念、科学意义与国家战略需求

近年来，随着人工智能的飞速发展及其在诸多行业中广泛和深入应用，人机混合智能驱动的管理系统逐渐涌现。混合智能管理系统主要是指为实现特定的管理目标而由人与智能机器（系统）共同构成的、在数字智能技术支持下进行人机互动的智能（辅助）决策和运行的管理组织。在混合智能管理系统中，人机互动的过程是人、数据及算法相互融合和相互作用的过程。有别于传统管理系统，混合智能管理系统面临一些新的挑战，如机器智能推理学习的弱可解释性、人与机器在表达及解决问题方面的认知异构性、人机融合群体行为的复杂性等。通过对混合智能管理系统理论和方法的研究，有助于系统认识混合智能管理系统中人类行为与机器行为的新特征和机理，有助于深刻了解混合智能管理系统中人和机器的理性局限性、文化和伦理等因素的重要性，有助于全面掌握混合智能管理组织的结构、功能及演化。在此基础上，设计安全、稳定、高效的人机协同与合作机制，将有利于实现面向特定管理目标和场景的混合智能驱动的管理信息系统，从而有效提升管理活动中人与机器的互动和协作水平，大力改善人们的生产和生活质量。

近年来，人工智能已成为我国的国家战略，基于人机协同的混合增强智能是当前人工智能的发展重点之一。2017 年 7 月 8 日，国务院印发并实施了《新一代人工智能发展规划》，强调"必须放眼全球，把人工智能发展放在国家战略层面系统布局、主动谋划，牢牢把握人工智能发展新阶段国际竞争的战略主动，打造竞争新优势、开拓发展新空间，有效保障国家安全"。该规划明确指出"大数据驱动知识学习、跨媒体协同处理、人机协同增强智能、群体集成智能、自主智能系统成为人工智能的发展重点"。其中，混合增强智能新架构与新技术需"重点突破人机协同的感知与执行一体化模型、智能计算前移的新型传感器件、通用混合计算架构等核心技术，构建自主适应环境的混合增强智能系统、人机群组混合增强智能系统及支撑环境"。2017 年 12 月 14 日，工业和信息化部发布了《促进新一代人工智能产业发展三年行动计划（2018—2020 年）》，旨在推动人工智能和实体经济深度融合，加快制造强国和网络强国建设。2018 年 10 月 31 日，习近平在中共中央政治局第九次学习会议中提出："人工智能是新一轮科技革命和产业变革的重要驱动力量，加快发展新一代人工智能是事关我国能否抓住新一轮科技革命和产业变革机遇的战略问题。"[①]2020 年 1 月，科学技术部发布了《科技

---

① 习近平：推动我国新一代人工智能健康发展. http://jhsjk.people.cn/article/30374719[2018-10-31].

创新 2030——"新一代人工智能"重大项目 2020 年度第一批项目申报指南建议》，其中把"混合增强在线教育关键技术与系统研究"列为项目之一，该项目将"研究基于人机混合智能的群体化学习组织、激励、评测、辅导和优化方法，建立支撑群体化课程学习和在线实践的智能平台"。

混合智能管理系统是混合增强智能系统研究的一个重要组成部分。它的核心是将人机协同混合智能作为特定管理目标和场景下进行智能化管理的驱动力与技术支持，面向混合智能的管理信息系统是它的一个典型应用。通过对混合智能管理系统理论和方法的研究，实现基于混合智能的人机协作系统在经济管理领域的广泛应用，促进管理学与人工智能的学科交叉融合，这无疑对实施新一代人工智能国家战略具有十分重要的意义。

### 2. 国际发展态势与我国发展态势

人工智能已经在深刻改变世界，在国家安全、智慧城市、交通出行、金融、医疗保健、司法等领域得到日益广泛而深入的应用。人工智能及其重要组成部分混合智能，在国际上引起了从产业到政府，再到学术界的高度关注。

从产业方向看，人工智能将赋能各个传统产业，促进经济的快速发展。普华永道会计师事务所在 2017 年发布的研究报告指出，人工智能技术到 2030 年将使全球 GDP 增长 15.7 万亿美元，其中包括中国增长 7 万亿美元，北美增长 3.7 万亿美元，北欧增长 1.8 万亿美元。混合智能作为人工智能的重要部分也正成为国际信息技术大公司关注的发展方向。例如，美国亚马逊（Amazon）公司于 2005 年建立的 Mechanical Turk 平台是一个典型混合智能管理系统，它可以利用众包（crowdsourcing）原理将某个任务分解和分配给平台上的多个劳动力并行实施。2017 年 7 月，谷歌（Google）的母公司 Alphabet 启动了一项名为"人与人工智能"（People+AI Research，PAIR）的新研究计划，用于改善普通用户与人工智能的互动和协作方式。2017 年 8 月，微软亚洲研究院常务副院长张冬梅参加中国自动化学会混合智能专业委员会成立大会暨混合增强智能学术沙龙，作大会主题报告"创新时代的微软人工智能"。2019 年，脸书（Facebook）研究人员制造出了一个纸牌游戏机器人，其可以在一款需要团队作战的游戏 Hanabi 中获得高分。

从国家战略方向看，世界各国为了抓住人工智能带来的新一轮产业变革的发展机遇和抢占人工智能竞争制高点，开始争相制定该领域的国家发展战略和规划。2016 年 10 月，美国白宫科技政策办公室连续发布了 2 个重要战略文件《为人工智能的未来做好准备》和《国家人工智能研究和发展战略计划》，将人工智能上升到了国家战略层面。2017 年 3 月，加拿大政府发布了《泛加拿大人工智能战略》，政府计划拨款 1.25 亿加元支持人工智能研究及人才培养。2018 年 3 月，法国政府公布《法国人工智能战略》，通过引导人工智能前沿技术研发，培育后备力量，促进人工智能技术向其他经济领域转化。2018 年 4 月，英国政府发布《人工智能行业新政》，旨在推动英国成为全球人工智能领导者。2018 年 11 月，德国正式发布人工智能战略，计划在 2025 年前投入 30 亿欧元用于推动德国人工智能的发展。2018 年 4 月 25 日，欧盟委员会提出了人工智能战略，宣布建设人工智能需求平台。2017 年 6 月，日本政府发布了《未来投资战略》，重点推动物联网建设和人工智能的应用。2019 年 6 月，日本政府出台《人工智能战略2019》。2019 年 10 月 21 日，俄罗斯总统普京批准了"2030 年前俄罗斯国家人工智能发展战略"。在这些人工智能发展战略中，人机协作是其中不可或缺的重要研究内容。

从学术研究方向看，混合智能的相关研究逐渐受到国际学者的广泛关注。2015 年至 2020 年，*Nature* 和 *Science* 期刊上发表了 21 篇相关论文。据不完全统计，2016~2020 年，*MIS Quarterly*、*European Journal of Operational Research* 及 *International Journal of Production Research* 等管理学重要期刊发表了 27 篇相关论文。在 Google Scholar 上以"hybrid intelligence"为关键词搜索 2015 年至 2020 年的论文，共搜到 1950 篇文章。各国的科学基金组织也纷纷设立计划，资助与人机协同混合智能相关的基础研究。例如，2018 年欧盟资助了"推动面向学校教育的具有类人社交能力的直觉式人机交互"项目。2018 年，英国工程与物理科学委员会（Engineering and Physical Sciences Research Council，EPSRC）资助了"人机合作中的信任"项目。2019 年，美国国家科学基金会资助了"基于人在决策回路中治理人工智能系统中的偏见"项目。国际期刊或者国际会议也纷纷以混合智能为主题开展论文交流和学术讨论。例如，2013 年，图灵奖获得者罗杰·瑞迪（Raj Reddy）等多位国际知名学者在 *IEEE Intelligent Systems* 期刊上撰文，围绕混合智能等展开专题讨论。2018 年 6 月，机器与人类交互：混合智能的最新技术和研究议程（The Interplay of Machines and Humans: State of the Art and a Research Agenda for Hybrid Intelligence）研讨会与 26 届欧洲信息系统大会（European Conference on Information Systems，ECIS）共同在英国举办。2020 年 8 月，自然语言处理任务的混合智能（Workshop on Hybrid Intelligence for Natural Language Processing Tasks）研讨会与欧洲人工智能大会 ECAI-2020 一起在西班牙举办。

近年来，混合智能在我国除了在国家层面受到高度关注，成为人工智能国家战略的重要组成部分之外，在产业界和学术界也方兴未艾。从产业的角度看，人机混合智能系统也逐渐受到产业界的关注，正成为企业发展战略的重要方向。2016 年，微软亚洲研究院开展了"HI+AI：人机协同赋能未来"项目，认为人机协同，各展所长，才是人类及人工智能的未来之路。2018 年，阿里巴巴推出"人机协同"智能服务解决方案，开启智能服务 2.0 时代。2018 年 3 月，美的发布"人机新世代"战略，通过打造工业互联网，力图让产品、机器、流程、系统等环节加载感知、认知、理解、决策能力，人与机器将转变为更深入、更融合的协作关系。在 2018 年首届中国认知计算与混合智能学术大会上，联想集团副总裁王茜莺以《超算平台助力混合智能发展》为题作大会报告，百度高级副总裁王海峰作大会报告《多模态深度语义理解》。2019 年 1 月，美团对外展示了新一代的即时配送 AI+IoT 人机协同系统。2019 年 12 月，腾讯举办以"人机协同，内容共生"为主题的 2019 腾讯 ConTech 大会。2020 年 5 月，云从科技集团股份有限公司与广州市政府正式签订战略协议，将共建国内首个人机协同开放平台，打造广州智慧城市智能运行中枢。

从学术研究的角度看，混合智能相关研究也受到了国内学者的高度重视。在百度学术上简单地用论文标题中包含"混合智能"的搜索策略进行搜索，2015 年至 2020 年，被中国科学引文数据库（Chinese Science Citation Database，CSCD）和中文社会科学引文索引数据库（Chinese Social Sciences Citation Index，CSSCI）收录的公开发表中文学术论文约有 59 篇；以"hybrid intelligence"为关键词，在 WoS 平台上搜索发现，中国学术机构在 2015~2019 年共发表 1774 篇国际学术论文，排在同期全球各个国家和地区同类论文数量的第一位（美国以 988 篇排第二位）。近些年，国家自然科学基金委员会陆续资助了一批混合智能系统方向的研究。例如，2017 年，国家自然科学基金资助了"国家安全协同应对与辅助决策理论和方法"项目及"多源数据融合与人机混合实验驱动的两级电力市场全景式建模与决策理论研究"项目；2019 年，国家自然科学基金资助了"脑机混合智能"项目。此外，国家自然科学基金还资助了一大批与混合智能系统相关的青年科学基金项目和面上项目等。同时，国内学者多次召开了与混合智能相关的学术会议。例如，2018 年 8 月，国家自然科学基金委员会信息科学部、中国自动化学会及中国认知科学学会联合主办了首届中国认知计算与混合智能学术大会。2018 年 9 月，中国自动化学会混合智能专业委员会举办了首期混合增强智能前沿讲习班。我国高校和科研院所的科研机构和团队也相继展开了研究，如中国科学院、清华大学、北京大学、浙江大学、复旦大学、上海交通大学、天津大学、西安交通大学、中国人民解放军国防科技大学、北京航空航天大学等。其中，中国科学院在 2015 年成立了脑科学与智能技术卓越创新中心，着力于研制基于类脑计算模型的智能机器人，研究人机智能协同、学习和交互式智能生长的理论与方法，构建人机协同的智能生长环境。2017 年 7 月，众多高校、科研机构和企业的学者参加了中国科学技术协会新观点新学说学术沙龙"人机协同的混合增强智能"。

混合智能系统在国内产业界的快速发展，为我国学者在该领域的研究提供了大量基础数据和真实的实践问题。在前期科学资助机构所投入资金的支持下，学术界进行了多学科交叉的开放性探索和研究，并且积累了部分学术成果。同时，国内高新技术企业与学术界也展现了积极合作的良好趋势。这些共同构成了支持我国混合智能管理系统理论和方法研究的有利条件。

### 3. 主要研究方向

#### 1）智能机器行为与人机互动机理

随着人工智能、物联网技术和普适计算的快速发展，传统的计算系统中不断融入社会特征，形成了融合人和智能机器的混合智能管理系统。在混合智能管理系统中，人与机器两类参与者在认知和决策方面具有显著的异质性，机器之间、人机之间及机器与决策环境之间的互动变得更具高频性、动态性和复杂性。在复杂的人机协同混合智能管理系统中，人可以创造和塑造智能机器行为。反之，机器行为同样可以影响人的行为，这可能导致新的社会问题产生。混合智能管理系统在机器行为的特征及演化与人机互动机理等方面，面临一系列重要科学问题亟须研究。

典型科学问题举例：混合智能管理系统中的个体与群体机器行为特征及产生机理，集群机器行为的协同与管理，机器行为的传播和演化规律，融合社会因素的机器行为演化推演方法，混合智能管理系统中人类行为的涌现机理及其变化规律，机器行为对人类行为的影响和塑造及其心理与神经机理，人机之间行为的传导机理，等等。

#### 2）混合智能管理决策的有限理性

在混合智能管理系统中，机器智能在提升效率和改善效果的同时，也带来了人机互动过程中机器行为的不透明性和不可解释性。基于数据驱动学习算法的智能机器容易产生有偏见和歧视的决策，从而违背人类的伦理和价值观。混合智能管理系统在数据、算法与应用等方面存在一定的理性局限性和伦理风险，如算法安全与算法可解释性、隐私保护与个人敏感信息的识别和处理及算法歧视与算法滥用等，面临一系列重要科学问题亟须研究。

典型科学问题举例：混合智能管理系统中算法偏见的诊断与纠偏，智能算法的审计机制及智能审计系统，混合智能管理系统中的问责机制和原则，价值原则（人权、福祉、问责、透明、公平等）的嵌入、检测与识别，混合智能管理系统的准确性与公平性权衡，混合智能管理系统的可解释性设计，人机混合系统中伦理风险的识别、评估与消减机制，混合智能管理系统中的虚假信息甄别、监测与治理，等等。

#### 3）混合智能管理组织形态涌现

在混合智能管理系统中，"社会人+机器人"构成了新的人机混合组织形态，这使组织与外部的边界、组织内部部门之间的边界日趋模糊。这种新组织形态改变了管理系统中人、智能机器、组织之间的联结方式，改变了组织内部的功能结构和权力结构。混合智能管理系统的应用与发展将颠覆和重塑组织的管理对象、管理方式、管理过程及组织的外部关系，在组织的结构、功能、有效性等方面，面临一系列重要科学问题亟须研究。

典型科学问题举例：人机混合组织形态的涌现及演化，混合智能管理系统组织的结构、职能、边界的变化，智能机器对组织层次、任务分配、权力分配的影响，混合智能管理系统的组织有效性评估，开放组织的敏捷性提升策略，人机混合组织结构的设计与迭代优化，混合智能管理系统的业务流程和管理过程优化，等等。

### 4）混合智能驱动的人机合作机制设计

混合智能驱动的管理系统旨在将人类智能和机器智能互相取长补短，构建人机融合共生的合作机制，形成一种新的"1+1＞2"的增强型智能管理。在人机协作系统中，人、机、环境三者之间在态、势、感、知等方面相互作用和影响，推动人机混合智能管理系统的结构和功能不断发展与演化。在混合智能管理系统中，混合智能驱动的人机合作机制在人机合作参与者的特征、合作模式，影响合作的内部和外部因素等方面，面临一系列重要科学问题亟须研究。

典型科学问题举例："人在回路中"的人机合作新模式，人机合作机制中的分工与协作，人机合作中的角色切换机制及触发条件，真实管理环境下人机合作中的正负反馈机制，混合智能管理系统中人机合作的协同演化机理，组织文化及其制度环境对人机合作的影响，机器模型的可解释性对人机合作可信度的影响，等等。

### 5）面向混合智能的管理信息系统

在互联网、云计算、物联网、人工智能等技术驱动和支撑的混合智能管理系统中，物物互联、人机融合、实时在线、去中心化、资源共享等特征，彻底改变了传统的数据获取和信息处理方式；媒体互动、协同创造、虚拟服务等新型应用模式，拓展了人类创造和利用信息的范围与形式。传统的管理信息系统正处在急剧变革之中，在拓展组织边界、再造组织体系、优化运营策略、服务企业客户、赋能价值创造等方面，面临一系列重要科学问题亟须研究。

典型科学问题举例：价值创造导向的管理信息系统战略与规划，开放域多源异构跨模态数据的获取与管理，新一代智慧管理信息系统的体系架构设计，开放环境下人机协同的信息系统运行机制，新一代智慧管理信息系统的设计与迭代优化，组织中人、信息及信息系统的综合治理，等等。

## 4.2.3　决策智能理论与方法

### 1. 基本概念、科学意义与国家战略需求

大数据应用的普及，特别是人工智能技术的突破和商务智能应用的成熟，为

决策研究与应用提供了新的视角、理论范式和技术手段，促使决策范式从信息化向智能化升级转型。决策智能（decision intelligence）为通过实时有效的大数据感知和解析来实现知情决策，并采用更加主动和全面的视角，面向未来可能发生的场景主动进行情景推演与态势预测，将这些前瞻性分析应用于决策制定、分析、实施和反馈的全过程。传统的商务智能或者决策支持系统，决策智能的重点在于通过混合智能对决策与其作用效应之间复杂关系进行深度理解，有助于决策者在复杂、具有不确定性的系统和环境中动态地优化各种类型决策（如企业运营策略、政府政策）的制定、实施、评估与预演，以更好地达到预期的决策目标。

在商业智能应用日趋成熟的基础上，决策智能的应用进一步扩展到了政务、工业、农业、安全、军事等决策相关的其他领域。2016 年，英国政府发布的人工智能报告《人工智能：未来决策制定的机遇与影响》指出，组织决策是人工智能发挥作用的核心领域，能够推动政府部门更加快速地获取决策相关的信息、更加精准地预测公众需求、更为全面地提升公共决策的透明度，从而优化公共资源配置、提高公共服务效率。2016 年，习近平在网络安全和信息化工作座谈会上指出，要"以信息化推进国家治理体系和治理能力现代化""用信息化手段感知社会态势、畅通沟通渠道、辅助科学决策"[①]。2018 年，在中共中央政治局就人工智能发展现状和趋势举行的第九次集体学习中，习近平又进一步强调"要加强人工智能同社会治理的结合，开发适用于政府服务和决策的人工智能系统"[②]。2017 年，国务院印发的《新一代人工智能发展规划》，在多个重点任务中指出决策智能的应用场景，在智能农业领域，建立典型农业大数据智能决策分析系统；在智能商务领域，推广基于人工智能的新型商务服务与决策系统，鼓励围绕个人需求、企业管理提供定制化商务智能决策服务；在智能政务领域，开发适于政府服务与决策的人工智能平台，研制面向开放环境的决策引擎；在军民融合领域，促进人工智能技术军民双向转化，强化新一代人工智能技术对指挥决策、军事推演、国防装备等的有力支撑。2018 年，在首届中国国际智能产业博览会上，韩正强调以智能化提升社会治理水平，建立"用数据说话、用数据决策、用数据管理、用数据创新"的机制[③]。

在智能化时代，借助智能革命先进生产力辅助决策、增强智能化管理水平，既是推动国家治理现代化的重要支撑，也是实现国家创新发展战略的重要基石，

---

① 习近平：在网络安全和信息化工作座谈会上的讲话. http://cpc.people.com.cn/n1/2016/0426/c64094-28303771.html?_t_t=0.8613438231404871[2016-04-26].

② 习近平：推动我国新一代人工智能健康发展. http://jhsjk.people.cn/article/30374719[2018-10-31].

③ 首届中国国际智能产业博览会在重庆开幕 韩正宣读习近平主席贺信并致辞. http://www.gov.cn/guowuyuan/2018-08/23/content_5315974.htm[2023-05-06].

更是一个国家核心竞争力的体现。目前，属于国际前沿交叉领域的以大数据解析和混合智能为核心技术支撑的决策智能正处于萌芽阶段，已逐渐受到学术界和政府部门的重视，相关研究对实施科技强国战略具有重要意义。

### 2. 国际发展态势与我国发展态势

从决策智能的内涵和外延来看，其对与决策相关的行业和应用都可能带来巨大的机遇，在国际上引发了从产业到政府，再到学术界的高度关注。

从产业方面看，决策智能的突出表现形式就是各种提供人机融合决策方案公司的出现和探索。决策智能主要是由大数据、人工智能、云计算等新兴技术驱动的、对决策制定相关的产业供给产生重大影响的情景推演、态势预测、决策制定和反馈等新兴的业务模式、技术应用与产品服务等。CB Insight 2017 年发布的最值得关注的 100 家人工智能公司，自 2012 年来累计融资 38 亿美元[①]。美国国家风险投资协会（National Venture Capital Association）发布 2019 年投资者对美国人工智能初创企业的投入达到创纪录的 184 亿美元，而 2018 年的融资额为 168 亿美元。另据 CB Insight 报道[②]的 2020 年全球 100 家最具潜力人工智能初创企业，涉及包括医疗保健、零售仓储与金融保险在内的 15 个行业和跨行业应用，为大众提供智能决策及智能解决方案，总融资额达到 74 亿美元。这 100 家公司中，有 10 家正在尝试并专注于利用决策智能相关的技术提供决策相关的解决方案。国际金融公司 IFC 就人工智能的投资趋势和特定行业的应用的报告[③]指出，人工智能在商业、能源、医疗健康、教育、制造业、金融信贷、物流运输等方面的用途激增，且人工智能应用将在中国等新兴市场大量涌现并对主要经济领域产生重大影响。以决策智能的典型应用商务智能为例，微软、国际商业机器公司（International Business Machines Corporation, IBM）、思爱普（System Applications and Products, SAP）等著名信息技术厂商都开始逐步升级原有的商务智能平台，将企业内部和外部数据、信息、资源进行深度整合，探索将商业智能从商业领域扩展到开放域的新一代决策智能解决方案。

从国家战略方面看，在主要发达国家和地区中，美国、英国和欧盟在决策智能领域形成了各自的竞争优势。美国拥有大量的数据、模型和计算资源，这些资源对美国决策智能的研究和应用至关重要。2015 年以来，美国白宫科技政策办公

---

① The top 100 AI companies. https://www.cbinsights.com/research/the-top-100-ai-companies/[2017-12-12].

② AI 100：the most promising artificial intelligence startups of 2022. https://www.cbinsights.com/research/artificial-intelligence-top-startups/[2022-05-17].

③ Artificial intelligence: investment trends and selected industry uses. https://www.ifc.org/wps/wcm/connect/7898d957-69b5-4727-9226-277e8ae28711/EMCompass-Note-71-AI-Investment-Trends.pdf?MOD=AJPERES&CVID=mR5Jvd6 [2019-10-10].

室先后发布《为人工智能的未来做好准备》《国家人工智能研究和发展战略计划》《人工智能、自动化与经济报告》《美国人工智能倡议首年年度报告》，指出要增加公众对决策过程的参与以建立对人工智能技术的信任和信心。此外，英国政府2016年发布了人工智能报告《人工智能：未来决策制定的机遇与影响》，指出组织决策是人工智能发挥作用的核心领域，能够推动政府部门更加快速地获取决策相关的信息、更加精准地预测公众需求、更为全面地提升公共决策的透明度，从而优化公共资源配置、提高公共服务效率。2020年欧盟发布了《人工智能白皮书》，指出人工智能在带来机遇的同时，也带来了风险，包括决策的不透明（黑匣子效应）、算法决策信息的不对称，无法判断在人工智能参与下的决策是否符合现有的欧盟法律规定。这些战略，指出决策智能可能带来的机遇，将对决策智能的实施产生积极影响。

从学术研究方面看，从2015年至2020年，决策智能相关的研究逐渐被国际学者所关注和探索，*Nature* 和 *Science* 期刊先后发表决策智能的相关文章，揭示其在医学诊断、实时策略游戏、化学反应评估等方面可能的辅助决策作用，体现出决策智能在多领域中的重要研究价值。据不完全统计，2016~2020年，在 *MIS Quarterly*、*Expert Systems with Applications*、*Journal of the Association for Information Science and Technology* 等管理类国际顶级期刊上发表论文近10篇。截至2020年6月19日，在 Google Scholar 和著名社会科学工作网站 SSRN 以"decision intelligence"为关键词，搜索到2016~2020年的学术论文分别有276篇、271篇。国际研究机构也开展了对决策智能的资助研究。2007年，美国情报高级研究计划局启动"深绿"（Deep Green）项目，其目的是预测战场态势以帮助指挥员进行情况判断并提供决策方案，但由于当时的数据处理能力不足、仿真复杂度高而中断。2016年，美国情报高级研究计划局发起了"混合预测挑战"项目，利用人机协同的方法对地缘政治事件进行预测。同时，美国国家科学基金会近些年来资助了一批关于决策智能理论与应用方向的研究，如2019年资助了"面向医疗决策制定的人机合作研究"项目，以及2020年资助"能源、电力、控制和网络"（Energy Power Control and Networks，EPCN）项目、"基于数据感知、人工智能和学习的面向精准健康的多模态传感器系统"，探索决策智能在各领域的应用。

近年来，我国除了在国家层面提出决策智能的重大意义、将其列入一些重要国家战略外，产业界也在关注和探索决策智能的可能应用，急需学术研究方面的技术支撑。

从产业的角度看，阿里巴巴、京东、华为等互联网巨头率先意识到人工智能技术在复杂管理决策系统中的巨大潜力和科学研究价值，针对购物狂欢节、智能网络调度、工业制造决策系统等实际应用场景，分别启动达摩院决策智能实验室、京东零售"智能履约决策大脑"系统、华为云天才少年专项"强化学习与智能决策系统"，试图打造全球领先的决策智能研究体系，以降低行业成本，提升产品和服务。同时，启元世界（北京）信息技术服务有限公司、北京深演智能科技股份有限公司、同盾科技有限公司等一些创业公司将决策智能作为公司核心研究方向，将其技术应用于公共决策、疫情预测、商业预测等方面，以推动人机理解和人机协作等决策智能技术的研究。除了这些新型技术公司外，中国邮政、平安集团、中国银联、中国农业银行等传统国企、金融机构也依托自己的优势，大力推进决策智能创新，以升级加速智能决策平台建设。

中国决策智能实践发展的主要动因体现在以下几方面。一是在中国经济高速发展的过程中，各行各业中早期的传统决策系统已经不能满足行业平台及其用户的快速发展的需求，从而为依托于人工智能技术的决策智能创新留出了足够空间；二是与发达经济体相比，虽然我国在决策智能方面的研究与应用处于刚刚起步的阶段，但是我国拥有的巨大的市场环境和人口红利在客观上为各个行业提供了更加丰富多样的决策环，有助于决策系统智能化升级的研究与实验；三是决策智能自身的快速发展及其对包括新型技术行业（互联网）、传统行业（金融、制造）在内的各个产业领域的深度融合与渗透。在这种决策智能实践高度发展的背景下，对决策智能基础理论的深入研究，将一方面有利于中国决策智能实践继续发扬自身优势、迅速健康成长；另一方面有助于破解中国决策智能实践发展过程中存在的基础薄弱、技术落后和人才短缺等一系列内在困境，摆脱对西方发达国家长时间的技术依赖。

从学术研究的角度看，决策智能相关研究还在起步阶段。在中国知网数据库中以"决策智能"作为关键字检索文章篇名，在 2016 年至 2020 年国内仅发表论文 2 篇。在百度学术网站，检索标题中包含关键词"决策智能"的论文，在 2016 年至 2020 年公开发表的中文学术论文也仅有 5 篇。以"decision intelligence"为关键词检索文章标题，在 WoS 平台上发现中国学术机构在 2016～2020 年共发表 56 篇国际学术论文，排在同期全球各个国家和地区同类论文数量的第二位（美国以 68 篇排第一位）。检索结果表明，2016～2020 年，国内在"决策智能"方面的相关研究还处于起步萌芽阶段。近年来，国家自然科学基金委员会陆续资助了一系列人工智能、决策控制与智能决策方法及其实际应用方向的研究项目（包括 2 个重点项目、2 个重大研究计划、1 个重大项目、1 个国家杰出青年科学基金项目及 25 个面上项目、14 个青年科学基金项目等），集中在决策智能的理论探讨和在工业制造、智慧医疗、军事智能、公共安全、社会管理等的具体应用方面。与此同时，国内众多高校纷纷建立与决策智能相关的研究中心、研究院/所，并设立相关课程，对决策智能及其基础理论组织研究力量开展长期专门的研究（如北京理工大学复杂系统智能控制与决策国家重点实验室、上海市环境保护环境大数据与智能决策重点实验室、陕西科技大学智能决策支持系统实验室、东北大学深度学习与先进智能决策研究所、大连理工大学大数据与智能决策研究中心、合肥工业大学智能决策与信息系统技术工程研究中心、中南大学大数据与智能决策研究中心、西安电子科技大学智能制造与智能决策中心等）。

虽然国内目前关于决策智能相关学术研究还处于起步阶段，具体研究方向也待进一步探索，但是我国决策智能应用与实践高度发展的背景，为我国学者在决策智能研究领域提供了领先世界的研究机会。中国庞大的人口基数通过互联网产业连接所体现出来的人口红利、巨大的市场空间带来的复杂多样的决策智能实践场景和已积累的大量行业基础数据及学术界形成的多学科交叉探索的开放性研究态势，再加上前期科学资助机构所投入的研究资金、学术界已经取得的学术成果积累及决策智能领先企业与学术界积极合作的趋势，都构成了支持我国决策智能学基础研究的有利条件和独特竞争力。

### 3. 主要研究方向

#### 1）决策内在机理探索

随着数据采集处理能力、存储计算能力的提升及人工智能技术的快速发展，社会、企业等对组织设计、流程管控、需求挖掘、资源调配、风险管控等提出了更高的智能化要求。为应对决策环境与决策问题的快速变化，探究决策智能的内在本质并应用决策智能提升决策的实时性、可靠性和前瞻性，已经成为管理科学在智能化时代的发展趋势。当前决策智能方法存在泛化迁移性差、可解释性不足、持续学习能力弱、可靠性差等问题，导致人机不信任、协同差、融合难。为克服决策基础理论、关键技术智能化水平低的问题，需参照人脑决策深度挖掘决策本质，以单体智能、群体智能、体系智能为主线，以管理科学为主轴，融合脑科学、类脑计算、心理学、进化生物学、体系科学等成果，揭示智能技术赋能认知决策的根本机理，探索智能化时代的新型决策范式，构建行为可解释、持续演化、智能涌现的决策智能框架，实现从信息域向认知域和决策域的跨越。

典型科学问题举例：决策智能的基本形态与赋能机理，类脑知识推理的计算范式和基本框架，类脑试错学习的内在奖励机制与学习框架，规则与学习融合驱动的决策智能机理机制，脑启发的智能学习与决策机理，类脑计算的弱监督学习，好奇心驱动的内在奖赏机制，辅助任务驱动的长时决策框架，集智涌现的内在机理，群体智能演化的机制设计，决策能力自感知的人机协同框架，等等。

#### 2）决策主体智能建模和学习机制

未来决策环境的复杂性，涉及多个决策主体（包括机器和人），这些决策主体可分为决策主持人、决策者、决策协调者等，也可分为我方决策主体和对手决策主体。在有限理性的情况下，各决策主体不仅有自己的行为规则方式和自主决策处置能力，而且它们之间存在着复杂的交互关系。且在很多重大决策制定场合，由于伦理和法律及安全等方面的因素，决策者和利益相关者需要人工智能技术具备更高级的可解释性，对其所做出的预测或者判断给出原因。此外，在特定的决策环境中法律制度、伦理规范及决策文化等社会因素对决策主体的行为构成实质性的约束，如法律和伦理对训练数据集的获取、使用会直接影响决策主体可能产生的行为，抑或对单个决策主体产生影响，进而对整个决策过程产生影响。所有这些都对决策主体智能建模和学习机制提出了新的需求。

典型科学问题举例：数据驱动的决策主体智能建模方法，基于 BDI（belief-desire-intention，信念–期望–意图）的决策主体建模，规则驱动的决策主体智能建模方法，基于系统动力学的仿真建模，基于桌面演练的仿真建模，群体智能建模，我方决策主体的效用建模，我方决策主体的行为建模，竞争对手决策主体的效用建模，竞争对手决策主体的行为建模，各决策主体的静态与动态属性及各属性间的关系，社会因素等环境对决策主体的影响建模，决策主体自适应决策的博弈模型，决策方法的可解释性，等等。

### 3）决策生态系统交互演化机理

近年来，新兴技术领域取得的突破式进步改变了现有的生产、生活和工作方式。其中，基于数字化的新理念、新场景、新应用驱动着万物互联时代的加速到来，也重塑了人机协同的决策机制。在诸如城市、医疗、供应链和能源等超大规模复杂系统中，决策涉及决策主体、客体、社会、自然、文化、政治、经济环境等多个参与方，其交互形式多样、关系复杂，具有很强的动态对抗特性。并且随着各大系统物理规模增大、数据来源增多、时限容忍减弱、不确定性增强，决策的难度与复杂度也随之增大。决策生态系统指的是决策主体、被决策主体与外部环境所共同构成的特定空间。通过研究决策生态系统的构成要素及其组织方式、交互规律、演化趋势等，旨在挖掘并掌握决策生态系统交互演化机理，推演从个体局部决策到生态系统决策的全流程，提出控制决策生态系统内部交互演化的方法论。

典型科学问题举例：决策生态系统要素及其作用机理，决策主体间的交互建模，决策主体的行为演化规律，外部环境对决策主体的影响机理，生态系统决策的演化规律，复杂系统的决策生态系统控制的理论与实验，不确定环境 BDI 智能体构建及推演技术，融合社会因素的决策生态系统建模，等等。

### 4）决策知识抽取、发现与演绎方法

随着大数据时代的到来，复杂系统对从根据海量用户生成的多模态、多语言、非结构、非形式化的数据中抽取、发现与演绎决策知识提出了新的智

能化要求。决策知识反映设计者运用各种专业知识与经验，定义设计问题、产生设计概念并进行设计决策的动态心理行为过程，其按照存在形式通常分为显性决策知识与隐性决策知识。显性决策知识是设计人员将设计过程中产生的决策知识以不同格式的文档保存下来的历史性的知识，如设计说明书、技术报告、专利文档等。隐性决策知识则是在设计过程中设计人员保留在头脑中而没有形成文字的决策知识。在设计决策系统中有效地进行知识抽取、发现与演绎对提升系统的设计质量和决策执行效率均具有决定性作用。为更好地管理和应用决策知识，需设计智能化决策知识模型，通过对显性决策知识进行抽取，对隐性决策知识进行发现与演绎，来构建决策智能知识库，以实现决策知识的高效重用。

典型科学问题举例：结构化与非结构化数据挖掘及数据库知识发现，基于知识发现的自动化知识抽取策略，决策知识的结构分析与表示方法，隐式可拓知识与可拓知识推理，知识图谱构建与可视化分析，自然语言理解和智能知识信息检索，基于元信息和本体论的多源知识融合处理，等等。

### 5）决策推演与验证理论及方法

在复杂的现实情境下，决策推演与验证的重要问题包括多方面评估决策影响、针对群体行为进行决策结果预测及使用大数据进行理论验证。以针对重大公共卫生事件的决策评估、推演和验证为例，决策智能为传染病流行的精准推演、疫苗研发和综合性免疫策略制定提供框架与工具。从造成全球大流行的新冠疫情切入，疫情严重威胁包括中国在内的世界各国人民的生命安全，对全球医疗系统造成了巨大负担，并严重影响了全球经济形势。针对严峻的全球大流行情况，各国政府出台了关闭公共场所、社交隔离等非药物干预决策，并积极开发、试验药物和疫苗，以减缓疫情扩散。因此，对于新冠疫情在数据不完备的情况下传播规律和群体认知的研究，并整合人的智慧出台干预决策及对干预决策的定量化评价，能为防控提供理论依据，减缓新冠疫情的传播以及减轻其造成的损失，并为应对未来其他新发突发传染病的防控打好坚实的理论基础。

典型科学问题举例：大数据驱动的风险识别，政策匹配性评估，政策影响实时分析，人机结合的政策影响预测，政策影响评估及效果预测，面向重大风险场景的政策制定，政策制定中的博弈机制设计和环境与互动要素设计，政策风险预测与风险要素计算，融合社会认知理论的"虚事实"政策推演，面向政策制定者和受众的行为决策分析，政策实施语境下的多智能体建模，等等。

### 4.2.4　企业数字化转型的管理原理

#### 1. 基本概念、科学意义与国家战略需求

企业数字化转型管理是指企业的数字化转型和企业数字化转型以后的管理两者的总和。本书的研究目的是建立企业数字化转型管理科学原理的未来研究框架和研究方向，为学术研究提供方向性指导。本书首先对数字技术、数字化转型、数字化企业的管理概念进行科学界定，并对企业的数字化转型与管理研究的科学意义和战略需求、实践发展态势、相关学术研究进行了综合性概述。在此基础上，提出企业的数字化转型与管理领域的研究框架，简述企业的数字化转型模式与战略、数字时代的企业组织变革、数据智能驱动的运营管理、数字技术下的营销管理与创新、数字时代的协同创新管理、平台型企业及其生态治理、数字时代的创业管理七大重要研究方向的基础内容和典型的科学问题。

从技术视角看，数字技术（digital technology）是指借助一定的设备将各种诸如图片、文字、音视频等信息，转化为计算机能识别的二进制数字"0"和"1"，并进行存储和处理的技术[①]。目前人们认识数字技术主要基于应用的视角，如大众认为数字技术是指 SMACIT（social、mobile、analytics、cloud、IoT，社交、移动、分析、云、物联网）技术；也有人认为数字技术是指数字网络技术、认知技术（如机器学习算法等）和数字基础设施（如信息技术基础架构、云计算）等一系列技术的全集[②]。因此，可以说数字技术是现代信息技术、计算技术、通信技术和连接技术的组合[③]。数字技术的核心是基于符号的计算，其连接性、嵌入性、可（重）编辑性等复杂特性[①]引发了现代企业的数字化转型与管理系统的复杂性。

数字化（digitization、digitalization）是数字技术应用的行动、过程和发展阶段[④]。从应用来讲，数字化是指把人、物、组织、事件等的各种信息变成数字信号或编码，并通过各种计算程序进行处理的行动和过程；从影响来讲，数字化正在驱动互联网、人工智能等的发展及社会与组织的变革，人类社会和经济发展逐渐

---

① Benbya H，Nan N，Tanriverdi H，et al. Complexity and information systems research in the emerging digital world. MIS Quarterly，2020，44（1）：1-23.

② Hausberg J P，Liere-Netheler K，Packmohr S，et al. Research streams on digital transformation from a holistic business perspective：a systematic literature review and citation network analysis. Journal of Business Economics，2019，89：931-963.

③ Bharadwaj A，El Sawy O A，Pavlou P A，et al. Digital business strategy：toward a next generation of insights. MIS Quarterly，2013，37（2）：471-482.

④ Yoo Y，Henfridsson O，Lyytinen K. The new organizing logic of digital innovation：an agenda for information systems research. Information Systems Research，2010，21（4）：724-735.

从工业化、信息化进入了数字化、智能化的高级阶段①。

我国已经涌现了一些具有世界影响力的数字化企业或平台型企业，许多企业已经走在了数字化转型的路上。本领域的研究将鼓励对我国领先企业案例进行科学的研究，构建基于中国企业情境的数字化转型与管理的理论和方法体系，必将产生一大批具有原创性的科学成果，在为世界管理学的发展做出贡献的同时，也将为我国企业的转型发展实践提供指导。

业界对数字化转型（digital transformation）有多种定义。比如，国务院发展研究中心课题组认为②，企业的数字化转型是指利用新一代信息技术，构建数据的采集、传输、存储、处理和反馈的闭环，打通不同层级与不同行业间的数据壁垒，提高行业整体的运行效率，构建全新的数字经济体系。我国业界把数字化转型在广义上称为产业数字化。

学术界对数字化转型概念的讨论起源于 21 世纪初。比如，美国麻省理工学院（Massachusetts Institute of Technology，MIT）数字经济首席科学家乔治·韦斯特曼（G. Westerman）等认为③，数字化转型是企业利用技术来实现运营效率和经营业绩的彻底改变。又比如，有学者认为数字化转型是指数字技术对企业的变革性或颠覆性影响（新商业模式、新的产品/服务、新的客户体验），意味着现有企业可能需要彻底改变自己才能在数字时代取得成功④。加拿大格雷戈里·维亚尔（Gregory Vial）博士在综述了 23 个典型的定义以后认为，数字化转型是指通过信息、计算、通信和连接技术的组合触发实体属性的重大变化，从而改进实体的过程⑤。

综合学术界和实业界的思想，本书认为，企业的数字化转型是指通过信息技术、计算技术、通信技术和连接技术的组合应用触发的企业组织特性的重大变革来重构组织及运行系统的过程。从这个概念中可以看出数字化转型的三个特点。首先，从性质上讲，数字化转型属于企业顺应数字时代所必需的组织特性（property）的变革，包括企业定位（目标）、价值创造（系统）等。其次，从内容上讲，数字化转型是重构组织及其运行系统的历程，包括企业战略、产品、组

---

① Savić D. From digitization, through digitalization, to digital transformation. Online Searcher, 2019, 43（1）: 36-39.

② 国务院发展研究中心课题组. 传统产业数字化转型的模式和路径. 2018.

③ Westerman G, Bonnet D. Revamping your business through digital transformation. MIT Sloan Management Review, 2015, 56（3）: 10-13.

④ Nambisan S, Wright M, Feldman M. The digital transformation of innovation and entrepreneurship: progress, challenges and key themes. Research Policy, 2019, 48（8）: 103773.

⑤ Vial G. Understanding digital transformation: a review and a research agenda. The Journal of Strategic Information Systems, 2019, 28（2）: 118-144.

织结构、人力资源、业务流程等，其目标状态是建立数据智能驱动的数字化企业。最后，从手段上讲，数字化转型是各类数字技术的充分应用，以应对数字时代挑战和机遇的战略行动。因此，在转型历程中，数字化转型战略（digital transformation strategy）非常重要，需要支持企业数字技术的应用及其所引发的转型及转型后的运营发展蓝图[1]。

数字化企业（digital businesses）是指基于数据来完成交易或提供数字化体验产品和服务的企业[2]，是将数字技术融入企业经营活动中的管理实践和活动[3]。本书认为，数字化企业的管理是指主要基于数字技术的应用来开展经营活动，实现企业价值和目标的组织行为与活动。本领域的研究要在把握数字技术发展潮流的同时，更关注我国企业的数字化转型的实践和国家战略需求，开展系统性的科学研究，这具有非常重要的科学意义。首先，数字技术的创新应用正在重构传统企业管理学理论与方法。本领域的研究将紧跟甚至可能引领学术研究的前沿，聚合我国管理学及相关领域的研究力量，建立系统性的数字时代企业管理学的新体系，必将为创造现代企业管理新理论和知识做出应有的贡献。其次，我国已经涌现了一些具有世界影响力的数字化企业或平台型企业，许多企业已经走在了数字化转型的路上。本领域的研究将鼓励对我国领先企业案例进行科学的研究，构建基于中国企业情境的数字化转型与管理的理论和方法体系，必将产生一大批具有原创性的科学成果，在为世界管理学的发展做出贡献的同时，也将为我国企业的转型发展实践提供指导。

### 2. 国际发展态势与我国发展态势

世界经济论坛预测[4]，2016～2025 年，各行业的数字化转型有望带来超过 100 万亿美元的经济价值和社会价值。市场调研机构 IDC 预测[5]，到 2023 年，全球超过一半的 GDP 将由数字化转型企业的产品和服务推动，超过 50% 的信息与通信技术（information and communications technology，ICT）支出将用于数字化转型和创

---

① Bharadwaj A, El Sawy O A, Pavlou P A, et al. Digital business strategy: toward a next generation of insights. MIS Quarterly, 2013, 37（2）: 471-482.

Matt C, Hess T, Benlian A. Digital transformation strategies. Business Information Systems Engineering, 2015, 57（5）: 339-343.

② Martín-Peña M L, Diaz-Garrido E, Sanchez-Lopez J M. The digitalization and servitization of manufacturing: a review on digital business models. Strategic Change: An International Journal of Management Theory and Practice, 2018, 27（2）: 91-99.

③ 中国信息通信研究院. 中国数字经济发展白皮书 2020. 2020.

④ Digital Transformation Initiative. http://www3.weforum.org/docs/DTI_Maximizing_Return_Digital_WP.pdf [2018-06-10].

⑤ IDC. 2020 年全球 IT 行业展望. 2019.

新。数字化转型已成为一批企业应对数字时代新挑战的主要战略。比如，美国通用电气率先推动工业互联网发展，德国西门子推出 MindSphere 生态系统，瑞士艾波比推出了 ABB Ability 云端服务平台等[①]

近几年，一些发达国家都加大了推进企业数字化转型的支持力度。美国的"未来工业发展规划"、法国的"未来工业计划"、德国的"数字化战略 2025"等均采取各种优惠政策，支持企业应用新技术、创新商业模式。尽管各国家的行动计划不同，路径也有所不同，但是目标是一致的，即通过支持企业的数字化转型，抢占数字时代经济领域的新高地。

我国 2020 年上半年实物商品网上零售额已占社会消费品零售总额的25.2%[②]，这意味着我国消费者已接受互联网模式。消费者行为的变化，以及新冠疫情防控常态化的叠加因素，正迫使企业走上数字化转型之路。近几年，一方面，消费互联网的不断发展引领了一批服务业企业率先数字化转型；另一方面，互联网企业和一批行业骨干企业通过数字平台的建设实现自身转型的同时，也不断赋能广大中小企业走上转型之路，形成了以数字平台生态系统为基础的数字协同网络。数字化转型给中国企业带来显著成效[③]。

在政策方面，自 2017 年以来，国务院先后发布了数字经济、人工智能、上云用数赋智、新基建等政策文件，并形成了强有力的推进机制，正有力地推进各行业数字化转型进入快速发展的阶段，为本领域的研究提供了大量实践场景。但是，由于数字化转型面临众多困难，可以说真正意义上实现数字化转型的企业仍寥寥无几[④]，急需理论与方法上的指导。

### 3. 主要研究方向

#### 1）企业的数字化转型模式与战略迁移

数字化转型是复杂的系统性创新和变革过程。首先，需要探讨数字技术驱动转型的规律，特别是要揭示数字技术的新特性推动组织系统、计算系统和物理系统的协同演化规律及其机理。其次，需要探索企业从战略上来应对数字化所带来的机会和挑战的复杂逻辑过程。再次，需要揭示数字化转型模式的规律，特别是要探索数字技术应用触发的组织变革特征（如连续性、程度等）及其影

---

① 中国信息通信研究院. 全球数字经济新图景（2019 年）. 2019.

② 国家统计局蔺涛：市场销售持续回升 消费方式创新发展. http://www.ce.cn/xwzx/gnsz/gdxw/202007/17/t20200717_35346642.shtml[2023-05-07].

③ 埃森哲：数字化转型给中国企业带来显著成效. http://bgimg.ce.cn/xwzx/gnsz/gdxw/201809/14/t20180914_30307135.shtml[2023-05-11].

④ 第四范式，德勤管理咨询. 数字化转型新篇章：通往智能化的"道法术". 2019.

响因素之间的动态规律。最后，需要提出数字化转型的实施方法论，以形成不同情境、不同能力的企业实施数字化转型的路径，从而为企业的转型实践提供理论与方法的指导。

典型科学问题举例：数字技术驱动的组织转型机理，数字化转型的复杂社会技术系统理论与方法，数字化转型战略及其影响因素识别，数字化转型模式辨识及其适应性机制，数字化转型的资源匹配机制，等等。

### 2）数字时代的企业组织变革规律

企业组织变革需要具有全新的制度逻辑及应对组织内外环境挑战的敏捷能力，才能实现良好的适应性变革[①]；需要更加专业化的风险预警机制、知识管理机制、应对变化的内在弹性和自适应的数据智能系统来支持企业组织变革。同时，实践表明，数字化企业的组织范式已经不再是基于直线职能制的有明确边界的组织，而是表现出如平台化、生态化、模块化、虚拟化等新范式的特征。我们需要探索这些新的组织范式与特征现象背后的科学逻辑和科学基础，并形成系统性的组织管理理论与方法。

典型科学问题举例：数字时代组织变革模式演化及其制度环境，核心资源与能力因素的影响机理，企业组织新范式及其要素体系的设计理论，组织风险预警与防控机制，数字化组织的领导力构建理论，基于团队的组织管理理论，员工行为分析技术及其管理理论，等等。

### 3）平台型企业及其生态治理

平台型企业通过开放地连接各类参与者来协同完成价值的创造过程，已经成为数字时代占据主导地位的新型经营环境特征，企业之间的市场关系转变为开放的、非线性的、动态的、共赢的新型生态化的经济关系，并建立起相互依赖协同进化和适应发展的商业生态系统。但是与此同时，也形成了新的数字化垄断，进而危害整体经济运行效率。因此，需要从企业组织微观视角来深入探索各类平台型企业管理及其有效治理的新理论与方法。理解这个复杂生态系统中参与者的互动机理与行为规律，探索优化平台参与者（包括平台经营主体、双边或者多边的平台交易者及平台监管者等）的决策方法，并为设计相应的平台治理、商业生态治理体系和治理机制提供理论依据与方法，是亟待研究的重要课题。

---

① 谢康，吴瑶，肖静华. 数据驱动的组织结构适应性创新——数字经济的创新逻辑（三）. 北京交通大学学报（社会科学版），2020，19（3）：6-17.

典型科学问题举例：面向数字平台的多边市场经济学、复杂网络动力学的基础理论，平台型企业战略管理与组织行为的新理论，平台型企业成长规律及其服务/产品创新模式，生态化平台中参与者效用模型、行为机理与平台参与的机制设计理论，平台商业生态系统治理的基础理论与治理机制设计，等等。

### 4）数字营销创新的规律

数字技术的发展为企业触达客户提供了空前的渠道和途径，正在重塑企业与客户全生命周期的互动关系，也使企业拥有前所未有的用户和营销数据及市场洞察的能力。全渠道、智能化、产品服务化、个性化营销已成为数字时代营销管理新的基本特征。尤其是人工智能算法和智能体及服务商网络协同在满足客户个性化需求的同时，也面临着如何保护用户隐私和客户数字资产的重大挑战。需要系统性地探索各种变化趋势的科学逻辑和管理规律，从而形成具有数字时代特征的营销管理理论与方法。

典型科学问题举例：全渠道营销和整合客户洞察的理论与方法，面向用户隐私保护的数字营销技术与机制设计，客户数据资产测度理论与方法，数字化环境下的市场竞争战略理论，客户化定制的知识发现与价值共创规律，等等。

### 5）数据智能驱动的运营管理理论

数字技术正在重新定义企业的运营管理体系和管理模式。特别是随着大数据和人工智能技术的发展，数据智能及智能体支持下的人机协同成为运营管理系统中的重要角色，并驱动着需求预测、研发设计、定价与库存管理、供应链协同、客户化定制等关键运营活动发生彻底变革，也给运营协同决策带来了新的挑战，需要创造数字时代数据智能驱动的运营管理新理论与新方法。

典型科学问题举例：智能体嵌入的运营管理系统的基本理论、行为规律与决策模式，面向生态化网络的运营管理模式与运营优化，数据智能驱动的多主体参与新产品研发管理理论与方法，面向个性化定制的多主体协同运营机制，智能互联环境下制造服务化理论，等等。

### 6）数字时代的协同创新管理理论

数字技术的应用使创新链的上下游关系变为错综复杂的开放环境中的互动网络关系。企业与用户、供应商、合作伙伴的多向互动正加速成为新的创新源，企业竞争焦点正快速地转向基于平台协同的生态体系塑造，也使企业创新快速进入共创、共享、共赢的协同创新的新时代。从基于价值链的纵向创新管理转向基于价值网络的多向互动的敏捷协同创新管理，需要从科学原理上去探索协同创新的本质和规律、创新管理的机制和机理，从而形成数字时代协同创新的新理论和新方法。

典型科学问题举例：基于平台的协同创新行为规律与风险-利益分配机制，协同创新网络中的组织学习模式与协同演化规律，数字创新中的知识管理与知识产权保护理论，数字时代企业组合创新的机理及其内外部资源要素的匹配机制，产学研政协同创新中的新型关系及其动力机制，等等。

### 7）数字时代的创业管理规律

数字时代的创业机会、创业资源和创业团队等关键要素在质量、形态和数量上均发生了根本性变化，也使创业过程变得更加动态、复杂和非线性。数字技术造就了更加灵活多变的、具有高成长性和高价值性的创业模式，使数字创业具有开放、汇聚、智能、共生、裂变、跨时空等新的特征。数字创业的发展正成为发展数字经济的强大推动力量，亟须对数字创业的新规律、新模式、新规制等进行系统深入的研究。

典型科学问题举例：数字创业要素的互动机理与数字创业过程演化规律，数字创业决策模式和商业模式选择理论，数字创业生态系统的构建、治理与规制原理，数字创业的失败理论，等等。

## 4.2.5　数字经济科学理论

### 1. 基本概念、科学意义与国家战略需求

数字经济是以数字化的知识和信息作为关键生产要素，以数字技术为核心驱动力，以现代信息网络为重要载体，通过数字技术与实体经济深度融合，加速重构经济发展与治理模式的新型经济形态。数字经济科学是探索这种新型经济形态中经济活动客观规律的基础理论。

数字化的知识和信息的特殊属性是数字经济不同于传统经济特征的微观基础，其具有空间及时间上的非竞争性，可同时重复使用且不排他；零边际成本带来的规模经济，复制成本低、无阈值；网络经济带来的范围经济等特质。例如，数字经济的发展突破了新冠疫情中线下经济活动障碍，数字技术和数字服务的重要作用显示了广阔的应用前景，数字消费将出现扩容提质的新突破。网络办公、数字学习、数字医疗、智慧城市等正在展现数字化、网络化、智能化带来的社会经济效率提升。

进入 21 世纪，半导体、信息技术、通信技术和人工智能等科技进步催生出一系列新产业、新业态、新模式，推动数字经济的迅猛发展，改善人们的生产生活，

在国民经济中的重要性越来越高。2017 年，"数字经济"在《政府工作报告》中被提出。习近平多次在中共中央政治局集体学习中强调，建设现代化经济体系离不开大数据发展和应用①。要坚持以供给侧结构性改革为主线，加快发展数字经济，推动实体经济和数字经济融合发展，推动互联网、大数据、人工智能同实体经济深度融合，发挥数据的基础资源作用和创新引擎作用，加快建设数字中国，更好地服务我国经济社会发展和人民生活改善。2019 年，中央经济工作会议明确提出"要大力发展数字经济"②。2020 年出台的《中共中央 国务院关于构建更加完善的要素市场化配置体制机制的意见》首次将数据作为一种新型生产要素，提出推进政府数据开放共享、提升社会数据资源价值、加强数据资源整合和安全保护。同年，李克强在《政府工作报告》中指出，"要继续出台支持政策，全面推进'互联网+'，打造数字经济新优势"③。

这些重要的领导指示和国家战略大力推动了大数据、移动互联网、云计算、人工智能等新一代信息技术发展，加快传统产业转型升级，加快数字经济发展。中国信息通信研究院数据显示，2011 年我国数字经济增加值为 9.5 万亿元，占 GDP 的 1/5，而 2019 年已达到 35.8 万亿元，超过 GDP 的 1/3，其中包括互联网在内的数字产业化增加值规模约为 7 万亿元，产业数字化增加值达到 28.8 万亿元，服务业、工业、农业数字经济渗透率分别为 37.8%、19.5% 和 8.2%。数字经济在国民经济中的比重迅速攀升。

数字经济快速发展，渗透到社会经济发展的各个领域，产生许多未被解释的经济现象和科学问题。为促进数字经济科学发展，迫切需要研究数字经济的表现特征和演化规律，研判数据资源价值，研究数字技术对经济活动的影响及其运行机理，构建合理有效规制与风险管控机制，建立符合数字经济特征和规律的科学理论体系。围绕上述问题开展的研究是推进我国数字经济健康发展的重要基础性研究工作，以支撑自主可控的大数据产业链、价值链和生态系统建设，推动实体经济和数字经济融合发展。

### 2. 国际发展态势与我国的挑战和机遇

发达国家在 20 世纪末就开始布局数字经济发展战略。20 世纪 90 年代美国启动"信息高速公路"战略，1998～2003 年，美国商务部持续发布年度数字经济报

---

① 习近平：实施国家大数据战略加快建设数字中国. http://jhsjk.people.cn/article/29696290[2023-05-09].

② 中央经济工作会议在北京举行 习近平李克强作重要讲话. http://finance.people.com.cn/n1/2019/1212/c1004-31503693.html[2019-12-12].

③ 2020 年政府工作报告. http://www.gov.cn/guowuyuan/2020zfgzbg.htm[2020-05-22].

告，此后又相继发布《美国数字经济议程》《国家人工智能研究和发展战略规划》《数字科学战略计划》等；欧盟于 1995 年通过《数据保护指令》，2018～2020 年相继推出《欧盟人工智能发展政策》《欧盟 5G 安全战略》《欧洲数据战略》；英国于 2009 年发布《数字英国》；日本政府于 2001～2009 年相继出台《e-Japan 战略》《u-Japan》《i-Japan》，2013 年开始致力建设"超智能社会"。

相比之下，发展中国家数字经济布局相对滞后。印度于 2015 年推出"数字印度"计划，主要包括普及宽带上网、建立全国数据中心和促进电子政务三个方面；2016 年，巴西颁布《国家科技创新战略（2016—2019 年）》，将数字经济和数字社会明确列为国家优先发展领域；2017 年，俄罗斯编制完成《俄联邦数字经济规划》。

党的十八大以来，中国政府高度重视发展数字经济，推动数字经济上升为国家战略。2013 年相继出台《国务院关于印发"宽带中国"战略及实施方案的通知》《国务院关于促进信息消费扩大内需的若干意见》，从增强信息产品供给能力、培育信息消费需求、提升公共服务信息化水平、加强信息消费环境建设等方面支持信息领域新产品、新服务、新业态发展。2015 年《国务院关于积极推进"互联网+"行动的指导意见》出台，旨在推动互联网创新成果与经济社会各领域深度融合。伴随着数字经济依次从第三产业向第二产业再到第一产业的渗透，国务院进一步出台系列相关政策，2016 年出台《国务院关于深化制造业与互联网融合发展的指导意见》，旨在发挥互联网聚集优化各类要素资源的优势，加快新旧发展动能和生产体系转换。2019 年出台《数字乡村发展战略纲要》，将发展农村数字经济作为重点任务，促进农业全面升级、农村全面进步、农民全面发展。

从国际发展进程来看，中美成为数字经济规模最大、各具特色的 2 个经济体。据联合国贸易和发展会议估算，2017 年，中国数字经济核心层总量占 GDP 的比重为 6%，接近美国的 6.9%；2018 年，中国广义数字经济占 GDP 的比重为 34.8%，而美国达到了 60.2%。另外，2019 年，中国电子商务交易额达 5.1 万亿美元，是美国的 8.4 倍。2011 年至 2019 年，中国电商平台交易规模年复合增长率为 23.3%，远高于美国的 14.7%。2018 年，中国移动支付规模为 4140 亿美元，而美国仅为 640 亿美元，不到中国的 1/6。上述数据反映中国在广义范围数字经济中有较大发展空间，在数字经济的商业应用上具有应用场景多、市场规模大的优势。

数字经济带来发展机遇，同时也带来挑战。例如，随着信息技术的深度应用，非接触式、智能化、融合化已成为支付产业数字化的关键词①。数字经济和实体经济相融合的新型消费模式与经济活动已活跃呈现，新的经济活动规律亟待探索。同时，也存在参与机构在追求发展过程中独占数据形成行业壁垒、跨边界业务交叉嵌套形成闭环、脱离监管超范围经营、现有监管规制不完全适应数字经济治理等问题。这些机遇和挑战对业界和监管层提出了艰巨的任务，也为学术界提供了丰富的研究素材。在数字科技高速发展的时代，从国家层面的战略考虑，对数据资源安全问题与管理、数字经济的风险管理与监管等方面提出新的要求，同时也为科学研究提供了新的方向。

目前，国内外学者正在就数字经济中的新规律展开不同方面、不同层次的探究。例如，数字经济的形态与计量中的数字经济定义、运行机制、经济活动量化等问题②，数字技术对经济活动的影响③及其带来的数据安全问题、数据资源管理问题④，金融科技发展衍生的数字金融与风险管

---

① 范一飞: 五方面推动支付产业数字化加快发展. http://blockchain.people.com.cn/n1/2020/0925/c417685-31874598.html[2020-09-25].

② 中国信息通信研究院. 中国数字经济发展白皮书（2017 年）. http://www.cac.gov.cn/files/pdf/baipishu/shuzijingjifazhan.pdf[2020-07-02].

Bukht R, Heeks R. Defining, conceptualising and measuring the digital economy. International Organisations Research Journal, 2018, 13（2）: 143-172.

吕廷杰. 5G 与产业互联网: 重构数字经济生态. 新经济导刊, 2019, 274（3）: 53-56.

唐杰英. 数字化变革下的中国数字经济——基于数字经济边界及测度的视角. 对外经贸, 2018, 291（9）: 49-55.

涂永前, 徐晋, 郭岚. 大数据经济、数据成本与企业边界. 中国社会科学院研究生院学报, 2015, 209（5）: 40-46.

③ 张景利. 宏观经济平稳发展中的新引擎: 数字经济作用效应研究——写在"十四五"规划制定前期. 价格理论与实践, 2020, 430（4）: 60-63.

江小涓. "十四五"时期数字经济发展趋势与治理重点. 光明日报, 2020-09-21,（16）.

吕廷杰. 5G 将如何改变商业世界. 中国信息化周报, 2020-05-18,（7）.

司先秀, 吕廷杰. 我国信息化与城乡统筹发展水平研究——基于系统动力学的长期互动关系分析. 系统科学学报, 2018, 26（4）: 118-123.

黄益平. 数字经济支持中小企业复苏. 新金融评论, 2020,（1）: 10-14.

卢文超. 信息化推动城乡一体化的对策研究. 经济研究导刊, 2013, 188（6）: 44-45.

④ 巴曙松, 侯畅, 唐时达. 大数据风控的现状、问题及优化路径. 金融理论与实践, 2016, 439（2）: 23-26.

孟庆国. 数字化转型中政府治理的机遇与挑战. 光明日报, 2020-09-21,（16）.

刘志林, 陈济东. 数字技术 使城市治理更好回应人民关切. 光明日报, 2020-09-21,（16）.

Pitney Bowes Business Insight. Managing your data assets. https://www.pitneybowes.de/docs/US/Products-Services/Software/Data-Management-and-Quality/Data-Quality/Spectrum-Enterprise-Data-Governance/PDFs/SpectrumEnterpriseDataGovernance-WhitePaper.pdf[2023-05-06].

理[①]，有效监管与可持续发展[②]。数字经济已上升为国家战略，数字经济领域有关问题正在成为管理与经济研究前沿，具有重要的现实意义。

### 3. 主要研究方向

#### 1）数字经济形态与计量原理

自 20 世纪 90 年代兴起后，数字经济迅速发展并呈几何级数增长，新模式、新业态持续涌现，实体经济利用数字经济的广度和深度不断扩展。数字经济是继农业经济、工业经济之后的更高级经济阶段。数字经济是以数字化的知识和信息为关键生产要素，以数字技术创新为核心驱动力，以现代信息网络为重要载体，通过数字技术与实体经济深度融合，不断提高传统产业数字化、智能化水平，加速重构经济发展与政府治理模式的新型经济形态。根据不同定义估算，数字经济

① 黄益平，黄卓. 中国的数字金融发展：现在与未来. 经济学（季刊），2018，17（4）：1489-1502.

吕家进. 发展数字普惠金融的实践与思考. 清华金融评论，2016，37（12）：22-25.

Chen X，Huang B H，Ye D Z. The role of punctuation in P2P lending：evidence from China. Economic Modelling，2018，68：634-643.

王作功，李慧洋，孙璐璐. 数字金融的发展与治理：从信息不对称到数据不对称. 金融理论与实践，2019，485（12）：25-30.

黄益平，陶坤玉. 中国的数字金融革命：发展、影响与监管启示. 国际经济评论，2019，144（6）：5，24-35.

徐庆炜，张晓锋. 从本质特征看互联网金融的风险与监管. 金融理论与实践，2014，420（7）：64-68.

Bilotta N，Botti F. Libra and the others：the future of digital money. Istituto Affari Internazionali，2018，22（11）：1-25.

Adhami S，Giudici G，Martinazzi S. Why do businesses go crypto? An empirical analysis of initial coin offerings. Journal of Economics and Business，2018，100：64-75.

Biella M，Zinetti V. Blockchain technology and applications from a financial perspective. Unicredit Technical Report，2016.

李文红，蒋则沈. 分布式账户、区块链和数字货币的发展与监管研究. 金融监管研究，2018，78（6）：1-12.

姚前. 法定数字货币的经济效应分析：理论与实证. 国际金融研究，2019，381（1）：16-27.

Schoenholtz K L，Cecchetti S. Libra：a dramatic call to regulatory action. https://cepr.org/voxeu/columns/libra-dramatic-call-regulatory-action[2019-08-28].

② 王勋，黄益平，陶坤玉. 金融监管有效性及国际比较. 国际经济评论，2020，145（1）：6，59-74.

陈星宇. 构建智能环路监管机制——基于数字金融监管的新挑战. 法学杂志，2020，41（2）：115-121.

孙国峰. 共建金融科技新生态. 中国金融，2017，859（13）：24-26.

杨东. 监管科技：金融科技的监管挑战与维度建构. 中国社会科学，2018，269（5）：69-91，205-206.

杨东. 互联网金融的法律规制——基于信息工具的视角. 中国社会科学，2015，232（4）：107-126，206.

Treleaven P. Financial regulation of FinTech. Journal of Financial Perspectives，2015，3（3）：114-121.

叶文辉. 大数据征信机构的运作模式及监管对策——以阿里巴巴芝麻信用为例. 国际金融，2015，410（8）：18-22.

占世界 GDP 的 4.5%～15.5%。当前全球仍然处于数字经济的初级阶段,为了把握数字经济的巨大机遇,应对数字经济的严峻挑战,中国亟须及时追踪数字经济的形态变化,准确测度数字经济的体量规模,积极探索数字经济的未来发展规律,科学评估数字化变革对经济活动与人类福祉的影响,合理构建兼具中国特色和国际可比性的数字基础设施与数字经济体系框架。

典型科学问题举例:数字经济形态分类,数字经济形态运行机制与发展规律,数字经济规模及其对社会经济活动影响的测度,社会网络大数据的构建技术与发展规律,数字经济计量方法与理论,数字经济政策评估的方法与理论,等等。

### 2)数据资源管理与治理理论

随着 5G、大数据中心、人工智能和工业互联网等新型基础设施建设的蓬勃发展,我国正在进入数字化转型期。在万物智联时代,数据源源不断产生并自主汇聚至纷繁复杂的智能应用参与主体。

数据作为新的生产力要素,正在作用于社会系统的各个领域,在改变治理手段与生产关系的同时,也改变着传统的商业规则与经济运行形态。因此,数据资源已成为极为重要的国家基础性资源,作为数字经济时代的新财富,其经济价值堪比石油;而作为新资源,其战略价值比肩武器。

然而,大规模数据收集也同时带来严峻的隐私泄露、数据滥用和"信息茧房"等问题,对传统的数据治理提出了新的挑战。例如,"Facebook-剑桥分析"事件就是大规模数据收集并导致这类问题的典型案例。进一步,大规模数据自主汇聚还导致数据垄断困境的出现,使数据资产被不合理地分配与享用。数据霸权和数据歧视成为较为普遍的社会性问题。因此,数据治理必将成为我国中长期发展中必须面对和解决的重要课题。

传统的治理概念首先源自政府,然后延展到公众和企业领域。数据治理的研究,也应该在不同层面上基于两个方面展开。首先是利用数据进行控制、管理和运作的治理模式研究,也就是数据要素化的相关问题;其次是在提高数据的流动性、共享性和价值性的同时,保证其安全、可信和有效性的研究,也即数据资产化的相关问题。

典型科学问题举例:数据资产确权及数据价值理论与方法,数据要素流动性理论与社会核算方法,数据垄断权力与数据歧视的治理理论,开源平台可信数据资源的激励机制与约束机制,政府数据与社会数据的有效融合方法,等等。

### 3)数字技术对经济活动的影响规律

数字技术是指利用新一代信息技术将传统信息资源转换为数字信息后进行处理和应用的技术。作为一个技术体系,当前数字新技术主要包括大数据、云计算、物联网、区块链、人工智能五大技术。数字技术自诞生以来就和经济活动密切融合。一方面，数字技术直接为经济活动提供了所需的技术支持；另一方面，数字技术还通过深度应用积累的海量数据资源为经济活动提供关键生产要素，加速推进人类社会迈入以数字化、网络化、智能化为特征的数字经济时代，改变国民经济的生产、消费和分配方式，从而对经济结构和经济效率都产生深远影响。数字技术是引领第四次工业革命的核心技术，是促进数字经济发展的重要基石和驱动经济高质量发展的重要力量。数字技术与实体经济的深度融合，数字产业化和产业数字化的快速发展，将推动我国经济的质量变革、效率变革、动力变革，并对各经济主体的经济活动产生深远影响。

典型科学问题举例：数字技术与产业经济发展及家庭经济活动的互动关系，数字技术下的金融发展理论，数字技术与经济安全及经济治理，数字经济的收入分配理论，等等。

### 4）数字金融与风险管理理论

数字金融（又称互联网金融或金融科技）是指利用数字技术解决金融问题的业务形态，既包括新型科技公司为金融决策提供技术解决方案，也包括金融机构利用数字技术管理金融业务。数字金融与风险管理理论旨在描述数字金融实践中表现出来的特殊金融运行规律及风险规律。数字金融是全球金融创新的前沿，中国在移动支付、网络贷款、线上投资与数字保险等领域走在了国际前列，但在智能投顾、众筹、数字资本市场等方面的发展则相对滞后。中国数字金融创新的最大特点是普惠，让金融服务覆盖众多缺乏抵押资产、财务数据不全及地处偏远的企业与个人。数字金融的本质依然是支持资金融通过程中的期限、规模与风险的转换，核心是降低信息不对称的程度。但数字金融创新可能会在一定程度上改变一些金融运行规律，如边际成本可能从原来的上升变为一个很低的常数，与客户的物理距离则会被"线上距离"替代，以大数据风控为基础的信用贷款很可能会弱化"金融加速器"的作用，增强金融与经济的稳定性。当然，金融风险的形态也会有所改变，风险跨行业、跨地区快速传播成为可能，因此，监管也要与时俱进，利用监管科技实时监测、规范市场行为，同时还可以采取"监管沙箱"的做法，试验一些看不太准但有价值的新型业务产品、流程与模式。

典型科学问题举例：数字普惠金融创新及其宏观经济影响规律，基于大数据的风控模型新理论和新方法，数字资本市场的形态与运行规律，数字金融风险的传播方式及其规律，数字金融监管的理论基础与工具创新，等等。

### 5）数字货币理论与技术

数字货币泛指一切以电子形式存在的货币，一般可分为私人数字货币和法定数字货币，具有加密算法技术的数字货币又称为加密货币，基于区块链技术的数字货币属于加密货币，数字货币是经济运行和民生的重要组成部分，在创新服务模式与投资模式、实施普惠发展、丰富宏观调控手段、提高货币政策的执行效率与精准度、提高信息传播效率与市场运行效率、促进机构间核心业务竞争、增强支付的便利性与安全性等方面具有重要的积极作用，对推动国家经济社会发展与确保国家金融安全具有重要的战略意义。随着数字货币技术的发展，新一代数字货币关键技术的高性能、高可用、高安全、高扩展等特征，给交互网络、账本、共识、安全、隐私、身份、钱包、监管和智能合约等关键共性技术基础理论带来了前所未有的挑战。

典型科学问题举例：数字货币的关键信息技术及其理论，数字货币对经济金融影响的基础原理，数字货币监管理论与技术，等等。

### 6）数字经济规制和监管理论

规制经济学的核心是研究对经济活动的规制如何提升经济运行的效率、降低风险的规律。数字经济规制和监管就是在规制经济学框架体系内研究数字经济背景下的政府规制活动，探讨经济性规制和社会性规制在数字经济背景下的表现特征及演化规律，构建符合数字经济特征的最优规制机制。数字经济的数字化、智能化、平台化、生态化的新特征，引发了在生产要素治理、市场竞争规制和监管方面的全新课题。①数据作为数字经济发展的核心生产要素，在数据产生、收集、存储、管理、流通、分析、利用等诸环节需要建立相应的治理体系、规则和技术，在最大化数据价值的同时确保安全保障。②基于大数据驱动人工智能的算法是数字经济关键技术基础，算法在为市场主体带来经济效益的同时，也引发了诸如歧视、不公平、侵犯隐私、侵犯商业机密等种种阻碍经济发展的问题，亟须加强大数据治理、科技伦理治理体系和规制的构建。③数字平台带来了资源重组与权力重构，模糊了政府、企业、市场的边界，可能会形成寡头垄断性市场格局，也会带来新的数据资源的竞争问题。这种平台化的发展趋势正在挑战现有的市场竞争与垄断规制，亟须不断创新市场结构和竞争方面的理论基础与政策工具，以创造健康有序的公平竞争市场环境。我国数字经济的快速发展明显领先于制度规范，尤其是市场监管体系跟不上新业态、新模式的创新发展，需要在快速演化的市场动态和相对稳定的监管规制之间寻求新的平衡基础与理论支持。此外，放眼全球，全球数字经济发展的核心问题是地区发展不平衡、缺少整体规制，因此，以分布式共同治理、数字共同体架构为核心，以国家间合作为主体的未来数字经济全球治理体系的建设也是一项新课题。

典型科学问题举例：数字经济对政府规制的影响机理，大数据全生命周期的治理体系构建的理论基础、核心要素及关键技术，科技伦理治理体系架构及规制理论，数字经济环境下市场竞争与市场有效性的基础理论，数字资源竞争与合作的模式及其理论基础，数字经济健康发展的市场监管规制理论，数字经济的全球治理理论，等等。

## 4.2.6　城市管理智能化转型的规律

### 1. 基本概念、科学意义与国家战略需求

随着城市化进程的加深，环境污染、人口膨胀和交通拥堵等"大城市病"给当今城市管理带来日益严峻的挑战。大数据和信息技术的快速发展则为城市管理提供了转型与变革的契机，促使城市管理不断智能化，并最终走向智慧化。为解决城市化进程中的交通拥堵、资源紧缺和环境污染等问题，城市智能化管理旨在打造建设物联网、互联化和智能化于一体的城市形态，采用新一代信息和通信技术（大数据、人工智能、射频传感技术、物联网、云计算和 5G 等），使城市管理更加高效智能，提高资源利用效率，改进服务交付和生活质量，减少环境污染，以实现城市经济、生活和管理的智能化，提高城市治理现代化水平。

城市智能化建设和管理是智慧城市建设的前期重要内容之一，对我国未来快速提升城市管理和社会公共服务水平，促进产业升级和转型，推动城市生态文明建设和城市文化发展具有十分重要的意义。城市管理的智能化转型是贯彻党中央、国务院关于创新驱动发展、推动新型城镇化和全面建成小康社会的重要举措，也是国务院城镇化战略部署的具体任务。本节首先回顾了智慧城市国内外发展态势和实践应用，并对当前国内有关智慧城市的政策进行了梳理，最后从公共管理的视角分析了我国未来城市智能化管理可能的研究方向，旨在为"十四五"期间我国城市智能化管理方面的研究提供建议与参考。

### 2. 国际发展态势与我国发展态势

#### 1）国际发展态势

智慧城市最早源于 IBM 提出的"智慧地球"概念[①]。IBM 认为城市建立在人、商业、交通、信息交流、能源和水这六大系统之上，而且这六大系统相互联系、

---

① IBM Institute for Business Value. A vision of smarter cities：how cities can lead the way into a prosperous and sustainable future. https://www.ibm.com/downloads/cas/2JYLM4ZA[2010-01-01].

协同发展。然而随着城市化进程的加深,这六大系统都面临着能否可持续发展的问题。因此,未来的城市管理需要不断采用新技术以优化利用有限的资源。从治理的角度而言,智慧城市需要城市政府整合所有层次行政管理,与不同级别的政府(特别是县一级政府)和私营企业及非营利部门合作,通盘考虑以上系统的关联性及分析这些系统所面临的挑战之间的相互关系。迄今为止,"智慧城市"在学术界还没有统一的定义。Giffinger 等[①]认为智慧城市是在经济、资本、政府管理、交通、自然环境和居民生活质量六方面表现良好的城市,它建立在将有独立思维、有知识的公民的活动和资源禀赋智能结合的基础之上。Nam 和 Pardo[②]认为技术、人和政府治理是智慧城市的核心三要素;智慧城市应通过参与式治理对人力、社会资本和信息技术基础设施进行投资,以促进经济的可持续增长并改善居民生活质量。Cohen[③]提出了著名的"智慧城市轮"(smart cities wheel)概念,即智慧城市包含了智慧经济、智慧人、智慧移动、智慧居住、智慧治理和智慧环境六方面。Chourabi 等[④]则提出了一个更为综合的评估智慧城市的框架,该框架包含管理与组织、技术、治理、政策环境、人与社区、经济、基础设施和自然环境八大类指标。尽管不同学者对智慧城市的理解不尽相同,但从以上评估指标可以看出,技术、人、环境和治理是智慧城市的核心要素。

智慧城市发展的早期更多强调从技术本身解决城市的信息化问题。智慧城市所涵盖的技术包括信息与通信技术、大数据分析、数据共享、技术创新、低碳城市、绿色和可持续发展及城市内部各系统间的协作与整合[⑤]。全球不同城市在建设智慧城市时所采用的技术和所关注的焦点有所不同。例如,维也纳主要关注能源消耗、人居生活和城市创新[⑥]。巴塞罗那的智慧城市建设目标主要关注如何采用新技术发展经济及改善居民生活[⑦]。丹麦则将智能、绿色和宜居作为智慧城市建设的

① Giffinger R,Fertner C,Kramar H,et al. Smart cities:ranking of European medium-sized cities. http://www.smart-cities.eu/download/smart_cities_final_report.pdf[2021-10-10].

② Nam T,Pardo T A. Smart city as urban innovation:focusing on management,policy,and context. Proceedings of the 5th International Conference on Theory and Practice of Electronic Governance,2017:185-194.

③ Cohen B. What exactly is a smart city?. https://www.fastcompany.com/1680538/what-exactly-is-a-smart-city [2019-09-19].

④ Chourabi H,Nam T,Walker S,et al. Understanding smart cities:an integrative framework. 2012 45th Hawaii International Conference on System Sciences,2012:2289-2297.

⑤ Office of the Government Chief Information Officer. Smart city development in Hong Kong. IET Smart Cities,2019,1(1):23-27.

⑥ Smart Climate City Strategy Vienna-our way to becoming a model climate city. https://smartcity.wien.gv.at/en/strategy/[2023-05-07].

⑦ Gascó-Hernandez M. Building a smart city:lessons from Barcelona. Communications of the ACM,2018,61(4):50-57.

主要目标，采用清洁能源、绿色建筑和低碳技术打造未来智慧城市[①]。

智慧城市发展的中期主要是将各类信息技术与民生服务、产业发展和各特定行业相结合，实现各行业、各部门的信息化建设。这一时期主要关注信息技术与特定应用的融合，强调如何利用信息技术本身解决城市管理问题。在智慧城市的业务驱动发展阶段，催生了不同的智慧产业，如纽约的智慧电网、伦敦的智慧政务、里约热内卢的智慧安防、首尔的智慧交通、横滨的智能环境和新加坡的智能医疗等[②]。在技术驱动和产业驱动阶段，智慧城市建设存在数据孤岛和重技术轻应用等潜在问题。

当前正处于新型智慧城市建设阶段，这一阶段的智慧城市建设立足于城市居民需求，从解决当前城市存在的问题出发，通过各类数据的采集、利用与共享，并开发各类移动应用和政务平台，以此建立统一的城市大数据运营平台，为城市居民和企业提供线上服务，对民生、环保、公共安全、城市服务和工商业活动等各种需求做出智能响应。这一时期典型的案例如新加坡政府提出的"智慧国"（Smart Nation）项目，该项目计划建立核心数据政务平台（Core Operations Development Environment and eXchange）、电子支付、便民服务平台（Moments of Life Initiative）、国家数据身份认证平台（National Digital Identity）、智慧传感平台（Smart Nation Sensor Platform）和智能交通平台（Smart Urban Mobility）六大智慧城市建设工程[③]。"智慧国"项目计划使新加坡在 2030 年之前成为开发和部署可扩展且有影响力的人工智能领域的领导者。此外，来自美国的 IoMob 公司的智慧城市项目结合了开源和区块链技术，将用户和交通服务提供商聚合，使公共交通和私人交通数据可在同一终端设备呈现，以单一应用即可满足所有出行需求，以此降低了消费者成本，增加了移动服务商的收益。2010~2019 年，世界各国也不断加大对智慧城市建设的投资力度，投资金额逐年升高，预计将在 2020~2024 年达到高峰[②]。其中，亚太地区、欧洲和北美仍是智慧城市投资最多的地区。

### 2）我国的发展态势

中国已经成为全球智慧城市建设最为火热的国家。智慧城市已成为我国城镇化战略任务之一。总体而言，智慧城市建设在我国可分为两个阶段：2012 年至 2015

---

① Chinese top officials explore Danish green solutions. https://stateofgreen.com/en/news/chinese-top-officials-explore-danish-green-solutions/[2023-05-11].

② 德勤. 超级智能城市 2.0：人工智能引领新风尚. https://www.sgpjbg.com/baogao/9317.html[2023-05-07].

③ Smart Nation and Digital Government Office. Transforming Singapore Through Technology. https://www.smartnation.gov.sg/about-smart-nation/transforming-singapore/[2023-05-07].

年，智慧城市建设处于试点阶段，在此阶段，国家层面较少提供政策支持；2016年至2020年属于新型智慧城市建设阶段，在此阶段，智慧城市建设陆续受到了国家层面的政策支持，逐步发展成为国家战略。

2012年1月19日，《国务院关于印发工业转型升级规划（2011—2015年）的通知》中就提出要推进物联网在智慧城市等基础设施中的应用①。同年，住房和城乡建设部颁发了关于开展国家智慧城市试点工作的通知②，制定了《国家智慧城市试点暂行管理办法》和《国家智慧城市（区、镇）试点指标体系（试行）》，并公布了首批90个国家智慧城市建设试点城市。2014年，中共中央和国务院印发《国家新型城镇化规划（2014—2020年）》，在"推进智慧城市建设"部分提出"推动物联网、云计算、大数据等新一代信息技术创新应用，实现与城市经济社会发展深度融合"，首次把智慧城市建设引入国家战略规划，并首次提出信息网络宽带化、规划管理信息化、基础设施智能化、公共服务便捷化、产业发展现代化和社会治理精细化六大智慧城市建设方向③。同年，国家发展和改革委员会等八部门联合印发了《关于促进智慧城市健康发展的指导意见》。同时，国家发展和改革委员会相关负责人表示，我国将在"十三五"时期内分行业、分领域建设100个智慧城市试点城市，并开展智慧城市建设效果评价工作。2016年10月，习近平在中共中央政治局第三十六次集体学习时对我国新时期新型智慧城市的建设和发展提出了要求，明确提出"以推行电子政务、建设新型智慧城市等为抓手，以数据集中和共享为途径，建设全国一体化的国家大数据中心，推进技术融合、业务融合、数据融合，实现跨层级、跨地域、跨系统、跨部门、跨业务的协同管理和服务"④。同年，"年跨智慧城市"正式写入我国"十三五"规划纲要⑤。"十三五"规划明确提出"以基础设施智能化、公共服务便利化、社会治理精细化为重点，充分运用现代信息技术和大数据，建设一批新型示范性智慧城市"，这标志着智慧城市建设已成为我国未来国家战略需求之一。

2016年，我国第一本国家层面的智慧城市年度综合发展报告《新型智慧城市发展报告2015—2016》正式发布，较为全面地展示了新型智慧城市的发展理念、

---

① 国务院关于印发工业转型升级规划（2011—2015年）的通知. http://www.gov.cn/zhengce/content/2012-01/19/content_3655.htm[2012-01-19].

② 住房城乡建设部办公厅关于开展国家智慧城市试点工作的通知. https://www.mohurd.gov.cn/gongkai/zhengce/zhengcefilelib/201212/20121204_212182.html[2012-11-22].

③ 中共中央 国务院印发《国家新型城镇化规划（2014—2020年）》. http://www.gov.cn/gongbao/content/2014/content_2644805.htm[2014-03-16].

④ 智慧城市的特征和"痛点". http://theory.people.com.cn/n1/2017/0707/c40531-29389260.html[2017-07-07].

⑤ 中华人民共和国国民经济和社会发展第十三个五年规划纲要. https://www.gov.cn/xinwen/2016-03-17/content_5054992.htm[2016-03-17].

部际协调工作组成员单位最新工作进展、最新研究成果，以及我国当前各地方和行业优秀案例[①]。同年，国家发展和改革委员会、中共中央网络安全和信息化委员会办公室与国家标准化管理委员会联合发布《关于组织开展新型智慧城市评价工作务实推动新型智慧城市健康快速发展的通知》，首次提出了智慧城市评价的 8 项一级指标、21 项二级指标和 54 项二级指标分项[②]。2018 年，第 12 届中国智慧城市建设技术研讨会暨设备博览会在北京召开，并发布了《新型智慧城市发展白皮书（2018）——评价引领　标准支撑》[③]。白皮书研究了新型智慧城市的内涵和发展趋势，阐述了对"分级分类推进新型智慧城市建设"的目的和意义的认识，提出了基于成熟度模型的新型智慧城市评价总体架构、过程方法和实施建议等内容。该书为我国地方城市开展新型智慧城市分级分类建设与提升提供了借鉴和参考，也为产业界深度探索与建设新型智慧城市提供了思路和方法。

在实践方面，截至 2019 年，中国在建智慧城市数量高达 500 个，已远超排名第二位的欧洲；截至 2016 年 6 月，全国 95% 的副省级以上城市、超过 76% 的地级市明确提出或正在建设智慧城市[④]。IBM 在其《智慧地球赢在中国》计划书中指出以下六大领域智慧地球有关技术有较好的发展前景：智慧的电力、智慧的医疗、智慧的城市、智慧的交通、智慧的供应链和智慧的银行。2009 年以来，我国已有数百个城市正在或即将与 IBM 开展合作。在智慧城市领域，华为已经参与 40 多个国家、160 多个智慧城市建设，华为在助力智慧城市建设上提出了新的理念——"新 ICT，打造城市智能体"，通过"城市智能体"，可实现城市全要素数字化、城市状态实时可视化、城市管理决策协同化和智能化，从而驱动城市管理和服务智能化升级。

尽管当前我国智慧城市建设已呈现出分级建设、多点开发的特点，但我国智慧城市建设还存在顶层设计薄弱、建设运作模式单一、资源整合能力不足、研发投入低、效益导向性弱、未有效贯彻可持续发展理念及民生服务体系不健全等问题[⑤]。

---

[①] 新型智慧城市发展报告 2015—2016. http://www.sic.gov.cn/News/555/9118.htm[2018-05-03].

[②] 关于组织开展新型智慧城市评价工作务实推动新型智慧城市健康快速发展的通知. https://www.ndrc.gov.cn/xxgk/zcfb/tz/201611/t20161128_962791.html[2016-11-28].

[③] 新型智慧城市发展白皮书（2018）——评价引领　标准支撑. https://www.sohu.com/a/237269705_99945412 [2023-05-07].

[④] 德勤. 超级智能城市 2.0：人工智能引领新风尚. https://www.sgpjbg.com/baogao/9317.html[2023-05-07].

[⑤] 张宇, 阮雪灵, 闫幸. 我国智慧城市发展存在的问题及应对策略研究. 中国管理信息化, 2020, 23（2）: 187-189.

### 3）智慧城市的学术研究态势

从学术研究方面看，智慧城市是城市管理和城市研究领域的研究热点。以"smart city"为关键词在 Google Scholar 中检索，2016 年起至 2020 年，相关的学术论文（不包括专利）多达 421 000 篇。以"smart city"为关键词在 WoS 中检索，2016~2020 年，学术界在 *Nature*、*Science* 和 *PNAS* 等国际顶级期刊上发表的与智慧城市相关的论文共有 8 篇；2016~2020 年，在 *Public Administration Review*、*Cities* 和 *Urban Studies* 等公共管理与城市研究领域国际权威期刊上已发表相关论文 150 多篇。同时，许多重要的国际会议都涉及"智慧城市"相关议题，2020 年在全球召开的与智慧城市相关的会议就高达 11 个①。例如，2019 年 9 月 11 日至 9 月 13 日，在亚特兰大举办的亚特兰大智慧城市博览会特别关注智慧城市中的多样性、公平和包容性等议题。作为世界领先的智慧城市会议之一，全球智慧城市大会（Smart City Expo World Congress，SCEWC）于 2021 年 11 月在巴塞罗那举行第十届年度展览。人行道实验室（Sidewalk Labs）的最高领导者［万事达卡（Mastercard）的"城市可能"计划领袖］在该会议上发表主旨演讲。SCEWC 还是全球智慧城市研究成果的集中展示会议。

智慧城市在我国同样是热点研究议题。以"智慧城市"和"城市智能化管理"为关键词在百度学术中检索，2016 年至 2020 年，仅被 CSSCI 和 CSCD 数据库收录的中文文章就分别多达 1070 篇和 463 篇。在 WoS 中以"smart city"为主题进行检索，2016~2020 年发表的 6408 篇智慧城市研究文章中由中国国家自然科学基金资助的就多达 680 篇，居世界第一位。许多重要的国际会议都涉及"智慧城市"相关议题。例如，第九届中国智慧城市大会于 2019 年 1 月 16 日在北京召开，在此次会议上与会嘉宾对数字孪生城市、数字化的智慧城市等议题进行了分享，为我国智慧城市发展提出了新思路②。2018 年 6 月，中国智慧城市建设技术研讨会暨设备博览会在北京召开，会议总结了"十二五"期间我国智慧城市建设取得的成果，并探讨了"十三五"期间新型智慧城市发展趋势、模式和战略目标，该会议已成功举办过多届，并已发展成为国内城市信息化建设领域规格最高、影响最大、最具权威性的行业盛会之一。

## 3. 主要研究方向

### 1）城市管理数字资源的开放管理与共享

网络与数字技术的蓬勃发展和广泛应用，深刻改变着居民生活与城市运行的

---

① The smart city conferences to get excited about in 2020. https://www.smartcitiesdive.com/news/the-smart-city-conferences-to-get-excited-about-in-2020/569166/[2020-01-03].

② 2019 第九届中国智慧城市大会盛大召开. https://zixun.focus.cn/ebbcd316bccb0f6f.html[2019-01-17].

基本方式。数字化转型已经成为社会发展的必由之路。党的十九届四中全会决定将数据资源列为五大生产要素之一。2020 年 4 月 9 日，《中共中央　国务院关于构建更加完善的要素市场化配置体制机制的意见》出台，提出要推进政府数据开放共享①。政府在城市数据管理方面存在巨大潜力。一方面，政府拥有我国目前80% 以上的数字信息，且这些数据丰富多样，涉及城市规划、医疗、教育、养老、环境保护和公共安全等各个领域②。随着时间的推移及人类活动数据化的发展，以上各领域的城市数据必将与日俱增，这也给政府在城市数字开放与共享管理方面带来了机遇。另一方面，公众需求也推动各级政府部门在数据利用层面与企业深度合作，进一步推动城市数字资源的共享与开放，有利于激活城市数据资产、打破数据孤岛，实现多方共赢与城市可持续发展。

上述趋势对数字环境下的城市管理新模式提出了迫切需求。然而，我国政府大数据开发利用还存在法规与技术标准制定滞后、统筹管理低效、开放进程缓慢、数据质量不高和开发利用技术平台不完善等问题③。技术、组织、法律和环境是决定政府数据开放成效的四大影响因素④。立足于我国各地城市政府的实践场景，未来政府部门与城市管理领域的研究者可从数据技术标准、风险防范、法规设计、成本分摊、组织协调等方面进行深入研究。例如，可开展城市数字化的技术标准和管理机制研究。当前我国还缺乏统一的政府数据开放与共享标准体系⑤。数字资源的开放与共享促使政府部门要实现跨部门、跨层级、跨区域的数据开发、分享、协作与管理，这需要有统一的平台、统一的开发与共享流程、统一的技术和数据标准促使数据能在政府内部各部门之间，政府、企业和公众之间具有良好的兼容性，并促进不同来源数据的整合、交换与集成。还可开展城市居民的个人数据隐私保护、城市数字资源开放的法律风险、技术和法律规章制度等方面的研究。数据的开放与共享不可避免地会造成政府数据安全保护、知识产权保护、个人隐私保护、商业秘密保护等一系列重大数据安全问题，进而对政府行政的合法性与权威性造成冲击⑥。

从发达国家已有的经验来看，数据开放与共享不仅需要技术保障，还需要完

① 中共中央　国务院关于构建更加完善的要素市场化配置体制机制的意见. http://www.gov.cn/zhengce/2020-04/09/content_5500622.htm[2020-03-30].

② 郑跃平，甘祺璇，张采薇，等. 地方政府数据治理的现状与问题——基于 43 个政务热线部门的实证研究. 电子政务，2020，211（7）：66-79.

③ 王芳，陈锋. 国家治理进程中的政府大数据开放利用研究. 中国行政管理，2015，365（11）：6-12.

④ 韩啸，吴金鹏. 政府数据开放水平的驱动因素：基于跨国面板数据研究. 电子政务，2020，210（6）：98-106.

⑤ 黄如花. 我国政府数据开放共享标准体系构建. 图书与情报，2020，193（3）：17-19.

⑥ 夏义堃. 试论数据开放环境下的政府数据治理：概念框架与主要问题. 图书情报知识，2018，181（1）：95-104.

善的法律和规章制度保障①。虽然《中共中央 国务院关于构建更加完善的要素市场化配置体制机制的意见》指出要"研究建立促进企业登记、交通运输、气象等公共数据开放和数据资源有效流动的制度规范""探索建立统一规范的数据管理制度""制定数据隐私保护制度和安全审查制度",但无论在国家层面还是在各省市层面,当前还未有明确、完善的数据开放与共享法律和规章制度。明确城市数字资源开放的法律风险,并进一步研究防范城市数字开放风险的技术和法律规章制度保障将成为未来城市智能化管理的重要内容之一。另一个重要的研究方向为城市数字资源开放的成本分摊模式研究。尽管政府数据开放已成为我国国家层面的政策目标,且已在我国部分省市(如广东、贵州和山东)取得了较大成效,但是在现实中,政府数据开放在我国仍然进展迟缓。政府数据开放难以实施的重要原因之一是当前各国忽略了数据开放的成本,而以政府免费提供数字资源的模式导致了公共数据供给的效率低下②。若要保障公众获得高质量数据的同时,又使数字资源开放与共享这一模式具有可持续性,那么未来需要研究分摊城市数字资源开放与共享成本的模式和制度,使城市数字资源开放和共享有法可依、有据可循。

典型科学问题举例:城市基础设施数字化的技术标准和管理机制,城市"数字孪生"建模理论和技术,城市数字资源产权理论与生产要素核算方法,城市数字资源共享的智能合约,城市数字资源开放的风险及其管理技术,城市数字资源治理中的多主体协同理论,等等。

### 2)城市管理大数据智能决策

在信息和数据呈爆炸式增长的时代,大数据战略已成为世界各国国家层面的发展战略③。大数据及相关技术不仅是自然科学和商业领域强大的分析基础与工具,还因在社会科学和公共政策领域具有强大的预测效力而被学界所关注。联合国"全球脉动"计划在其发布的《大数据开发:机遇与挑战》(Big Data for Development:Challenges & Opportunities)中指出,大数据所带来的社会经济变革不仅存在于发达国家,也逐步在发展中国家兴起④。大数据具有多种价值,从管

---

① 谭必勇,刘芮. 英国政府数据治理体系及其对我国的启示:走向"善治". 信息资源管理学报,2020,10(5):55-65.

鲍静,贾凌民,张勇进,等. 我国政府数据开放顶层设计研究. 中国行政管理,2016,377(11):6-12.

② 胡业飞,田时雨. 政府数据开放的有偿模式辨析:合法性根基与执行路径选择. 中国行政管理,2019,403(1):30-36.

③ 杨善林,周开乐. 大数据中的管理问题:基于大数据的资源观. 管理科学学报,2015,18(5):1-8.

④ UN Global Pulse. Big Data for Development:Challenges & Opportunities. https://www.unglobalpulse.org/document/big-data-for-development-opportunities-and-challenges-white-paper/[2012-05-30].

理的视角而言，大数据是一类能支持管理决策的重要资源，其价值主要通过其决策有用性体现[①]。具体到公共管理领域，利用大数据并结合人工智能技术进行辅助决策，可以帮助政府部门更好地理解社会经济的运行规律，从而制定科学合理的政策以处理和调控社会经济发展中的重大问题。

城市管理涉及的行业、部门和人员众多，随着信息化的发展，有关交通、医疗、出行、消费和土地利用等信息量增长，城市管理日趋复杂化，以单一决策者进行决策往往难以满足未来多维复杂的城市管理需求。以大数据为基础的大数据智能决策为未来城市管理提供了契机。大数据智能决策就是用智能计算方法对大数据进行智能化分析与处理，从中抽取结构化的知识，进而对问题进行求解或对未来做出最优判断的过程[②]。大数据智能决策依赖于大数据和智能决策支持系统两大关键要素。首先，大数据是智能决策系统在公共管理领域应用的基础。数据是城市治理向数字化转变过程中的核心，数据作为一种资源要素，将深度参与到未来城市管理和运营活动中。其次，智能决策支持系统是城市智能化管理所依赖的核心工具。通过综合运用互联网、云平台和人工智能技术，将城市大数据的采集、存储、管理、分析、共享、可视化等一系列知识发现技术与现有智能决策支持技术深度融合，进而依靠大数据支撑实现服务和协同，通过大数据分析进行决策和管理，实现原来相对独立的各体系之间的相互融通、相互支持，构建基于大数据的城市管理智能决策支持系统是未来城市管理智能化建设的方向。典型的案例如政府部门将路网、交通流量、城市人口分布及兴趣点（point of interest，POI）等数据进行深度融合，借助于已开发的智能决策支持系统用于城市规划中的辅助决策[②]。因此，未来公共管理领域大数据智能决策研究，一是需要研究如何获取、处理和分析大数据，二是需要开发基于人工智能技术的城市管理智能决策支持系统。

典型科学问题举例：城市智慧政务平台多部门协同理论与方法，城市管理数字信息获取技术，城市管理多源数据信息融合技术，面向城市治理与管理的新一代智能决策技术和支持系统，等等。

### 3）智慧城市公共服务系统分析和建模理论

随着物联网、云计算、大数据等高新技术的发展及公众对广覆盖、多层次、差异化的高质量现代化公共服务的需求，构建智慧型城市公共服务系统日益成为城市发展的新型基础建设与核心竞争力所在。然而，诚如国家发展和改革委员会在《加大力度推动社会领域公共服务补短板强弱项提质量 促进形成强大国内市场的行动方案》中所言，"近年来，社会领域公共服务投入不断加大，设施条件不

---

① 杨善林，周开乐. 大数据中的管理问题：基于大数据的资源观. 管理科学学报，2015，18（5）：1-8.

② 于洪，何德牛，王国胤，等. 大数据智能决策. 自动化学报，2020，46（5）：878-896.

断改善，但相对于群众多层次多样化需求，仍然存在供给不足、质量不高、发展不均衡等突出问题"[1]。城市公共服务既包括水电气、交通、通信等基础性服务和消防、国安等安全性服务，也包括教育、医疗、环保等社会性服务和招商、政务等经济型服务。智慧城市公共服务建设成效不仅与公共服务投入密切相关，而且与如何协调各服务部门、最优化资源配置、创新服务方式等体制机制创新相关。在当前政府数据治理体系建设的大背景下，组织体制建设与创新也关乎数据治理的成效；强有力的组织架构是政府数据有效治理的前提，而畅通、协调的工作机制有助于激发政府治理的活力[2]。

在智慧城市公共服务系统框架建设中，如何结合城市发展定位，吸引社会组织与资源，建立跨区域、跨部门、跨层级的工作协调机制是解决公共服务供给质量不高、发展不均衡等问题的关键。城市公共服务系统智慧转型的前提是智能信息化的普及建设，这就要求首先要有效解决城市数字资源的开放与共享管理，进而基于公共数字资源共享和开放建设智慧政务平台，建立多部门协同的智慧城市政务决策系统，提高政府的公共服务能力，提升城市管理水平，从而实现城市公共服务系统的智慧转型和管理，最终形成服务型政府和智慧型城市的建设。

典型科学问题举例：智慧城市公共服务系统基础单元的行为规律，智慧城市公共服务系统设计理论与方法，智慧城市公共服务管理多方参与机制设计理论，智慧城市公共服务的多方信息共享机制和协同管理方法，城市公共服务系统的数字孪生理论与决策支持技术，等等。

### 4）城市减碳相关的数字化管理技术

"双碳"目标已经成为我国社会经济高质量发展的重要选择，在此重大国家战略目标下，生产和消费（生活）这两个经济活动的大环节在运行方式上会发生改变，因此"双碳"目标是推动国家发展的重要策略。在中国现阶段和未来的社会经济发展中，无论是从生产端还是从消费端，城市正在并且即将扮演越来越重要的角色。因此，借助于日益发展的数字技术，通过智慧城市的建设，探索如何降低城市在生产（如制造业、电力生产）和消费环节（如城市商业和生活用电、都市交通运行）的碳排放及其管理规律，将为实现"双碳"目标提供理论和技术支撑。

典型科学问题举例：城市碳排放智能感知和信息处理技术，城市碳排放分布式监测和预测技术，城市碳排放高性能计算与数字孪生，城市碳排放智能管控体系和技术方法，城市碳排放的协调优化理论与数字仿真技术，等等。

---

[1] 多部门关于印发《加大力度推动社会领域公共服务补短板强弱项提质量 促进形成强大国内市场的行动方案》的通知. http://www.gov.cn/xinwen/2019-02/19/content_5366822.htm[2019-02-19].

[2] 夏义堃. 政府数据治理的维度解析与路径优化. 电子政务，2020，211（7）：43-54.

### 4.2.7　智慧健康医疗管理理论与方法

#### 1. 基本概念、科学意义与国家战略需求

智慧健康医疗管理（smart medical and healthcare management）是指通过人工智能与大数据、物联网、移动互联网、5G、云计算等新一代信息通信技术的赋能，面向未来健康医疗的全生命周期健康、大健康、大医疗、个性化、按需医疗、协同化及平台化等新模式和新需求，对涉及健康医疗的资源配置、运行机制、运行过程等进行实时、适应性、前瞻性管理，实施全方位、全周期、协同化及精准化决策，提高健康医疗的效能、效率及精准性。

智慧健康医疗管理这个概念，可以拆分为三个方面进行解释。第一，在健康医疗方面，它包括多个视角，涵盖从出生到死亡过程中与健康维护和管理相关的全周期活动，如疫苗接种、疾病预防、疾病治疗与康复、慢性病管理等。从服务对象角度，既包括面向个体的健康医疗服务，又包括群体的公共卫生管理；从系统构成的角度，不仅包括不同层次医院及医疗服务机构，还涉及政府、医疗保险机构、医药及耗材供应商等；从要素的角度，不仅涉及直接影响人的健康医学要素，还涉及自然、社会、政治、经济、人的行为要素。第二，在智慧方面，它包括由人工智能及新一代信息技术对复杂健康医疗系统及其不确定性环境的系统要素和关联的感知、辨识，自我判断及协同。第三，在管理方面，它涵盖对健康医疗系统结构、过程、输入及结果进行分析、决策、控制及评价的管理活动。

严格意义上的健康管理是依据个人或人群的健康问题及影响因素，以科学的、现代的医学知识设计健康管理方案，充分利用各种医疗资源消除不利于健康的危险因素，合理引导服务对象改变不合理的生活方式、不良习惯及心理，有效干预慢性病的危险因素，使人们变被动治疗为主动预防保健，协助人们成功有效地把握和维护自身的健康。而智慧健康医疗管理的特征表现为与医学相关但不涉及具体的治疗方式、技术等，但可能涉及治疗方式和技术的使用管理，如个性化医疗方案优化和评价。

综合来看，智慧健康医疗管理就是通过打造健康档案区域医疗信息平台，利用先进的物联网技术，实现患者与医务人员、医疗机构、医疗设备、政府之间的互动，逐步形成综合的智能化信息管理平台。该平台能够有效监测人们的身体状态，形成跟踪、预防、干预、治疗、预后等多阶段、多人群的智慧化服务体系。

从实践情况来看，开展健康管理服务的紧迫性在不断升级。首先，我国人口老龄化日趋加快，西方发达国家进入老龄化社会时处在经济发达、GDP 较高的阶段，人均 GDP 在 10 000 美元，而我国开始进入老龄化社会时人均 GDP 还不足 1000

美元。其次，慢性非传染性疾病增长迅速，目前慢性病不仅是世界上最首要的死亡原因，而且由慢性病造成的死亡人数已占所有死亡人数的 60%。最后，随着医疗费用的急剧上涨，各地的医保资金都出现了一定程度的压力，通过国内外的实践发现，进行健康管理可以有效降低医疗费用的使用。

习近平在 2016 年全国卫生与健康大会上指出，"要坚持正确的卫生与健康工作方针，以基层为重点，以改革创新为动力，预防为主，中西医并重，将健康融入所有政策，人民共建共享"①。同年，国务院印发了《"健康中国 2030"规划纲要》②，推动了国内健康管理产业发展。专家预计，在 2017～2026 年，全球范围内医疗业将会发生颠覆性改变，医疗重心将从疾病治疗向预防保健过渡，健康管理也将完成它由配角到主角的历史转变。而从预防医学角度看，有 70%的疾病是可以通过预防而避免或降低风险的。这一切，为智慧医疗健康管理的发展提供了良好的契机。当今人们的健康意识在逐渐增强，健康管理作为一个与健康相关的新兴产业，已向人们展示了广阔的新型医疗市场前景，未来必将飞速发展。

### 2. 国际发展态势与我国的优势

2009 年，IBM 首次提出智慧医疗的理念，之后美国、英国等纷纷投入巨资加入智慧医疗的建设中。在对智慧医疗的研究构想被提出后，包括美国、欧盟、日本在内的许多国家及组织相继出台了一系列的智慧医疗建设举措。IBM 和 Google 合作，结合 IBM 的医疗设备和 Google 的在线传输技术将个人健康数据记录在库。国内智慧医疗的发展大致是沿着新医改、公共医疗、医疗体系、医疗物联网、卫生信息化、电子病历、预约挂号、远程医疗、移动医疗设备、医疗机构、大数据的趋势发展。

智慧健康医疗管理可以主动持续地维持人们的健康，使人们拥有较高的生活品质和良好的社会适应能力。其倡导的是主动发现、科学评估、积极调整、促进健康的理念。智慧健康医疗管理的研究分为两个层面，第一个是智慧医疗，第二个是健康管理。

智慧医疗使传统的医疗模式从临床信息化向区域医疗信息化、从以疾病为中心到以病人为中心转变，并向从有病治病向未病保健、从基础医疗管理到定制个性化医疗管理发展。智慧医疗着力于医疗物联网、医疗移动可穿戴设备、基于混合智能的健康医疗、智慧健康医疗生态系统的演化与协同、医疗大数据等

---

① 习近平：把人民健康放在优先发展战略地位. http://www.xinhuanet.com//politics/2016-08/20/c_1119425802.htm [2016-08-20].

② 中共中央 国务院印发《"健康中国 2030"规划纲要》. http://www.gov.cn/zhengce/2016-10/25/content_5124174. htm[2016-10-25].

研究。智慧医疗是一个新概念，尚无成熟可借鉴模式，需要根据实际情况不断开拓创新[①]。

在学术层面，国外学者在医疗信息系统建设、医疗大数据分析等方面进行了相关研究。Lin 等提出了一种迅速处理、存储和分析大量医疗数据的综合方法[②]。如今，健康医疗活动不断产生出海量、多源、异构、多模、高维的原始数据。这就为健康医疗大数据的管理与治理提出了新的机遇与挑战，这部分的详细研究点对应下文第三部分介绍的第一个研究方向"健康医疗大数据的管理与治理理论"。

Winter 等介绍了智慧医疗技术在德国的应用[③]，基于人工智能和人的主观能动性，既可以充分发挥人的感知和推理能力，也可以突出人工智能比人类智能更为出色的优化、计算、存储能力，由此，可以进行基于混合智能的健康医疗管理研究。相关的研究虽然已经展开，但研究的范围还比较狭窄，第三部分的第二个研究方向"基于混合智能的健康医疗管理"中详细介绍了其他可供研究的参考点。

随着医疗管理的智慧化，越来越需要对相关资源进行整合，这就需要平台化的运营管理，包括技术上的平台化和经营上的平台化。涉及多边平台化运营智慧健康医疗服务供需各方的供需匹配，以及平台化运营的费用支付体系和支付机制等问题的研究，有文献[④]研究了医保中的费用支付机制，还有文献[⑤]研究了门诊的预约管理机制。但智慧健康医疗的平台化运营管理涉及的问题极其庞杂，目前的研究还远远不能解决实际当中遇到的诸多问题，鉴于此，第三部分的第四个研究方向"智慧健康医疗的平台化运营管理规律"对相关研究课题进行了深入的介绍。

Pavlenko 等指出，为进行医疗健康大数据的整合利用，需要出台与之对应的

---

① 邵星，王翠香，孟海涛，等. 基于物联网的社区智慧医疗系统研究. 软件，2015，36（12）：45-48.

② Lin C H，Huang L C，Chou S C T，et al. Temporal event tracing on big healthcare data analytics. In Proceedings-2014 IEEE International Congress on Big Data，BigData Congress 2014. 2014.

③ Winter A，Stäubert S，Ammon D，et al. Smart medical information technology for healthcare（SMITH）：data integration based on interoperability standards. Methods of Information in Medicine，2018，57（1）：92.

④ Adida E，Mamani H，Nassiri S. Bundled payment vs. fee-for-service：impact of payment scheme on performance. Management Science，2017，63（5）：1606-1624.

Guo P F，Tang C S，Wang Y L，et al. The impact of reimbursement policy on social welfare，revisit rate，and waiting time in a public healthcare system：fee-for-service versus bundled payment. Manufacturing and Service Operations Management，2019，21（1）：154-170.

Anderson K，Zheng B，Yoon S W，et al. An analysis of overlapping appointment scheduling model in an outpatient clinic. Operations Research for Health Care，2015，4：5-14.

⑤ Epstein R M，Fiscella K，Lesser C S，et al. Why the nation needs a policy push on patient-centered health care. Health Affairs，2010，29（8）：1489-1495.

政策措施①。健康医疗是一个生态，需要多个部门、多种技术的协调配合，以便建立更加高效的健康医疗供应链，以及对相关资源的优化调度和高效利用。由此，智慧健康医疗生态系统的演化与协同管理成为一个重要的研究课题，对应第三部分介绍的第五个研究方向"智慧健康医疗生态系统的演化与协同管理"。

Donabedian 首次提出医疗质量概念的三维内涵理论②，建立各国使用至今的医疗质量管理模式。随着技术带来的不断创新，医疗制度的变革与创新成为一种客观要求。我国分级诊疗制度的核心内涵是实现"基层首诊、双向转诊、急慢分治、上下联动"，这是为了更好利用医疗资源、服务大众的指导性纲领。如何在实践当中将技术带来的优势发挥到促进制度落实的具体行动中，需要进一步地研究和探讨，这部分对应第三部分第六个研究方向"基于智慧健康医疗的制度变革与机制创新"。

与国外相比，我国的智慧医疗起步较晚，但发展迅速。2009 年，我国首次对智慧医疗进行概括，2011 年在全国试点电子病历，2015 年推进健康医疗大数据在全国的应用示范。在学术层面，我国学者专注于对大数据、医疗信息化、物联网等的研究。裘加林在我国第一个提出智慧医疗的概念，邵星等提出基于物联网的智慧医疗系统③，高汉松等与云计算相结合，提出一种基于生态环境的医疗云数据挖掘平台架构④，诸多学者的研究为智慧医疗的发展提供了理论指导。

从健康管理的层面来看，在智慧医疗的大背景下，人们的健康管理越来越趋于主动化。李祥臣等认为，主动健康作为未来医学发展的重要方向，将会形成与现代疾病医学相互协同发展的新模式⑤。刘倩颖等介绍了主动健康物联网领域国内外标准化发展情况，指出了打通数据共享平台，促进个人健康信息融合在健康管理中的重要意义⑥。高效数据平台的建立将很大程度上改变以往的就医模式，推动包括精准医疗在内的医疗过程的优化，这就促进了医疗的过程管理与优化研究。这部分内容对应第三部分的第三个研究方向"智慧健康医疗的过程管理与优化理论"。

智慧医疗健康管理在我国处于刚刚起步阶段，是一个新兴但快速发展的产业，我国发展该产业具有独到且明显的优势，主要体现为以下四点。

第一，我国的社会主义制度保障了大范围开展智慧医疗、促进全民健康的可

---

① Pavlenko E, Strech D, Langhof H. Implementation of data access and use procedures in clinical data warehouses. A systematic review of literature and publicly available policies. BMC Medical Informatics and Decision Making, 2020, 20: 157.

② Donabedian A. An Introduction to Quality Assurance in Health Care. New York: Oxford University Press, 2002.

③ 邵星, 王翠香, 孟海涛, 等. 基于物联网的社区智慧医疗系统研究. 软件, 2015, 36(12): 45-48.

④ 高汉松, 肖凌, 许德玮, 等. 基于云计算的医疗大数据挖掘平台. 医学信息学杂志, 2013, 34（5）: 7-12.

⑤ 李祥臣, 俞梦孙. 主动健康: 从理念到模式. 体育科学, 2020, 40（2）: 83-89.

⑥ 刘倩颖, 王文峰, 宋继伟, 等. 主动健康物联网标准体系研究. 中国标准化, 2020, 563（3）: 121-124.

行性。从《"健康中国 2030"规划纲要》发布以来，从政府到医疗机构、企业、个人，形成了上下联动促进智慧化健康管理的态势。

第二，随着我国人口老龄化日趋加重，进行主动的健康管理已经成为非常迫切的客观要求，科学技术部已经多次发布关于"主动健康和老龄化科技应对"相关主题的应用型科研项目[①]，而智慧医疗在进行主动健康管理中拥有无可替代的作用，由此也可以看出，智慧医疗健康管理产业发展具有巨大的需求和广阔的市场前景。

第三，随着物联网、云计算、人工智能、5G、医疗设备的不断发展，技术的应用能力不断提升，从事相关产品研发的企业在国内呈现井喷式增长，为我国发展智慧医疗健康管理提供了得天独厚的技术优势和提升潜力。

第四，在学术研究方面，北京大学、清华大学、东软集团等诸多高校和企业纷纷成立了自己的医疗管理研究中心。智慧医疗健康管理也被越来越多的国内外学者所关注，尤其是基于实际医疗数据的相关研究备受青睐。国际管理学顶级学会——运筹学与管理科学研究协会（Institute for Operations Research and the Management Sciences，INFORMS）就有专门针对医疗领域的会议，其 2019 年的主题是"Transforming health with data，mind and hand"，其中还专门设置了关于医疗系统的分会场"Health System Innovation through Data & Analytics"。而生产与运营管理学会（Production and Operations Management Society，POMS）直接设置了"Healthcare Operations Department"，来研究关于医疗运营管理中的问题。大量国际权威期刊近年来不断推出医疗运作管理的专辑来研究相关的热点问题，包括 *Manufacturing and Service Operations Management*、*INFORMS Journal on Applied Analytics*、*Service Science* 等顶级期刊，以及决策科学的顶刊 *Academy of Management Journal*、*Administrative Science Quarterly* 等。

总之，随着医疗技术、现代医学模式的发展，人们物质生活水平不断提高，对生存、生活、生命质量要求的不断提高，以及人类目前面临的生存环境、生存状况对健康的影响，包括我国综合国力的不断提升，智慧医疗健康管理这一新兴产业有着强大生命力和良好的发展前景。

### 3. 主要研究方向

#### 1）健康医疗大数据的管理与治理理论

健康医疗大数据的管理与治理是指针对线上、线下健康与医疗相关活动中产生的原始海量、多源、异构、多模、高维数据进行挖掘、分析和治理，从而满足

---

① http://www.most.gov.cn/tztg/201811/t20181119_142802.htm.

数据驱动的全景式健康医疗的管理与决策需求。线上、线下健康医疗各类活动正在呈现出强烈的信息化与数字化特点，基于信息系统、大数据、云计算、物联网、区块链和高速网络等各种信息技术，健康医疗活动不断产生出海量、多源、异构、多模、高维的原始数据。这些海量健康医疗数据对未来的健康医疗领域相关活动提出了数字化管理的挑战，同时也提供了前所未有的决策数据资源。健康医疗大数据的管理与治理，旨在提高健康医疗数据的质量（准确性、及时性、唯一性、一致性及有效性等），确保数据的安全性（保密性、完整性及可用性），推进智慧医疗数据资源的整合、服务和共享，是运用健康医疗大数据创造社会经济价值的基础。

典型科学问题举例：多源异构医疗健康数据的语义完整性与质量可靠性，多模态医疗健康关联数据流的耦合规律，健康医疗知识图谱混合智能生成技术，健康医疗大数据语义感知理论和方法，新发重大传染病的大数据预警预测技术，面向慢病管理及医保大数据分析技术，健康医疗大数据共享治理机制，基于区块链的健康医疗大数据隐私保护机制，健康医疗大数据的共享风险管理，高维异质健康医疗大数据管理理论和方法，等等。

### 2）基于混合智能的健康医疗管理

以人工智能为代表的现代化信息技术正如火如荼地发展，并在慢病管理、药物研发、健康监测、预防保健等健康医疗管理领域大放异彩。人工智能具有比人类智能更为出色的优化、计算、存储能力，但在学习、感知、推理等方面却还远远未达到人类智能的高度。因此，人工智能领域的一个重要趋向是发展混合智能，即将人的作用或人的认知以适当方式引入人工智能系统，形成混合智能的形态。这种形态是人工智能可行的、重要的成长模式。智能机器为人服务，因此，人是价值判断的仲裁者，也是价值输出的受益者。混合智能正是融合了人工智能与人类智能各自的特点，发挥各自所长，使健康医疗管理效益更高、决策更准、预警提前、评估全面。人类对机器的干预应该贯穿于人工智能发展始终。在医疗领域，因为医疗关系人的生命健康，人们对错误决策的容忍度极低，人类疾病也很难用规则去穷举，所以需要专业的中西医护人员介入其中，发展人机交互、不断优化的混合智能系统。例如，我们可以将中医的临床诊断、处方过程融入具有强大存储、搜索与推理能力的健康医疗人工智能系统中，让人工智能做出更好、更快的诊断，甚至实现某种程度的独立诊疗方案；同时，又允许专业中医师随时介入其中，用经验和专业的敏锐完善诊断，避免因人工智能完全代替专业人员而产生的各种医疗和社会问题。

典型科学问题举例：用户环境的感知与健康异常预警原理，基于混合智能的健康风险识别技术，个性化健康管理方案智能生成与匹配技术，智能化健康干预评估理论和优化技术，专业人员及用户增强的智能健康医疗管理技术，等等。

### 3）智慧健康医疗的过程管理与优化理论

物联网和 5G 等的迅速普及，以及数据收集与分析技术（大数据、人工智能）的发展，促使健康医疗向智慧化转型升级。智慧健康医疗突破了健康医疗过程的时空限制，细化了健康医疗过程的感知力度。以个体的组学数据和遗传信息为基础，通过收集量化和实时数据（生活环境、生活方式、疾病状况、既往病史及诊疗效果信息等），疾病预测、筛查、诊断、治疗、康复等全周期健康医疗过程将发生极大变化，从而实现对人类个体的全周期、全方位健康医疗过程的管理与优化，为向精准医疗与价值医疗转变提供实施基础和创新动力。

典型科学问题举例：智慧健康医疗过程的价值管理原理，智慧健康医疗过程的流程再造理论与方法，智慧健康医疗中的资源调配与优化理论方法，面向精准医疗的医疗过程优化原理，智慧健康医疗过程的协同机制，等等。

### 4）智慧健康医疗的平台化运营管理规律

随着疾病防治进入新常态，健康医疗需要新模式与之相适应，即从传统的被动诊疗模式向主动精准预防、诊疗和康养模式转变，在此过程中需要智慧健康医疗平台集成相关服务、技术、数据、支付等要素提供赋能支撑。同时，健康医疗的网络化、数字化、智慧化，也带来了平台化的升级与发展，以及相关瓶颈与挑战。平台化运营管理既是智慧健康医疗的发展方向，也是推动智慧生命体、共享生态群形成与发展的必备基础和必由之路。本方向具备以下三层基本内涵。一是技术上的平台化运营，是由面向功能的工具化模块，升级为面向业务的平台化运营的基础类研究。根据业务开展的角色和场景，涵盖患者、服务机构、支付方、政府监管方所面临的平台化运营等障碍因素和解决方案。二是经营上的平台化管理，是利用智慧化平台推进健康医疗市场的多边价值交换和交易的应用基础类研究，根据健康医疗产业链特征，涵盖核心交易、正向网络效应、可扩展性、运行机制等管理体系。三是价值上的平台化共建与共享，是智慧健康医疗平台化运营管理价值链、价值网络、价值空间演化的前瞻性研究。根据智慧健康医疗服务价值创造角色之间的协调整合和支付机制，涵盖价值测度标准体系、共建共享激励机制、价值基础上的付费机制等模式创建。

典型科学问题举例：智慧健康医疗服务平台的供需分析理论，智慧健康医疗跨系统平台化规律，多边运营智慧健康医疗服务平台的机制设计和运营优化，健康医疗服务平台化运营衍生资产的价值规律，智慧健康医疗平台化运营的费用支付体系和机制设计，智慧健康医疗平台化运营的风险管理技术等。

### 5）智慧健康医疗生态系统的演化与协同管理

智慧健康医疗生态系统中交互作用和协调机制在满足民众健康医疗需求的过程中，肩负不同职能的各实体机构形成了一个错综复杂的生态系统，其中包括政府健康医疗管理部门、药品器械和耗材生产厂商、药品流通商、医院等医疗机构、银行和保险公司及健康服务机构等。在医疗资源（包括人、财、物、信息）稀缺的背景下，它们通过机制设计与资源配置来提升经营效率和社会福利，最终实现健康医疗服务价值最大化，其中要考虑到健康医疗的公平性、安全性、质量、成本、速度、社会影响等维度的目标。在交互决策的过程中，相关机构之间形成了复杂的竞争与合作关系。因此，设计符合我国国情的智慧健康医疗生态系统，探讨能促进其有序高效运营的管理体制和运行机制，对提升我国健康医疗的整体水平、优化医疗资源配置意义重大。

典型科学问题举例：健康医疗政策制定和评估方法，基于多方数据分析的健康医疗服务协同管理，健康医疗生态系统的数字孪生与协调仿真，健康医疗的全供应链优化与协调策略，健康医疗物流与逆向物流理论，基于健康医疗需求的资源调度和转诊策略设计理论，基于数据分析的个性化健康医疗定价策略，健康医疗生态链金融理论和技术，等等。

### 6）基于智慧健康医疗的制度变革与机制创新

物联网和 5G 等的迅速普及，以及数据收集与分析技术（大数据、人工智能）的发展，使人与组织的战略和运作能力均得到大幅提升。在健康医疗领域，则表现为传统的以医院为中心、以疾病诊疗为核心的健康医疗服务将发生革命性的变化。一方面，物联网和 5G 重新定义了医院科室间的物理距离，导致传统医院中的科室关系可以构成分布式的医疗体系，从而可以发挥各科室的自组织功能，并按病人的病情所需提供精准的医疗服务。另一方面，人类整个生命周期中健康数据的收集和分析，将使疾病预防、诊疗和慢病管理成为未来智慧健康医疗的主流。这些技术带来的组织变化，将导致现有健康医疗的制度变革（包括预防、诊疗和保险等制度），并蕴藏着丰富的制度创新机会，而国家在医疗服务的制度安排中起着重要作用。

典型科学问题举例：技术赋能的健康医疗服务的组织模式及机制设计，健康医疗制度变迁中的路径依赖和体制影响规律，技术赋能的健康医疗制度创新规律，等等。

## 4.3　优先领域集群二：中国管理实践的科学规律

本集群包含了五个具体的子优先领域及其方向，力图努力回应新中国成立（特别是改革开放）以来的宏观社会经济管理和微观企业管理取得的巨大成就所体现出来的独特规律及面向未来发展的国家战略需求。这些子领域包括中国企业管理的理论、中国企业全球化的新规律、中国经济发展规律、中国的政府治理及其规律、乡村发展与乡村振兴的规律与机制。

### 4.3.1　中国企业管理的理论

#### 1. 基本概念、科学意义与国家战略需求

中国特色的企业管理理论研究是指研究者辨识中国社会制度与文化中具有独特性和代表性的要素，如关系、辩证思维、市场转型等，并将这些元素应用到中国管理与组织的情境化研究中，进而更加深入地阐述具有中国特色的企业行为和管理现象。中国企业管理实践为中国特色的企业管理理论研究提供了丰富的研究基础，中国特色的企业管理理论研究有助于贡献管理知识、丰富管理理论，并更好地服务国家发展战略。

改革开放以来，中国经济的快速增长是以大批企业诞生、成长与衰败作为微观基础的。据国家工商行政管理总局和国家市场监督管理总局统计，2008 年底全国实有企业 971.46 万家，2012 年底共有企业 1322.5 万家，至 2018 年底，已实有注册企业 3474.2 万家[①]。相对于以上数量变化，中国企业的整体管理水平也在迅速提升。2019 年中国进入《财富》500 强排名的企业数量超过美国，其中也涌现出一批像华为、海尔、阿里巴巴等拥有全球竞争力的世界知名企业。从 1996 年开始，陆续有中国企业入选哈佛案例库，截至 2019 年 8 月，入选哈佛商学院案例库的中国企业案例共有 147 个，涉及 110 家企业[②]。展望未来，党的十九大报告明确指出，要深化国有企业改革，发展混合所有制经济，培育具有全球竞争力的世界一流企业[③]。这要求更多中国企业能够在技术和管理方面从重视模仿创新转向原始

---

[①] 黄群慧. 改革开放四十年中国企业管理学的发展——情境、历程、经验与使命. 管理世界, 2018, 34（10）: 86-94, 232.

国家工商总局企业注册局. 突破"瓶颈期"与"危险期"迎接成长关键期——全国内资企业生存时间分析报告. 中国发展观察, 2013, 105（9）: 28-32.

[②] 张玉利, 吴刚. 新中国 70 年工商管理学科科学化历程回顾与展望. 管理世界, 2019, 35（11）: 8-18.

[③] 习近平: 决胜全面建成小康社会　夺取新时代中国特色社会主义伟大胜利——在中国共产党第十九次全国代表大会上的报告. http://www.gov.cn/zhuanti/2017-10/27/content_5234876.htm[2017-10-27].

创新，在全球范围内引领社会和经济的发展。

管理理论与管理实践都强调权变观点。事实上，任何管理理论都有其解释和产生的情境，管理学实践性的学科属性决定了情境因素对其知识产生、传播和应用具有重要影响，中国特色的企业管理理论的发展无疑就是中国情境下的知识创新产物。那些高情境化的研究往往具有更高的理论创新性，可以改变人们对现有理论的认识，或者提出更具有原创性的概念与理论[①]。例如，前期在中国情境下的研究贡献或修正的一些重要管理概念包括市场转型、组织公民行为、关系、社会资本等。相应地，这些研究也都具有很高的引用率[②]。这里高情境化是指在研究中将西方成熟概念经过情境化修改，或者发展新概念描述中国情境特有现象，而低情境化是指直接将西方概念应用于中国情境中。本书所提到的中国特色的企业管理理论优先研究领域是国家自然科学基金委员会管理科学部"十四五"规划的部分研究成果，旨在系统总结过去特别是改革开放以来在我国企业管理实践的历史事实基础上，结合中国特有历史文化、制度体制及科技发展背景等综合要素所塑造的中国情境，开发出能够反映中国特色的、对其他国家/地区企业发展亦具借鉴意义的管理理论。

总体而言，中国企业管理研究对以上历史发展经验的理论探究还不够深刻，尚不能较好地满足企业未来发展的现实需求。目前，侧重于企业微观层面理论研究的"跟风"现象还比较普遍，大多数研究追随西方学术范式，关注西方情境下发展出来的理论和构念，而旨在解决中国企业面临的现实重大问题和针对中国管理现象提出有解释意义的创新理论的探索性研究发展缓慢[③]。例如，郑雅琴等通过分析1981～2010年发表在6种全球顶级管理学期刊上的259篇与中国情境有关的文章，发现只有10篇论文在理论、方法、测量等方面考虑了中国情境的作用[④]。不同国家/地区的企业与企业家是不同文化和制度环境的产物，对情境因素的忽视带来了理论研究和管理实践之间的差距，引发了管理学界对研究价值和意义的深入反思。同时，中国企业管理研究还面临很多其他挑战，如学科基础发展不牢固、学科积累不充分，教育质量有待提高，研究学术水平与国际水平还存在较大差距；面对快速发展的中国经济，尚未形成能够反映出中国特色的社会主义市场经济条

---

① Tsui A S. Contributing to global management knowledge: a case for high quality indigenous research. Asia Pacific Journal of Management, 2004, 21（4）: 491-513.

② Jia L D, You S Y, Du Y Z. Chinese context and theoretical contributions to management and organization research: a three-decade review. Management and Organization Review, 2012, 8（1）: 173-209.

③ 张志学，鞠冬，马力. 组织行为学研究的现状：意义与建议. 心理学报，2014，46（2）: 265-284.

④ 郑雅琴，贾良定，尤树洋，等.中国管理与组织的情境化研究——基于10篇高度中国情境化研究论文的分析. 管理学报，2013，10（11）: 1561-1566.

件下的企业管理理论，对丰富而活跃的管理实践缺乏理论归纳和指导[①]。更重要的是，目前尚未提出源于中国情境，但又能有国际影响、被国际管理学界所接受、对指导企业管理实践具有一定普遍意义的原创性管理理论。因此，本优先领域的相关研究具有重要的理论和现实意义。

### 2. 国际发展态势与我国发展优势

中国企业管理研究有其独特的历史和发展环境。新中国成立至改革开放初期，中国企业管理模式逐渐从计划经济下的生产管理型转向市场经济下的经营管理型，对国外管理知识的学习对象也从刚开始的苏联转向美、日、欧等发达国家，管理学在学科建设、学术研究、教育培训等方面都取得较大进展，一批研究中国企业管理的期刊（如《管理世界》《经济管理》等）和学会（如中国管理现代化研究会、中国企业管理协会、中国管理科学研究会、中国系统工程学会等）相继成立[②]。进入 20 世纪 90 年代以后，伴随着工商管理硕士（master of business administration，MBA）/高级管理人员工商管理硕士（executive master of business administration，EMBA）教育在国内管理学院/商学院的广泛开展，以战略管理、创新创业、组织行为、人力资源、市场营销等方向为代表的工商管理研究得到高度重视和快速发展，中国管理研究国际学会（International Association for Chinese Management Research，IACMR）等学术组织成立并成为联系国内外学者的重要桥梁。中国企业管理的学科范式逐步成熟，研究队伍日趋专业化，研究方法日趋规范，实证研究方法开始占据主导地位。同时，国际管理学界对中国情境下的组织和管理研究表现出浓厚的兴趣。例如，1981～2019 年，发表于 7 种顶级国际管理学期刊（*Administrative Science Quarterly*、*Academy of Management Review*、*Academy of Management Journal*、*Strategic Management Journal*、*Journal of Applied Psychology*、*Organization Science*、*Journal of International Business Studies*）的有关中国情境的管理与组织研究的学术论文共 494 篇。其中，1981～1990 年均发表 0.6 篇（占总数 0.21%），1991～2000 年均发表 5.5 篇（占总数 1.67%），2001～2010 年均发表论文数上升为 20.9 篇（占总数 5.28%），2011～2019 年均发表论文数上升为 24.89 篇（占总数 4.86%）。2007～2019 年（2019 年数据截止到 10 月 29 日），393 种国际管理学期刊上发表的有关"中国议题"的管理研究论文共 19 718 篇且每年增长迅速，其中完全由国外学者发表的"中国议题"论文 7514 篇，占论文总数 38.11%；来自美国、英国和澳大利亚的国外学者关注"中国议题"

---

① 张玉利，吴刚. 新中国 70 年工商管理学科科学化历程回顾与展望. 管理世界，2019，35（11）：8-18.

② 黄群慧. 改革开放四十年中国企业管理学的发展——情境、历程、经验与使命. 管理世界，2018，34（10）：86-94，232.

最多①。近年来，很多国际管理学权威期刊（如 *Academy of Management Journal*、*Journal of Organizational Behavior*、*Organizational Behavior and Human Decision Processes*）都曾组织中国情境研究的专刊②，越来越多的中国学者也开始在这些国际权威期刊上发表论文。

在此形势下，"情境"也逐渐成为国内管理学研究的关键词③。国家自然科学基金委员会管理科学部在制定"十一五"战略时就已经提出"发挥前瞻引领作用，突出中国实践特色，推动实现自主创新"的指导思想。中国管理学界认识到不能仅依赖西方理论框架和研究范式开展研究，更需要结合中国国情和社会背景探索具有中国本土特色的管理理论。例如，2005 年启动的"中国式企业管理科学基础研究"课题是由国家发展和改革委员会、财政部、国有资产监督管理委员会等部门批准立项实施，国务院发展研究中心、中国企业联合会、清华大学三家单位联合组成专项课题组投入百余名专家学者历时 6 年多完成。该研究课题包括背景研究、案例研究、专题研究、理论研究四部分，其中背景研究部分着重分析中国企业生存发展的环境；案例研究部分针对在国内外有较大影响的 35 家中国企业进行深入剖析；专题研究从 9 个不同方面总结出中国企业相应的管理经验；理论研究则是在前三部分基础上进行深入总结、提炼，形成总结报告④。

为了贯彻落实国家自然科学基金委员会"更加侧重基础、更加侧重前沿、更加侧重人才"（三个更加侧重）的资助方针，管理科学部在"十二五"发展战略中提出了"顶天立地"的指导思想，努力从中国的管理实践中提炼更加基础的科学问题，瞄准一些可能引领国际研究的前沿方向，从研究领域、研究方法、研究文化等多个方面体现科学基金的战略导向和引领作用⑤。回应中国企业管理实践的重大需求成为国内管理学者的重要职责。例如，郭重庆强调"发现规律，解释现象，指导实践"这 12 个字所表述的任务是中国管理学界的历史使命⑥。如今，"鼓励探索、突出原创；聚焦前沿、独辟蹊径；需求牵引、突破瓶颈；共性导向、交

① 吴刚. 中国工商管理学科的发展现状与思考. 中国首届"服务社会的管理研究"峰会主旨报告, 2019.

② Chen C C，Friedman R，McAllister D J. Seeing and studying China：leveraging phenomenon-based research in China for theory advancement. Organizational Behavior and Human Decision Processes，2017，143：1-7.

③ Tsui A S. Contributing to global management knowledge：a case for high quality indigenous research. Asia Pacific Journal of Management，2004，21（4）：491-513.

Van de Ven A H，井润田，李晓林. 从"入世治学"角度看本土化管理研究. 管理学季刊，2020，5（1）：1-13，130.

④ 陈清泰，蒋黔贵，赵纯均. 中国式企业管理研究丛书：中国式企业管理科学基础研究总报告. 北京：机械工业出版社，2013.

⑤ 国家自然科学基金委员会管理科学部. 管理科学发展战略暨管理科学"十二五"优先资助领域. 北京：科学出版社，2011.

⑥ 郭重庆. 中国管理学者该登场了. 管理学报，2011，8（12）：1733-1736，1747.

叉融通"成为国家自然科学基金委员会所倡导的新的资助导向，该导向强调面向国家重大需求的科学问题提炼机制和面向世界科学前沿的科学问题凝练机制同等重要，并于 2019 年开始试点分类申请与评审制度。事实上，在以上分类申请过程中，相比于其他类型，工商管理学科项目申请人选择"需求牵引"的比例是最高的。这些举措必将进一步推动中国特色的企业管理理论研究，也成为各位专家在讨论本优先领域及其科学问题时遵循的指导原则。

### 3. 主要研究方向

#### 1）中国企业组织演进、管理制度变迁及基础理论

中国企业的组织形态随社会经济环境不断演进，各类企业的管理制度也不断变迁[1]。中国各时期的文化、制度和技术使企业组织具有鲜明的时代特征，相关企业管理制度有着可循的变迁特征和演化规律[2]。首先，中国历史上不同时期的文化导向和国家制度有不同特征，对企业组织形态和管理制度提出不同的要求。其次，在中国企业发展的历史看，政府一直都在影响市场，并与市场共同影响企业组织形态和管理制度。不同时期的市场–政府结构对企业组织形态和治理方式等重要管理制度设计产生了深刻影响[3]。最后，不同时期的技术特征也为中国企业的组织形态和管理制度设计奠定了基础，与文化导向与国家制度结构共同影响了企业组织形态和管理制度特征。

典型科学问题举例：基于实践的企业管理理论构建的方法论，中国企业组织形态、运行规律和管理制度的变迁规律，中国企业的企业家及决策行为变迁规律，中国情境对企业组织形态和管理制度特征的影响机理，中国家族企业的现代化演进规律，等等。

#### 2）市场–政府双重驱动下的企业管理理论

市场–政府双重驱动是中国企业管理行为及其效果的典型影响因素。经济资源的配置由市场发挥决定性作用、政府发挥宏观调控作用；政府通过产业政策、货币政策、税收政策、金融政策、股权政策（如混合所有制）等各种"看得见的手"强势调控经济，影响着企业在经济资源配置中的决策行为（如创新行为、创业行为、并购行为、投资行为等），并由此最终形成了经济运行中的资源配置结果及

---

① Xu D, Lu J W, Gu Q. Organizational forms and multi-population dynamics: economic transition in China. Administrative Science Quarterly, 2014, 59（3）: 517-547.

② Peng M W. Institutional transitions and strategic choices. Academy of Management Review, 2003, 28（2）: 275-296.

③ 李维安，郝臣，崔光耀，等. 公司治理研究 40 年：脉络与展望. 外国经济与管理, 2019, 41（12）: 161-185.

其效率。除了企业从经济发展的微观视角下所考虑的市场化决策行为之外，政府通过各类法规、政策和行政手段来影响企业的决策行为。为此，需要从政府"看得见的手"出发，分析政府和市场这两种力量同时对作为经济中基础微观组织的企业的创新、创业、战略的作用机制，比较国际和国内两种力量之间的差异性及其对微观组织发展的正向和负向作用。

典型科学问题举例：政府行为对企业行为的微观影响机制，市场-政府双重驱动效应的有效性分析和评估理论，企业决策及其效应的政策异质性分析，混合所有制对企业决策的影响机制，民营企业的政策使能和抑制效应，政府"双碳"目标下的企业生产模式和成本分析，等等。

### 3）不同所有制企业及其产权多元化演化与企业管理理论

改革开放以来，中国企业发展的一个显著特点就是形成了国有企业、民营企业、外资企业及混合所有制企业等不同所有制企业共同发展的新局面[①]。公有制为主体，多种所有制经济共同发展，已作为国家的基本经济制度写入宪法。在此过程中，各种所有制企业蓬勃发展，通过改革和探索，逐渐走出了一条有别于西方已有理论的中国特色企业发展道路；不同所有制产权的混合所有制企业也走过了与西方现代企业及其制度体系有所不同的演化路径。中国企业这些实践探索中所蕴含的内在逻辑、客观规律、动力机制、外部条件等都有待于通过科学研究予以阐发、揭示和发现。

典型科学问题举例：中国企业产权多元化的发展历程及其规律，国有企业的代理理论，国有企业混合所有制改革的企业制度理论，民营企业产权多元化演化的理论，企业所有制与企业决策行为及其结果的内在关系，不同所有制企业之间的合作、协同与共生机制，等等。

### 4）制度情境和文化要素企业管理的作用机理

企业所处的社会制度和文化背景在很大程度上影响了企业管理的模式及其有效性，社会制度是企业生存发展及运营管理的基础规范，而思想文化则是企业家和各级管理人员决策行为的底层架构[②]。中国社会制度情境和思想文化要素，既有人类社会组织行为的普遍性，又有社会制度变革与文化思想演化的特殊性。这些社会情境因素和思想文化要素，决定了中国企业家的根本动力，影响了管理者及广大员工心理特征和行为方式。在中国社会变革与经济发展的过程中，出现了各

---

① 李维安，郝臣，崔光耀，等. 公司治理研究40年：脉络与展望. 外国经济与管理，2019，41（12）：161-185.

② 李新春，马骏，何轩，等. 家族治理的现代转型：家族涉入与治理制度的共生演进. 南开管理评论，2018，21（2）：160-171.

种管理思想及相应的制度设计，代表了深层次的意识形态与价值导向，呈现出此消彼长、动态平衡的规律。

典型科学问题举例：嵌入党建的中国企业管理理论，中国共产党优秀思想与现代企业管理的关系，基于中国文化元素的企业管理理论，西方管理思想与工具在中国企业的适应性分析，基于文化融合的管理制度优化原理，等等。

## 4.3.2　中国企业全球化的新规律

### 1. 基本概念、科学意义与国家战略需求

随着前期国际化进程所带来的国家间经济和政治实力对比的改变，发达国家开始对原有国际分工体系、投资贸易体系及国家政治影响力的分布产生了越来越多的质疑和不满，特别是对中国的发展显现出越来越多的不安。在此情况下，他们试图推动国际秩序的调整和重构，不断否定各类国际合作机制。从英国脱欧到美国退出多个国际协定，都反映出长期占据领导地位的发达国家正在试图改变与颠覆既有国际秩序。我国作为世界第二大经济体和具有广泛影响的大国，则坚定支持和维护以联合国宪章宗旨和原则为基础的国际秩序，同时主张加强全球治理、推进全球治理体制变革，并具体提出了国家级顶层合作的行动倡议。可以预见，在两种力量的共同作用下，国际秩序将在未来一段时间不断演化和调整，从而对企业的经济活动，特别是企业的全球化进程产生重大影响。

国际秩序当前出现的这些演化和调整，对我国企业的全球化向纵深发展构成了重大的挑战。从本质上看，之前的国际秩序是建立在发达国家对发展中国家的压倒性政治、军事和经济实力的基础上的。发达国家在追逐经济利益的过程中，对发展中国家表现出了一定程度的宽容。在这一时期，发达国家在政治制度差异和通过全球配置生产活动提升效率的决策中，往往会更加倾向于后者；甚至会帮助发展中国家达到必要的科技水平，使这些国家能够加入发达国家主导的经济体系，提供低成本的制造与服务。然而随着力量对比逐渐发生改变，发达国家开始将中国企业的成长和中国的发展视为严重威胁，遏制措施从最初的贸易战发展到整合科技、司法、产业整合等多种手段并用。华为近年来在自身全球化进程中所面对的挑战，凸显了我国企业未来可能在全球化发展过程中将要面对的巨大挑战。然而，正如习近平所提出的，经济全球化是不可逆转的时代潮流[①]。我国企业必须通过更高层次的全球化才能实现进一步的发展和壮大。为此，我们必须对国

---

① 习近平：开放共创繁荣 创新引领未来——在博鳌亚洲论坛 2018 年年会开幕式上的主旨演讲（2018 年 4 月 10 日，海南博鳌）. http://jhsjk.people.cn/article/29918031[2023-05-09].

际秩序的演化条件下如何更好地推动中国企业全球化问题进行深入思考和研究。

### 2. 国际发展态势与我国发展优势

自改革开放以来，我国企业以越来越主动的姿态参与国际贸易和跨国投资活动，我国企业已经通过积极融入全球分工和价值链体系，充分利用人口红利实现了自身的实力提升。许多企业已经从专注国内市场的本土企业，成长为在多个国家开展经营活动的跨国公司，部分企业已经接近甚至达到了全球化运营的状态。从宏观数据来看，2010~2019年，中国企业海外投资年均增长率达到27.2%。2018年，中国海外投资额高达1300亿美元，占全球对外投资总量的14.1%，居全球第二位并仅次于日本。我国企业的全球化进程还体现出了明显的跨越式发展的特征。从扩张的方式上看，大规模的并购成为主导模式；从扩张的方向上看，突破了多见于发达国家企业的渐进扩张模式，表现出对发达国家更加积极的投资策略。2019年，中国对发达国家的海外投资存量仅有181.7亿美元；2018年，这一数据增长到了2431.7亿美元。这些数据充分地体现出我国企业在原有国际秩序格局中所完成的实力和经验积累，正在推动我国企业迈向更高层次的全球化。这些为中国管理科学家在全球秩序动荡的时代背景下研究中国企业全球化理论，既提出了重要的科学新问题，也积累了研究的素材和数据基础。

### 3. 主要研究方向

#### 1）国际秩序演化下的国际商务新理论

国际秩序是指国际社会的各主要方围绕某种目标、依据一定规则相互作用而形成的运行机制；它表现为各方国家在国际社会中的位置和顺序，具有相对稳定性。国际商务则是针对国家、企业或个人以经济利益为目的而进行的跨国界商业性经济活动规律的研究领域。自20世纪50~60年代以来，学者从产业组织、关系网络、企业资源等角度基于发达国家的企业国际化战略和活动进行了研究，并形成了许多不同的国际商务理论范式和流派。这些理论都不同程度地建立在亚当·斯密所建立的自由经济理论之上，强调充分利用各区域在效率和禀赋的差异更好地实现价值创造，而对国际秩序作为一种制度框架可能对国际商务活动产生激励-约束-引导作用缺乏足够的重视。面对21世纪以来国际秩序正在出现的巨大演变，现有的国际商务理论的基本假定受到了挑战。以往理论关注的生产成本和交易成本，已经无法涵盖国际秩序演化所带来的新的成本和风险（如政治成本和国家干预风险）。因此，已有理论难以对企业在新的历史条件下的全球化战略做出有效解释与判断，更不能有效指导我国企业面对国际秩序演化有效推进自身全球化战略。

典型科学问题举例：国际秩序演化所带来的新的成本类型，新的价值创造机理和新型风险规律，企业国际战略新要素和新分析框架，新的国际商务理论构架和体系，等等。

### 2）企业全球合作网络和生态的重构理论

西方发达国家目前试图改变的国际秩序，一个重要趋势是将我国企业从其主导的价值体系与技术体系当中孤立和排斥出去。要进一步推动我国企业在国际秩序演进条件下实现全球化，就必须重点讨论如何重新构建自身全球化合作的生态体系。以往的研究主要从西方企业的视角讨论包括如何构建和治理各类合作关系的问题，很难回答我国企业如何在新的国际分工和政治格局之下构建自身的全球网络生态的问题。

典型科学问题举例：企业全球合作的生态体系构建理论和治理机制，企业全球合作网络生态及价值整合的经济制度效应，合作网络生态中的动态竞争关系，全球产业网络的形成与演化，企业的跨文化与跨制度管理，等等。

### 3）企业国际化战略演化与组织变革规律

国际秩序的演化将对中国企业在全球化进程中一系列战略决策造成冲击。例如，从地理分布的视角看，部分发达国家可能会限制中国企业对其市场的进入；从技术发展的路径上看，中国企业可能会被隔离在发达国家主导的技术体系之外。在推进全球化的战略过程中，中国企业还会面对更多的国际政治干预风险。

典型科学问题举例：国际秩序对企业全球化战略及其实施策略的影响；海外市场中的企业合法性构建理论与方法；空间-产业链-价值链全球布局对企业组织变革的影响规律等。

### 4）企业全球产业链优化理论

当前全球产业结构和分布形态正在经历深刻调整。一方面，前期国际化导致的全球效率和成本结构的变化，使原有分工体系难以持续。另一方面，新一轮技术革命也在颠覆以往的产业结构，从而推动全球产业格局的变迁。这些变化叠加国际政治秩序及世界各国对经济全球化认知的调整，共同导致了全球产业结构的转型。为此，我们需要探讨我国企业如何重新调整产业链布局，进而解决运营转型的问题。

典型科学问题举例：企业的供应链的全球布局设计理论，企业全球运营方式转变规律及其风险管理，企业创新的产业链全球布局效应，等等。

5）企业全球创新战略重构规律

应对国际秩序演化对中国企业全球化战略造成的挑战，核心在于如何推动我国企业利用全球化的条件实现有效创新。事实上，目前以美国为首的发达国家对我国的遏制策略的重点，也正是瞄准了我国企业在技术与创新方面对其的依赖。

典型科学问题举例：企业全球创新网络的演化规律与治理理论，双循环模式下企业全球技术创新战略选择理论，企业全球创新动态网络的稳定性理论与韧性分析，企业全球创新网络中的政府-市场协同理论，数字化企业的全球创新战略选择规律，等等。

## 4.3.3 中国经济发展规律

### 1. 基本概念、科学意义与国家战略需求

中国的经济发展并不是按照某类既有的实践模式或者某个成熟的理论框架预先设计出的一种改革路径，而是在经济建设的实践中，依据现实需要不断调整、适应、演进的一个复杂动态过程。中国经济所创造的奇迹，在世界范围内引起了广泛的关注。特别是这一增长奇迹显示出"中国可能成为唯一的经历由盛至衰，并再度崛起的经济增长案例"①。我们需要以过去七十多年经济发展的历史进程，特别是四十多年来改革开放所取得的重大经济成就为基础，透过不断变化的社会、人口、城市、产业、贸易、金融等经济表象，总结提炼出经济发展现象的特征事实，挖掘出中国经济发展进程中所蕴藏的一般经济规律，在学习借鉴经典经济学理论成果和现代科学分析工具的基础上，构建中国经济的科学分析框架，形成系统完整的理论体系。

中国经济发展规律具有一般性与特殊性。一方面，对科学问题的解析和经济规律的抽炼都具有代表性和一般性的特征。从现实问题中抽象出的规律和理论，其适用性并不会仅仅局限于某个国家的具体国情。另一方面，透过现象看本质，就会发现不同国家的发展道路是抽象模型环境中一般性原理的具体表现，这种具体表现要求在运用一般规律指导实践活动时要重视规律的特殊性，需要在完整准确把握理论内核的基础上，具体分析当代中国特殊国情和现实问题。经济发展规律的一般性和中国经济建设实践的特殊性是辩证统一的整体。我们需要坚持运用科学分析方法对中国特色经济问题中体现的一般规律进行提炼、总结、归纳，使其成为现代经济学理论体系的一部分，这不仅是对中国经济自身历史进程的解

---

① 蔡昉. 理解中国经济发展的过去、现在和将来——基于一个贯通的增长理论框架. 经济研究，2013，48（11）：4-16，55.

读，更可以从理论上揭示赶超型国家经济现代化的一般规律[①]，这对完善中国特色社会主义经济理论体系，指导未来中国经济发展的实践具有重大的科学意义。

2020 年，习近平在经济社会领域专家座谈会上的讲话中指出，"时代课题是理论创新的驱动力""我们要运用马克思主义政治经济学的方法论，深化对我国经济发展规律的认识，提高领导我国经济发展能力和水平"[②]。"十四五"时期是我国全面建成小康社会、实现第一个百年奋斗目标之后，开启全面建设社会主义现代国家新征程、向第二个百年奋斗目标进军的第一个五年。我们亟须全面总结过去经济建设和发展中做对了什么，做错了什么，弄清楚中国经济获得巨大发展、不断前进的内在动力和发展逻辑。这要求我们把中国经济问题的研究上升到一般学科规律，强调基础性研究工作，鼓励原创性研究。这就需要重视对中国经济现象典型事实的梳理，重视对科学问题的解析，重视对规范分析方法的使用，重视对一般经济规律的总结。

### 2. 国际发展态势与我国发展优势

随着经济改革向纵深发展，中国经济发展面临着来自国际多方面的重大挑战。随着经济全球化的深入推进，国际分工合作的格局正在进行深刻调整与变化，逆全球化和贸易保护主义的势头不断加强，国与国之间的关系逐渐从合作共赢模式向竞争对峙状态发展，经济政治局势中的不确定性显著增加。2020 年以来，受全球新冠疫情大流行的冲击，世界经济增长出现了严重衰退，中国的产业链供应链循环受阻，国际贸易和国际投资活动逐渐萎缩，国内消费、投资、出口下滑，中小企业和民营企业的生产经营活动受到影响，就业压力显著增加，金融和财政领域的风险也有所上升。在以习近平同志为核心的党中央带领下，中国快速建立了与疫情防控相适应的经济社会运行秩序，通过制定明确的疫情分区分级标准，有序推动复工复产工作，使人流、物流、资金流实现有效流转，打通经济社会大循环，反映出中国经济体的强大韧性和巨大发展潜力，凸显了社会主义经济制度的优越性。

国内外经济形势的变化和国内经济事业的发展对我们提出了一个重大时代课题，"必须从理论和实践结合上系统回答新时代坚持和发展什么样的中国特色社会主义、怎样坚持和发展中国特色社会主义"[③]（党的十九大报告）。我们必须以全新的视野深化对中国经济建设发展规律的认识。这是一个常有常新的课题，有

---

[①] 姚洋. 中国经济学的本土话语构建. 文史哲，2019，（1）：13-17.

[②] 习近平在经济社会领域专家座谈会上的讲话（2020 年 8 月 24 日）. http://jhsjk.people.cn/article/31835136 [2023-05-09].

[③] 习近平：决胜全面建成小康社会 夺取新时代中国特色社会主义伟大胜利——在中国共产党第十九次全国代表大会上的报告. http://www.gov.cn/zhuanti/2017-10/27/content_5234876.htm[2017-10-27].

生命力的领域，有时代意义的选题。在经济活动的实践方面，农村土地联产承包责任制、经济特区和沿海开放城市、渐进式改革路径选择、国企改革与私营经济发展、政府和市场"双引擎"，都是中国经济发展过程中的独特现象，具有实践的成效和理论创新的亮点。在理论探索方面，中国经济理论从改革开放的实践中来，已经在多方面进行了有益的探索，推动着经济学理论的不断创新，从多角度解释中国经济增长奇迹，抽炼一般规律，如从制度变迁视角解释中国经济增长奇迹[①]，从经济史的视野描述中国经济增长模式[②]，从国有企业和非国有企业微观差异的角度进行解释[③]，基于全要素生产率的测算来寻找经济增长的源泉[④]等。此外，也有不少国内学者在发展理念和现代化经济体系内涵[⑤]、财政和政府作用[⑥]、农村经济发展[⑦]、宏观经济调控工具[⑧]等方面提出重要论断和做出

① 张军. 分权与增长：中国的故事. 经济学（季刊），2008，27（1）：21-52.

周黎安. 中国地方官员的晋升锦标赛模式研究. 经济研究，2007，471（7）：36-50.

樊纲，王小鲁，马光荣. 中国市场化进程对经济增长的贡献. 经济研究，2011，46（9）：4-16.

贺大兴，姚洋. 社会平等、中性政府与中国经济增长. 经济研究，2011，46（1）：4-17.

② 蔡昉. 理解中国经济发展的过去、现在和将来——基于一个贯通的增长理论框架. 经济研究，2013，48（11）：4-16，55.

③ Song Z，Storesletten K，Zilibotti F. Growing Like China. American Economic Review，2011，101（1），196-233.

④ Chow G C. Capital formation and economic growth in China. Quarterly Journal of Economics，1993，108（3），809-842.

徐瑛，陈秀山，刘凤良. 中国技术进步贡献率的度量与分解. 经济研究，2006，（8）：93-103，128.

程名望，贾晓佳，仇焕广. 中国经济增长（1978—2015）：灵感还是汗水？. 经济研究，2019，54（7）：30-46.

⑤ 高培勇，杜创，刘霞辉，等. 高质量发展背景下的现代化经济体系建设：一个逻辑框架. 经济研究，2019，54（4）：4-17.

刘伟. 现代化经济体系是发展、改革、开放的有机统一. 经济研究，2017，52（11）：6-8.

冯柏，温彬，李洪侠. 现代化经济体系的内涵、依据及路径. 改革，2018，292（6）：71-79.

⑥ 邓子基. 坚持、发展"国家分配论". 财政研究，1997，（1）：10，13-19.

郭庆旺，贾俊雪. 财政分权、政府组织结构与地方政府支出规模. 经济研究，2010，45（11）：59-72，87.

高培勇. 论国家治理现代化框架下的财政基础理论建设. 中国社会科学，2014，228（12）：102-122，207.

高培勇. 中国财税改革40年：基本轨迹、基本经验和基本规律. 经济研究，2018，35（11）：41-42.

吕炜，张妍彦，周佳音. 财政在中国改革发展中的贡献：探寻中国财政改革的实践逻辑. 经济研究，2019，54（9）：25-40.

⑦ 黄少安. 改革开放40年中国农村发展战略的阶段性演变及其理论总结. 经济研究，2018，53（12）：4-19.

⑧ 张勇，李政军，龚六堂. 利率双轨制，金融改革与最优货币政策. 经济研究，2014，49（10）：19-32.

高培勇. 理解和把握新时代中国宏观经济调控体系. 中国社会科学，2018，（9）：26-36.

重大理论创新。但从目前的研究成果来看，大多数研究侧重于定性分析，以文字描述为主，缺乏定量分析，尚未建立起一套科学系统的分析框架和理论体系，需要强化科学方法的开发和运用。此外，目前还缺乏对典型事实的整理和总结，对一些重大问题缺乏共识，特别是在中国宏观经济学、发展经济学领域，有大量崭新的课题有待进一步研究和讨论，需要强化在核心问题抽炼、科学方法运用和研究成果推广等方面的工作，推动中国经济科学和多学科的交叉融合，推动经济学理论研究成果与中国改革实践的融合，推动中国经济发展一般规律与世界经济学理论体系的融合。

### 3. 主要研究方向

#### 1）中国经济发展历史事实和数据集成系统

改革开放 40 多年中，中国不仅创造了人类经济发展史上的新奇迹，也为研究如何推动经济发展提供了前所未有的历史事实和数据。系统性梳理中国经济发展历史事实和数据，包括各个地区和行业的不同发展轨迹、政府部门推动的各类经济政策、企业和个人做出的微观决策等多个方面，是深入研究中国经济奇迹、深刻理解四个自信的基本前提。丰富的统计与行政数据、各项经济社会调查与过去几年涌现的企业大数据都是历史事实和数据的重要来源。对重点经济领域的数据调查范围和统计指标口径的历史变化情况建立完整的数据档案，构建口径可比的数据时间序列。收集和挖掘重要经济政策出台的历史背景，总结历史经验，注重经济数据和经济政策的国际比较，也是向世界讲好中国故事的重要方面。

典型科学问题举例：中国宏观经济历史数据系统集成及其国际比较分析，重点经济领域可比统计口径时间序列分析，基于非传统大数据的经济发展分析，重大经济政策的刻画及其演化规律，经济发展政策的量化分析和评估理论，等等。

#### 2）经济发展与分配、消费关系的演变规律

过去 40 多年的高速经济发展极大提高了人们的生活水平，但收入分配差距拉大、储蓄与消费不平衡的问题也呈现出来。党的十九大报告提出，中国特色社会主义进入新时代，我国社会主要矛盾已经转化为人民日益增长的美好生活需要和不平衡不充分的发展之间的矛盾[①]。一方面，中国有近一半居民人均月收入不足1000 元，只能维持温饱，消费水平不足，抗风险能力弱。另一方面，比较富裕的群体要求有更好的发展资料和享受资料，但国内产品和服务供给不充分，不能满

---

① 习近平：决胜全面建成小康社会 夺取新时代中国特色社会主义伟大胜利——在中国共产党第十九次全国代表大会上的报告. http://www.gov.cn/zhuanti/2017-10/27/content_5234876.htm[2017-10-27].

足他们的需求。每年有大量游客到境外购买高档消费品,巨额购买力外流。这正是发展不平衡不充分的突出表现。在全球一体化放慢的大背景下,中国未来的经济增长需要更多地依赖内需驱动。如何在做大蛋糕的同时改善收入分配,提高国内的消费力,满足人民日益增长的美好生活需要是解决经济长期发展动力不足的重要抓手,也是社会主义新时代的重要目标。

典型科学问题举例:收入分配的演变规律和决定因素分析,收入分配的代际转移规律,劳动力市场动力学及其人工智能效应,消费的演变规律,储蓄-消费决策的人口结构效应及其宏观表现规律,数字技术影响消费的规律,房地产市场的二元属性及其消费冲击效应,等等。

### 3)基于政府-市场-社会三元组的经济发展规律

政府与市场关系是经济体制中最为重要的制度安排,其反映了经济体中资源配置的总体方式。中国过去40余年的改革与发展历程就是政府与市场边界不断磨合和演变的过程,关于政府与市场关系规律的认知及理解对理论创新和政策实践都具有重要意义。在新时代中,社会组织与社会规范也开始成为影响资源配置方式的重要因素,政府、市场与社会三个维度的国家治理体系与经济运行模式逐步形成。伴随着经济发展、技术创新和制度变革,未来政府、市场与社会的互动将面临更多复杂因素,探究其中的经济发展规律是研究中国总体经济发展规律的不可缺失的环节。

典型科学问题举例:新中国政府与市场关系演变历程与规律,国家治理能力测度及其与经济发展的关系,多层政府结构中的经济博弈关系及其经济发展效应,政府-市场-社会的互动关系及其资源配置效率,基本经济制度、多种经济政策与经济发展绩效的关系,碳中和下的经济生产方式转换和产业协调关系,等等。

### 4)经济稳定与宏观调控理论

中国经济高速稳定发展离不开中国政府宏观调控政策的有效实施。党的十九届四中全会报告指出,要"健全以国家发展规划为战略导向,以财政政策和货币政策为主要手段,就业、产业、投资、消费、区域等政策协同发力的宏观调控制度体系"[①]。中国的宏观调控不仅仅是一个系统性政策体系,其背后还体现中国经济学者对社会主义市场经济建设、政府和市场的关系等重大问题的深刻理解,这反映了中国经济发展的客观规律,多次有效化解了内外部经济环境变化对经济稳定造成的冲击。因此,我们有必要对中国宏观调控理论与实践经验进行系统总结,发掘一般经济规律,为进一步完善中国宏观经济调控体系提

---

① 党的十九届四中全会《决定》(全文). https://china.huanqiu.com/article/9CaKrnKnC4J[2019-11-05].

供理论支持，为合理选择宏观调控工具应对外部冲击、保持经济稳定增长提供科学依据。

典型科学问题举例：中国宏观调控政策与经济稳定关系识别，最优宏观调控政策设计，宏观调控政策间的协调及其经济效应，微观异质性与宏观调控政策传导机制，宏观调控政策的区域异质性效应，等等。

### 5）中国经济与全球经济的关系及其演变规律

1949～1978 年与 1979～2019 年，中国经济最为重要的差别是以市场取代计划和以融入全球经济取代自力更生。毋庸置疑，跨境贸易、投资和技术转移是中国增长奇迹最为根本的决定因素，而挖掘和总结中国经济发展规律显然需要研究中国经济与全球经济的关系，既包括中国如何从全球化中收益，也包括中国是怎样影响世界、主要区域（如欧盟、东盟、非盟）及单个重要国家的经济增长，还包括中国与参与国家级顶层合作倡议经济体的战略互补和竞争关系。除了生产要素与产品的跨境流动视角，还有必要从双边和多边援助、基础设施互联互通、政策协调等维度考察中国与全球经济的互动。特别地，通过比较（中国与苏联、印度、日韩等）研究提炼或揭示中国经济发展规律，也具有相当的学术和科学意义。

典型科学问题举例：全球化对中国经济增长的贡献及其机制，中国对外投资和贸易对世界经济的影响机制，经济与外交政策的互动规律及其效应，中国经济增长的国际比较，中国与世界主要区域的产业关联及其变化规律，等等。

### 6）公有制经济与非公有制经济的演变规律和作用机制

西方发达资本主义国家先后有过国有化浪潮和私有化浪潮，新中国成立以来和改革开放以来，中国公有制经济和非公有制经济的比例与存在空间也是变动的，对国有企业的改革范围、方式和力度，对非国有企业的支持力度和方式，也是变化的。党的十九届四中全会报告指出，要毫不动摇巩固和发展公有制经济，毫不动摇鼓励、支持、引导非公有制经济发展[1]。如何认识公有制经济和非公有制经济在社会主义市场经济中发挥作用的一般规律，如何优化公有制经济布局、发展混合所有制经济，如何增强国有经济的创新能力、抗风险能力，如何深化国有企业改革、支持中小企业发展，都值得我们从理论上深入研究。

典型科学问题举例：公有制经济与非公有制经济的发展演变规律及其决定因素，不同所有制经济发展的一般化理论模型，经济发展阶段与公有制经济和非公有制经济的关系，国有企业改革的影响因素及作用机理，等等。

---

[1] 党的十九届四中全会《决定》（全文）. https://china.huanqiu.com/article/9CaKrnKnC4J[2019-11-05].

### 4.3.4 中国的政府治理及其规律

**1. 基本概念、科学意义与国家战略需求**

治理是为了达到集体秩序与共同目标，由公共组织、经济组织、社会组织和私人等主体共同参与，以正式或非正式的方式，围绕国家与社会事务进行协调、合作、互动的过程。政府治理是以政府为主体开展的治理活动，是我国当前国家治理的主要内容与核心形态；同时，政府积极创新和发展与市场及社会多元主体相协同的合作治理，以全面提高国家治理的能力与水平。

以政府治理为主要内容及核心形态的国家治理体系与治理能力现代化，如今已成为中国特色社会主义制度下国家制度建设的主要目标和重大政治任务。2013年11月12日，中国共产党第十八届中央委员会第三次全体会议通过了《中共中央关于全面深化改革若干重大问题的决定》①，将全面深化改革的总目标确立为完善和发展中国特色社会主义制度，推进国家治理体系和治理能力现代化，并全面涵盖经济、政治、文化、社会、生态文明等多方面体制改革议题。2015年10月29日，中国共产党第十八届中央委员会第五次全体会议公报明确将"国家治理体系和治理能力现代化取得重大进展"②列入全面建成小康社会的目标要求。2018年12月18日，习近平在庆祝改革开放40周年大会上发表讲话，指出牢牢把握改革开放的前进方向。改什么、怎么改必须以是否符合完善和发展中国特色社会主义制度、推进国家治理体系和治理能力现代化的总目标为根本尺度③。2019年10月31日，中国共产党第十九届中央委员会第四次全体会议通过《中共中央关于坚持和完善中国特色社会主义制度、推进国家治理体系和治理能力现代化若干重大问题的决定》④，首次通过一次中央全会专门探讨研究了国家制度和国家治理体系问题，并将构建职责明确、依法行政的政府治理体系确立为国家治理体系与治理能力现代化的主要内容。

因而，探索职责明确、依法行政的政府治理体系运作与建构规律，进而获得实现国家治理体系与能力现代化的科学方法和路径，成为我国公共管理实践界与研究界亟须完成的国家重大战略任务。其中包括通过政府治理活动，深化行政体

---

① 中共中央关于全面深化改革若干重大问题的决定. http://www.gov.cn/jrzg/2013-11/15/content_2528179. htm[2023-11-15].

② 授权发布:中国共产党第十八届中央委员会第五次全体会议公报. http://www.xinhuanet.com//politics/ 2015-10/29/c_1116983078.htm[2015-10-29].

③ 在庆祝改革开放40周年大会上的讲话. http://www.qstheory.cn/dukan/qs/2018-12/22/c_1123888045.htm[2018-12-18].

④（受权发布）中国共产党第十九届中央委员会第四次全体会议公报. http://www.xinhuanet.com/politics/ 2019-10/31/c_1125178024.htm[2019-10-31].

制和政府机构改革，优化政府机构设置和职能配置，理顺职责关系；加快实现政府治理规范化、程序化、法治化[①]，强化政府治理在推动发展、化解矛盾、维护稳定中的作用；理顺政府结构、政府行为、政府绩效的逻辑关联，构建现代化的制度环境、制度结构和关系结构，激发积极、恰当、有效的政府治理行动，并实现对政府治理活动绩效的精准评价与及时反馈。

### 2. 国际发展态势与我国发展优势

#### 1）政府治理的国际实践和研究发展态势

从实践视角来看，近年来，世界各国的公共管理实践普遍经历了从管理到治理的范式转变。20 世纪 80 年代，新公共管理运动在全球范围内广泛兴起，将企业管理的理念、方法、工具普遍引入行政部门内部，同时将部分公共管理职能转交给私营机构与社会组织，以试图提升公共管理效率与效果。然而，这一运动并没有脱离"管理"的传统路径，只是一定程度上重新配置了管理责任归属，并尝试为行政部门引介一些新管理方法，没有从根本上改善公共事务的处理状况。因而，进入 21 世纪后，"治理"替代新公共管理，成为全球公共管理实践的主要开展路径，并收获一定的成效。现实世界兴起的这一治理范式，主要体现在以下两个大的方面。

一方面，在政府治理的整体格局上，全球各国政府着力营造协同治理或合作治理格局，即在治理活动中，政府着力构建起公共部门、私人部门与第三部门的合作关系，与市场主体、社会主体共享治理资源、协同开展决策活动[②]。首先，协同治理呈现出多中心化特征，即在公共事务系统中容纳多个具有相对自主决策权的决策中心，根据一系列总体规则协同运作[③]。例如，美国多地出现了区域委员会，这一委员会作为官方授权的非营利性组织，为联邦和州政府项目提供技术和人力支持，有力支持了公共事务的合作治理[④]。在智能电表等新技术的普及推广过程中，美国联邦政府机构、州立法机构、州政府、公用事业公司、环境保护组织、消费者合作构建了新技术实施的多中心治理结构[⑤]，多个决策中心相互依赖并通过相互

---

① 袁曙宏. 建设职责明确、依法行政的政府治理体系. 人民日报，2018-04-25，（7）.

② Scott T A，Thomas C W. Unpacking the collaborative toolbox: why and when do public managers choose collaborative governance strategies?. Policy Studies Journal，2017，45（1），191-214.

③ Aligica P D，Tarko V. Polycentricity: from Polanyi to Ostrom，and Beyond. Governance，2012，25（2），237-262.

④ 张晓卯. 合作与共赢：非营利组织与政府双圈互动分析——以美国乔治亚州东北乔治亚区域委员会为例. 中国行政管理，2018，401（11）：139-145.

⑤ Zhou S，Matisoff D C. Advanced metering infrastructure deployment in the united states: the impact of polycentric governance and contextual changes. Review of Policy Research，2016，33（6），646-665.

作用推动公共事务的处理，替代单一的决策主体发号施令。在合作决策的基础上，政府与社会进一步开展合作生产，即在公共事务中，构建由不在同一组织中的个体共同投入用以生产产品或服务的过程[①]。在治理活动中，合作生产的产品或服务通常是公共产品、公共服务，合作生产过程跨越公共服务周期的各个阶段，政府主体与非政府主体共同参与公共产品的设计、交付和评估环节[②]。在垃圾回收、青少年社区矫正服务、邮政服务、义务教育、移民家庭的社区融入、医疗卫生服务提供等多种类型的公共服务项目中，政府、社会、个人的合作生产广泛出现，共同为公共服务提供经济、人力与知识资本。日本地方政府、志愿组织和社区居民合作维护京都街道的案例即合作生产的典型体现[③]。

另一方面，响应治理范式要求，全球各国政府普遍启动机构改革，核心内容为调配上下级政府关系、平级间政府关系、政府与社会关系，强化政府的问责性与响应性，通过对组织结构与管理流程的再造，便利公众对治理过程与治理结果的问责，使公权力机构对公众能够及时、有效做出回应。例如，在组织结构上，美国联邦政府专门设立了全国突发事件管理系统，把"统一行动"确立为系统运作的指导原则，强化政府部门对突发社会问题的响应能力[④]；在管理流程上，许多国家的地方政府构建起循证式公共服务外包模式，强化证据对公共服务外包效果的反应，以提升外包活动对公众需求的回应性[⑤]。同时，各种形式的新技术支撑了全球各国政府围绕问责性与响应性的组织机构和治理流程改革。例如，不断迭代的信息技术支撑构建了各类虚拟社区与社交媒体平台，强化了公众的问责能力[⑥]。特别在如今的大数据时代，为了响应公众对高价值数据的需求，2010～2019 年，全球范围兴起了政府数据开放运动，各级政府机构产生、收集和控制的数据不再封闭于政府内部，而是通过开放活动得以被任何人免费使用、重新利用和再分配，在二次开发过程中创造新的经济价值。政府数据开放如今也成为数字化政府治理活

---

① Ostrom E. Crossing the great divide：coproduction，synergy，and development. World Development，1996，24（6），1073-1087.

② Nabatchi T，Sancino A，Sicilia M. Varieties of participation in public services：the who，when，and what of coproduction. Public Administration Review，2017，77（5），766-776.

③ 陈水生，屈梦蝶. 公民参与城市公共空间治理的价值及其实现路径——来自日本的经验与启示. 中国行政管理，2020，415（1）：135-141.

④ 游志斌. 美国第三代全国突发事件管理系统的变革重点：统一行动. 中国行政管理，2019，404（2）：135-139.

⑤ 郭晟豪. 政府公共服务外包中的循证式管理——来自美国地方政府实践的启示. 中国行政管理，2020，416（2）：135-143.

⑥ Willems T，van Dooren W. Coming to terms with accountability. Public Management Review，2012，14（7）：1011-1036.

动的标配之一①，纽约、首尔、洛杉矶、巴黎都已成为全球政府数据开放的领军城市②。同时，政府数据开放任务倒逼行政部门启动相应机构改革，设置专门机构管理政府内部的数据共享与流通事务，典型案例包括美国设立的美国运输统计局③、英国公共部门透明度委员会④等。

从国际学术研究的发展趋势来看，学者的关注重点与现实世界的变迁方向一致，经过 2000～2019 年的发展，治理已成为全球公共管理学术研究的核心议题，新公共治理（new public governance）、多中心治理（polycentric governance）、网络化治理（network governance）等政府治理理论日益深入人心。根据 Ni 等的研究⑤，央地关系（联邦制国家为联邦与州关系）、公共服务、行政组织、官僚系统始终是国际公共管理学界的主要研究主题。最近，随着全球公共管理实践从"管理"迈向"治理"，在上述主要研究主题之下一些新的关注点也逐渐浮现，并站上了研究的主舞台。这些新的研究关注点包括治理导向下的政府改革与创新、响应性政府建设及公众参与，特别是新技术支撑下的治理创新，包括数字治理（digital governance）及公众基于数字技术的参与（e-participation）。

同时，由于市场与社会主体广泛地进入公共服务等各项治理事务中，各国公共管理研究者对治理格局下的政策执行（implementation）、公共服务递送（service delivery）、城市规划（city planning）、项目管理与监控（program management and monitoring）、绩效评估（performance evaluation）等问题展开广泛探讨，并讨论合作治理情境下的政府责任。特别在最近几年，问责（accountability）成为全球公共管理学界在政府治理问题上的研究热点⑥，问责客体随着多方协同治理的出现，从政府扩展到了其他各类参与治理活动的市场与社会主体。同时，合作治理的新格局带来了行政机构改革的新问题，各国学者围绕匹配治理要求的行政组织设计、央地政府关系及横向政府间网络的构建展开了广泛讨论⑦。

---

① Young M M. Implementation of digital-era governance: the case of open data in U.S. cities. Public Administration Review, 2020, 80（2），305-315.

② 上海社会科学院信息研究所. 2020 全球重要城市开放数据指数. 上海社会科学院信息研究所, 2020.

③ 何力武，康磊. 面向大数据时代的美国联邦政府机构创新及职能扩展——以美国运输统计局为例. 中国行政管理，2018, 401（11）：127-132.

④ 陈美. 政府开放数据的隐私风险评估与防控：英国的经验. 中国行政管理，2020, 419（5）：153-159.

⑤ Ni C Q, Sugimoto C R, Robbin A. Examining the evolution of the field of public administration through a bibliometric analysis of public administration review. Public Administration Review, 2017, 77（4）：496-509.

⑥ 陈天祥，龚翔荣. 国外公共管理学科领域研究热点及演化路径——基于 SSCI 样本期刊（2006～2015）的文献计量分析. 公共行政评论，2018, 11（3）：178-199, 214.

⑦ O'Leary R, Vij N. Collaborative public management: where have we been and where are we going?. The American Review of Public Administration, 2012, 42（5）：507-522.

#### 2）我国的实践与研究进展

从实践视角来看，我国政府治理实践始终围绕国家治理体系与治理能力现代化这一全面深化改革方向，在行政机构改革、宏观经济管理、公共服务、社会治理等多个维度展开。在行政机构改革方面，在党的领导贯彻到党和国家所有机构履行职责全过程的基础上，我国政府机构改革始终坚持转换政府职能，整合部分职能相似的部门，推进、完善大部制改革，截至 2019 年，国务院下设组成部门减少到 25 个①。同时，坚持市场在资源配置中起决定性作用和更好发挥政府作用的总原则，以激发市场与社会主体积极性为目的，我国政府持续开展以简政放权、放管结合、优化服务为主要内容的"放管服"改革，创新监管，优化营商环境，建设人民满意的服务型政府。其中，我国以深化行政审批制度改革为重点推进简政放权，着力减少投资项目审批、减少资质资格许可、减少评比达标表彰项目、减少行政事业性收费、改革工商登记制度，降低市场和社会创业门槛。2013 年至2017 年，国务院分 9 批审议通过取消和下放行政审批事项共 618 项，简政放权成效显著。

同时，以建设服务型政府、营造合作治理格局为目标，我国各级政府广泛开展治理创新活动。响应中央政府的"放管服"改革，"最多跑一次""一次办好"改革在浙江、陕西、山东等地兴起，力求实现民众和企业到政府办理一项业务时，只要满足申请材料齐全且符合法定受理条件，那么从受理申请到形成办理结果的全过程只需要民众或企业一次上门行政部门，甚至依托信息技术实现零上门②。以"小政府、大社会"为指导理念，上海等地着力建设合作治理新格局，吸收社会组织与社会工作者等社会力量协助政府实现基层社会管理和服务功能，并辅以社区网格化管理、智能社区精细化服务，实现社区治理的创新③。此外，为响应社会对高质量数据资源的需求，地方政府数据开放浪潮在我国广泛兴起，政府数据开放平台通过向市场与社会传递公共数据资源的方式，鼓励市场与社会主体对政府数据的开发利用以创造经济社会价值，开辟了协同治理下合作生产的新路径。在中央政府的政策引导下，我国各地加速政府数据开放平台建设，省、市级数据开放平台数量从 2012 年的 3 个、2017 年的 20 个增长到 2020 年的 130 个，成果斐然。

从学术视角来看，我国公共管理学界紧密围绕中国政府治理的现实需求，取得了一定的理论突破与发展，国家治理、社区治理、社会管理、城市治理等议题

---

① 陈鹏. 新中国成立 70 年来的政府机构改革：历程、启示与展望. 岭南学刊, 2019, 281（4）：25-30.
② 郁建兴, 高翔. 浙江省"最多跑一次"改革的基本经验与未来. 浙江社会科学, 2018, 264（4）：76-85, 158.
③ 冯猛. 地方政府创新何以持续?——以浦东新区基层社会治理变迁为线索. 中国行政管理, 2019, 409（7）：101-106.

成为研究热点[①]。在国际发表方面，中国公共管理学界的整体影响力显著上升，截至 2020 年，中国 SSCI 研究论文数占全球论文数份额达到 5%，基本赶超德国、持平荷兰，并且是发表份额唯一出现明显增长的国家。党的十八大以来，公共管理研究回应了政府治理的许多现实实践难题与热点问题，也同时获得了学科的大发展，公共管理在《中国社会科学》《管理世界》等国内顶级期刊发文总量快速提升。伴随着政府治理实践的变迁，我国公共管理的研究主题也逐步实现从"管理"到"治理"的转向，研究主体从单一中心主体扩展到多中心主体。多主体公共治理格局中的主体权责边界与职能功能成为热点研究对象之一[②]。同时，"公共危机管理""应急管理"等议题也在最近几年的我国公共管理研究中高频出现，学者广泛探究危机管理中的政府社会协同治理规律与新技术应用方法。这一研究趋势随着 2020 年新冠疫情的发生而进一步强化[③]。

### 3. 主要研究方向

#### 1）中国特色政府治理实践的变迁模式及规律

政府治理是国家治理的重要组成部分，承担着按照党和国家决策部署推动经济社会发展、管理社会事务、服务人民群众的重大职责。政府治理在不同国家的实践呈现出各自不同的演变规律，进而影响着国家治理体系与治理能力的水平。中国作为社会主义大国，其特有的政党领导制度、政府行政体系、经济体制彰显了中国特色。现有研究在国家治理的框架下，以行政管理为核心的政府治理研究进行了一般性理论构建，重点围绕政府治理结构、机制、模式、工具、行为与绩效等议题展开。中国特色政府治理实践的变迁体现在国家行政体制、政府职责体系、政府组织结构、央地关系等方面的变化，从而带来政府治理能力与治理绩效的变化。由于各个历史阶段面临的内外部环境与主要矛盾不同，也涉及不同空间、层级与功能的变迁，呈现出政府治理变迁的复杂性。政府治理实践变迁实施的动力、速度、主体、方式及其传导方向都具有阶段性、差异化特征，在此基础上形成了中国特色政府治理实践变迁的不同模式与内在规律。

典型科学问题举例：中国特色政府治理变迁动力机制，政府治理结构特征与演化规律，中国特色政府治理实践变迁的效应测度，政府治理实践变迁的空间、

① 陈亚蕾. 公共管理视域下的公共治理研究：进展、前沿与展望——基于公共管理学科 CSSCI 期刊的文献计量分析. 湖南社会科学, 2020, 199（3）：104-112.

② 文宏. 治理体系下的公共管理研究：中国共产党十八大以来的回顾、特征及展望——基于 CSSCI 期刊论文的可视化分析. 南京社会科学, 2018, 369（7）：56-64.

③ 徐晓林, 明承瀚. 公共管理研究的中国经验：回顾与展望. 福建师范大学学报（哲学社会科学版）, 2019, 218（5）：51-61, 168-169.

层级与功能传导规律，政府治理实践变迁模式的国际比较，等等。

### 2）政府-市场-社会协同的公共服务与资源配置规律

改革开放以来，中国政府逐渐建立与市场和社会主体的多种合作关系，如购买服务与公私伙伴关系，以优化对公共、市场和社会资源的配置，形成了初步的公共服务协同治理局面。当前，我国经济、社会和法治环境走向完善，人民公共服务需求不断增长，市场和社会部门加速发展，数字化信息化能力显著提升，服务型政府建设继续深化，使公共服务协同治理的条件发生快速转型。深入研究当前政府、市场、社会协同治理的基本动力、模式、规则、效果和发展演变规律，有助于科学研判我国公共服务跨部门协同的适宜领域、程度、形态和推进步骤，为相关政策与制度设计提供理论和证据支撑，以实现基于公共服务供给侧的复合有效的治理格局。

典型科学问题举例：政府-市场-社会协同模式演变规律及其影响因素，协同模式的资源配置效率，面向信息不对称和利益冲突的协同机制，协同公共服务中政府的风险及其管理方法，多主体国家气候治理体系和协调机制，协同决策与共同问责机制的形成和发展规律，协同公共服务对企业和社会组织的影响及其规律，等等。

### 3）数字化对国家治理体系和能力现代化的影响规律

信息通信技术的融合和发展催生了信息社会、知识社会形态，推动了科技创新模式的嬗变，为推动经济社会发展、推进国家治理体系和治理能力现代化做出了重要贡献。信息社会的变迁，不仅是一场技术的更新换代，更是一场治理体系与治理能力现代化的变革。云计算、大数据、人工智能、区块链等新一代信息技术的蓬勃发展及其在政府领域的广泛应用正深刻改变着政府的运作方式和创新模式。政府信息化建设呈现出移动性、社会性、虚拟性、个性化等全新的特征。伴随着现代数字信息技术深度渗透至社会经济领域，我国政府治理数字化转型全面展开。数字信息技术革命推动下的社会变革，不仅体现为借助信息技术提升国家治理体系和治理能力现代化水平，更体现为国家治理体系和治理能力本身的变革，以适应乃至促进整个社会的数字化转型。

典型科学问题举例：政府治理数字化转型的宏观规律与微观机理，国家治理体系的数字孪生与仿真技术，治理体系数字化的治理效应分析理论与方法，数字信息技术对政府统计和监管模式的影响规律，等等。

### 4）中国特色的政策决策与政策评估理论

我国国家治理现代化需要以科学的政府决策和政策评估为基础，其相关理论向实践领域的转化，能够推动政府部门更加快速地获取决策相关的信息，更加精准地预测公众需求，更为全面地提升公共决策的透明度，从而优化公共资源配置，提高公共服务效率。同时，在有限理性的情况下，政府治理中的各决策主体与评估主体不仅有自己的行为规则方式和自主决策处置能力，它们之间还存在复杂的交互关系。此外，在中国特色的决策环境中，我国法律制度、伦理规范及历史文化等社会因素对决策主体与评估主体的行为构成实质性的约束，进而对整个决策与评估过程产生影响。同时，在复杂的现实情境下，决策与评估都需要使用大数据及前沿技术以支撑相关活动。上述情况都亟待政府决策与评估理论的发展。

　　典型科学问题举例：中国政府决策过程与评估的演进规律，中国特色的政府决策过程分析理论和方法，多层政府结构下的决策机制创新及其互动规律，政策评估的制度经济学新理论，政策评估过程的流程再造理论与方法，新型政策评估的工具和技术，等等。

### 4.3.5　乡村发展与乡村振兴的规律与机制

#### 1. 基本概念、科学意义与国家战略需求

　　乡村发展是实现城乡均衡发展、改善农村居民，特别是农村低收入人口福祉的必然要求。为实现这一目标，世界上许多国家和地区都制定了长期性的乡村发展战略，以政府为主导实施了综合性的乡村发展政策。

　　在中国，乡村振兴已成为解决新时代我国社会主要矛盾、实现第二个百年奋斗目标的关键性工程。2017 年 10 月，中国共产党第十九次全国代表大会提出实施乡村振兴战略，并将其写入党章。2018 年初，《中共中央 国务院关于实施乡村振兴战略的意见》发布，确定了实施乡村振兴战略的总体要求、主要任务及重大政策举措。2018 年 9 月出台的《乡村振兴战略规划（2018—2022 年）》按照产业兴旺、生态宜居、乡风文明、治理有效、生活富裕的总要求，进一步明确了乡村在国家经济社会发展过程中的新定位，提出了重塑城乡关系、促进农村全面进步的新路径和新要求。2020 年，我国脱贫攻坚取得全面胜利后，乡村振兴全面推进已具备良好的条件。在此背景下，2021 年中央一号文件对新发展阶段优先发展农业农村、全面推进乡村振兴做出总体部署。

　　上述文件的相继出台，为乡村振兴战略的制度框架和政策体系构建奠定了基础，使相应工作的依序推进变得有章可循。从短期来看，2021 年至 2025 年是一个特殊的历史交汇期，我国已开启第二个百年奋斗目标的征程。"十四五"规划将"坚持农业农村优先发展、全面推进乡村振兴"作为一个重要篇章，在农业提质增效、乡村建设、城乡融合发展、实现巩固拓展脱贫攻坚成果和乡村振兴战略的有效衔接等方面确定了重点任务。要顺利完成这些任务目标，仍面临许多困难

和挑战。例如，农业供给质量和效益亟待提高，城乡基本公共服务和收入分配差距依然较大，农村基层基础工作存在薄弱环节，防止规模性返贫致贫、尽快建立缓解相对贫困长效机制的任务也较为艰巨。从2035年远景目标来看，要在根本上改善我国的农业结构、提高农民就业质量、缓解相对贫困、促进基本公共服务均等化、完善乡村治理体系、改善乡村生态环境，则必须在资源投入、要素流动、利益联结、人才激励、社区治理等多方面探索机制改革创新。

这些政策实践问题对相关学科的理论创新也提出新的要求。一方面，脱贫攻坚战的胜利为乡村振兴奠定了坚实基础，深度总结中国减贫经验，提炼更多具有原创性的理论，可以为全球减贫和乡村发展实践贡献中国智慧；随着绝对贫困的消除，未来缓解相对贫困、实现乡村可持续发展需要有新的理论突破。另一方面，乡村发展面临的国内外环境更加复杂，其中既有城镇化、工业化、信息化深入推进带来的机遇，也有乡村人口结构变化、国际贸易摩擦升级等现象带来的许多不确定性，乡村发展将处于大变革、大转型的关键时期。在这一背景下，准确把握乡村发展的基本规律，以乡村振兴战略为引领，及时发现当下影响乡村发展的重要因素，根据我国国情完善乡村治理机制，探索农业可持续发展路径具有重要的科学价值和实践意义。

### 2. 国际发展态势与我国发展优势

乡村发展是世界各国现代化发展历程中必须完成的任务，普遍受到高度重视。

从国际政策实践来看，许多发达经济体和部分发展中国家成功同时实现了经济结构转型和乡村转型，形成了比较成熟的乡村振兴模式。其经验表明，良好的乡村转型并非在乡村内部自我完成，往往需要与经济结构转型协调融合。欧美国家自18世纪初开始进行经济转型，至19世纪末期已经实现城乡生产率趋同，在20世纪70年代基本完成了工业化、城市化及农业现代化[1]。亚洲的日本和韩国也在20世纪70~80年代完成了经济转型。经济合作与发展组织（Organization for Economic Cooperation and Development，OECD）国家2017年第一产业增加值占GDP比重仅为1.47%，2019年城市化率达82.36%[2]。部分发展中国家如巴西、智利、乌拉圭、马来西亚、泰国和越南也都在经历快速的双重转型。

发达国家和地区乡村转型的驱动因素主要是后工业化、逆城市化和全球化。通过建立健全法治保障体系、完善农业支持保护制度等一系列措施，发达经济体实现了农业的现代化转型和农村发展。例如，欧洲的乡村振兴大概经历了四个阶段：在1960年初出台共同农业政策，建设共同农业市场，发展现代农业；1990

---

① 黄季焜. 四十年中国农业发展改革和未来政策选择. 农业技术经济，2018，275（3）：4-15.

② 见 OECD 数据库（https://stats.oecd.org/Index.aspx）.

年至 2006 年关注农村多元问题，提出农村优先发展；2007 年至 2013 年关注改善生产生活环境，提高绿色发展质量；2013 年以后加强了对提高农业竞争力和创新能力、振兴农村经济社会、促进生态环境改善和资源可持续利用方面的支持[①]。日本的乡村振兴可分为三个阶段：粮食增产期（1946～1960 年）致力于改善基础设施和提高农业生产水平，高速经济增长期（1961～1975 年）给农业大量补贴和政策支持，稳定增长及新发展时期（1976～2020 年）最有成效的工作是"一村一品"运动。韩国的乡村振兴开始于 1970 年，大致可分为五个阶段：基础设施阶段致力改善设施和环境，扩张阶段主要增加农民收入来源多样性，丰富和完善阶段主要发展特色农业，国民自发运动阶段把行动主体从政府转为民间，自我发展阶段完全转由民间来组织[②]。

发达经济体发展乡村的主要经验是明确农民始终是农村发展的主体和主要受益者，通过立法与激励政策为农村发展提供制度保障和公共政策支持，高度重视社区建设，重视"从下至上"的参与式发展模式[③]。这些做法为我国乡村振兴提供了可借鉴经验。

由于农村人口基数庞大及对整个中国发展转型的重要性，中国的农村发展受到国内外社会的广泛关注。

改革开放 40 多年来，我国农村发展取得重大成效。在农村制度创新、农业技术进步、农产品市场化改革和农业投入增长四大因素的驱动下，我国农村、农业和农民面貌均发生了巨大变化，截至 2019 年，农业生产总值和人均产值快速增长，农业生产总值和人均农产品供给保持年均增速分别达 4% 和 3.5%；农业生产结构不断优化，农民就业更加充分，棉花、油料和糖料产量增速分别达 3.8%、6.4% 和 5.3%，水果、猪牛羊肉和家禽、水产等高价值农产品产值年均增速分别达 11.5%、6% 和 7%，远高于粮食产量增速 2.1%；农村居民食物消费水平提高，食物消费结构得到改善；农业的稳定发展促进农民增收和农村减贫，农村居民人均纯收入年均增速 7.4%[④]。

在乡村发展进程中，中国的减贫成效尤为突出。按世界银行 1.9 美元标准，我国贫困发生率从 1978 年的 88.1%（农村地区 95.4%）下降至 2017 年的 0.7%[⑤]。尤其是党的十八大以后，减贫成就更加显著。2012 年末，我国农村绝对贫困人口有 9899 万人。2020 年底，农村贫困人口全部脱贫，832 个贫困县全部摘帽，12.8 万

---

① 芦千文，姜长云. 欧盟农业农村政策的演变及其对中国实施乡村振兴战略的启示. 中国农村经济，2018，406（10）：119-135.

② 王鹏，刘勇. 日韩乡村发展经验及对中国乡村振兴的启示. 世界农业，2020，491（3）：107-111，121.

③ 黄季焜，陈丘. 农村发展的国际经验及其对我国乡村振兴的启示. 农林经济管理学报，2019，18（6）：709-716.

④ 黄季焜. 四十年中国农业发展改革和未来政策选择. 农业技术经济. 2018，275（3）：4-15.

⑤ 见世界银行数据库（https://data.worldbank.org.cn）.

个贫困村全部出列，区域性整体贫困得到解决。中国农村贫困局面从普遍性贫困走向整体消灭绝对贫困，提前实现联合国《2030 年可持续发展议程》减贫目标。2020 年后，我国贫困的属性和贫困群体的特征发生重大变化，贫困表现形态从绝对贫困转化为相对贫困[①]。

尽管在农村发展和反贫困上已取得巨大成就，中共中央、国务院印发的《乡村振兴战略规划（2018—2022 年）》仍清醒指出，"我国人民日益增长的美好生活需要和不平衡不充分的发展之间的矛盾在乡村最为突出，我国仍然处于并将长期处于社会主义初级阶段的特征很大程度上表现在乡村"[②]。在当前及未来一段时期内，农业现代化和农村社会形态的转型仍需付出巨大努力。当前，我国经济从长达四十多年的高速增长期进入中速增长期，释放资源配置在空间上的结构性潜能，成为当前推动中国经济继续增长的重要驱动力。加快户籍制度和土地制度改革，激活要素流动活力，推动资本、人才、科技、土地等经济要素在城乡之间、产业之间重新配置，转变政府职能，实现农村产业转型和城乡融合发展，是我国新阶段实施乡村振兴战略的主要途径。

在学术研究方面，农村发展在 20 世纪 60～70 年代曾经是显学，著名发展经济学家刘易斯和舒尔茨因研究城乡二元经济问题而获得 1979 年诺贝尔经济学奖。刘易斯模型中的"刘易斯拐点"仍然是用来分析城乡二元转型时的一个主要分析工具，舒尔茨对农村和农业发展中人力资本投资重要性的发现，也开了后期反贫困研究中关注人力资本投资的先河。另外，托达罗模型、费景汉-拉尼斯模型也分别为城乡二元经济提供了更丰富的视角。但发达经济体在 20 世纪 80 年代已经实现乡村转型，主流经济学中乡村发展和城乡二元经济的研究渐渐淡出主要舞台，前五大经济学期刊在 2006～2020 年共发表以"rural development"为主题词的论文 33 篇。

在中国，乡村发展、乡村振兴主题受到学界高度关注。自 2017 年党的十九大提出乡村振兴战略以来，CSSCI 数据库中以"乡村振兴"为主题词的中文学术论文就已达 3000 余篇。国家自然科学基金在"十三五"期间，资助了一系列有关反贫困和乡村发展的重大、重点支持与重点项目，这些都为基于中国经验的反贫困和乡村发展理论创新奠定了知识、技术、数据等方面的重要基础。当前乡村振兴领域的热点问题主要包括乡村振兴的实施路径和对策研究、乡村旅游、乡村治理、城乡融合等。此外，新型职业农民、农村电商、农村金融等关键词出现频次也较

① 叶兴庆，殷浩栋. 从消除绝对贫困到缓解相对贫困：中国减贫历程与 2020 年后的减贫战略. 改革，2019，310（12）：5-15.

② 中共中央 国务院印发《乡村振兴战略规划（2018—2022 年）》. http://www.gov.cn/zhengce/2018-09/26/content_5325534.htm[2023-05-07].

多，属于乡村振兴领域的小热点，发展潜力巨大。

尽管相关研究成果较多，但现有研究还难以对乡村振兴战略各项具体措施的落地提供足够支撑。当前乡村振兴领域的研究多以理论阐释、定性探讨及基于个案的乡村振兴模式分析为主，难以为乡村振兴战略各项具体措施的落地提供足够支撑。针对乡村振兴生产、生态、文化、治理、生活各个方面的具体问题，对宏观现象和相应举措、机制建设的探讨较多，缺乏基于微观数据更细致、全面的分析，缺少对相关政策成本收益的精准评估或科学模拟。乡村振兴领域的研究方法亟须从以定性分析为主转向定性与定量分析并重，研究内容亟须从宏观战略层面转向中观和微观层面。

中国波澜壮阔的扶贫行动和乡村发展进程，为我国乡村发展研究提供了丰富的研究素材。基于中国的伟大实践，总结中国减贫和乡村发展经验，探究不同时期乡村发展变化特征和规律，发展具有中国特色的乡村发展理论，一方面，有利于形成一系列新的研究方法、理论框架和政策体系，增进国际主流学界对乡村转型问题的理解；另一方面，研究者有机会综合运用各类研究方法，把理论与政策紧密结合，根据实践进展及时发现和修正研究路径，为政策完善提供有力支持。

### 3. 主要研究方向

#### 1）中国乡村发展的规律

乡村振兴是乡村发展的一个特殊阶段，乡村振兴战略的实施必须遵循乡村发展的客观规律。首先，需要从整体上把握我国乡村发展面临的国内外环境，将我国与世界上其他国家和地区的乡村发展路径进行比较，总结乡村发展的一般规律与特殊经验，深入分析影响我国乡村发展的关键因素。其次，我国幅员辽阔，各地乡村发展的资源禀赋、生产力水平、治理模式和居民需求差异较大，需要对不同类型乡村的特点进行提炼总结[①]。最后，乡村发展并不是一个完全自发的过程，需要对我国乡村发展实践的历史事实和相关数据进行系统整理，构建科学的理论框架，探究相关政策作用机制。

典型科学问题举例：不同经济发展和城镇化阶段乡村发展的特点和动态变化规律，基于中国实践的乡村振兴路径，乡村振兴资源投入成效评价方法与作用机制研究，乡村振兴背景下农村产业扶持项目的可持续发展机制研究，农村公共服务供给与需求的有效匹配理论与机制研究，乡村发展水平和形态的动态测度，等等。

---

① 张正峰，张阿曼. 中国县域乡村发展类型及时空变化. 资源科学，2020，42（2）：207-216.

### 2）中国减贫战略转型期贫困变化规律和治理机制研究

反贫困理论和政策相关研究是乡村振兴研究的重要组成部分。自 2013 年习近平提出精准扶贫理念以来，学界对精准扶贫相关问题开展了大量研究，总的来看，相关研究以理论阐释、案例研究、定性分析为主，严谨科学的定量实证分析非常欠缺。一方面是由于微观数据的稀缺，另一方面则是由于中国的减贫方案是多举措的综合性方案，要实现科学评估对数据和方法均有较高要求。与中国减贫丰富的实践创新和伟大成就相比，学界基于中国减贫实践的理论创新还非常不足。基于对中国减贫实践的历史事实和相关数据进行系统整理，构建科学的分析框架，以科学严谨的实证方法对中国减贫实践进行总结评估，有助于在国际通用的学术话语体系下发展出具备原创性的中国特色反贫困理论。随着绝对贫困的消除，未来巩固脱贫成果、缓解相对贫困也需要有新的理论突破。研究乡村振兴和新型城镇化背景下的减贫模式转型，深入把握中国城乡相对贫困的动态变化规律和特点，研究进一步提升低收入人口自我发展能力和改善发展环境的有效路径，探索反贫困长效机制建设路径，将为构建更合理的收入分配格局、促进共同富裕提供坚实的支撑。

典型科学问题举例：中国贫困治理和乡村发展的历史进程与演化路径，不同发展阶段贫困治理路径研究，各项减贫措施的影响机制研究，中国减贫经验的理论化和外部适用性研究，等等。

### 3）城乡融合与区域协调发展

区域之间、城乡之间发展的不平衡和不充分的问题较为突出，是制约下一阶段乡村振兴效率提升和乡村振兴战略顺利实施的重要因素。当前，中西部地区经济和社会发展水平与东部地区还有不小差距，城乡之间在收入、医疗、教育、就业、卫生、基础设施等方面差距较为明显。研究城镇化推进过程中城乡关系的重构和乡村社会经济发展的基本规律，分析区域发展不协调导致的乡村发展差异性的机理，探究如何破除体制机制弊端实现城乡融合发展与区域协调发展，是提升下一阶段乡村振兴资源配置效率和实现乡村振兴战略目标任务的重要课题。

典型科学问题举例：城乡关系重构与乡村转型发展规律，县域经济发展与城乡格局优化，城乡区域发展不协调的产生机制，城乡融合发展中要素市场化配置的体制机制和农村经济转型研究，乡村人力资本储备和培育机制研究，农民工返乡和城乡劳动力双向流动规律及其影响机制研究，区域发展不协调和乡村发展差异性的关系，区域发展不平衡背景下的乡村振兴资源配置效率优化机制研究，等等。

### 4）新形势下乡村治理模式变迁基本规律和治理机制

治理有效是实现乡村振兴战略目标的基础。党的十八大以来，乡村治理模式呈现出一些新的变化，基层组织建设得到加强，干部服务群众的意识和工作能力有所提高，村级议事协商更加规范化，村民参与村庄事务治理的积极性有所提升。但与此同时，乡村治理还面临一些新的挑战，如青壮年劳动力持续流失导致乡村治理主体和对象发生变化，信息化发展对乡村治理形式和透明度提出更高要求，各类利益主体诉求多样化增加乡村治理难度和复杂性等。并且，我国乡村治理还有一些短板尚未补齐，治理事务有待进一步规范，公共服务供给水平和有效性有待提高，乡村治理人才流失和能力不足等问题仍较为突出，离"有效治理"的目标还有一定差距。在新形势、新要求下，分析农村社会经济结构变迁与乡村治理变化的基本规律，探究如何调整乡村治理机制、提高乡村治理效能，是实现乡村有效治理的重要课题。

典型科学问题举例：新时代农村社会经济结构变化和乡村治理模式变化规律，乡村治理人才困境和基层干部激励机制设计，新时代乡村社会治理评价方法与体系构建，乡村治理能力现代化的路径，乡村社会治理风险预判机制构建研究，等等。

### 5）数字技术对乡村发展的影响规律

数字乡村是伴随网络化、信息化和数字化在农业农村经济社会发展中的应用，以及农民现代信息技能的提高而内生的农业农村现代化发展和转型进程，既是乡村振兴的战略方向，也是建设数字中国的重要内容。近年来，我国农村信息基础设施加快建设，线上线下融合的现代农业加快推进，农村信息服务体系加快完善，同时也存在顶层设计缺失、资源统筹不足、基础设施薄弱、区域差异明显等问题。迫切需要完善信息技术影响乡村发展和治理的理论逻辑，探讨数字技术在乡村发展不同阶段的作用和应用难点，分析数字技术在乡村经济发展中的扩散效应、溢出效应、普惠效应，研究信息化在推进乡村治理体系和治理能力现代化中的关键技术及应用，为进一步发挥信息化在乡村振兴中的潜力，促进农业全面升级、农村全面进步、农民全面发展提供理论支撑。

典型科学问题举例：数字技术在乡村振兴中的价值测度理论与应用，数字技术发展对乡村社会结构和治理机制的影响规律，数字技术背景下农村产业变革与新业态形成规律，数字技术发展对农村劳动力流动和就业形态影响规律，数字技术在乡村发展不同阶段的作用和应用难点，农村数字化基础设施规划和供给机制，数字技术在乡村社会治理体系和治理能力现代化中的应用，数字信息技术在乡村人力资本培育中的应用，"数字鸿沟"对收入差距的影响及机制研究，数据智能驱动的乡村振兴创新与治理机制，乡村发展的数字化转型，等等。

#### 6）全球视野下中国农业的可持续发展路径

农业现代化是实现国家现代化的必由之路。与世界其他国家相比，我国在农业发展过程中有着特殊的基础条件和后发优势，也面临全新的外部环境和现实挑战，这对我国农业现代化的路径有着重要影响。作为有着众多人口的发展中国家，中国在坚持立足国内基本解决吃饭问题的同时，也积极参与农业国际贸易、投资与产业合作。近年来，国际贸易摩擦升级、全球气候变化、自然灾害等因素给我国粮食安全和农业经济平稳、可持续发展带来诸多挑战，我国农业经济发展面临的风险和不确定性有上升趋势。在这样的背景下，亟须分析我国农业发展面临的内外风险，探究如何通过优化农村资源要素配置、抓住新一轮农业科技革命机遇，实现农业生产模式转型和农业现代化，提升我国农业生产国际竞争力和可持续发展水平。

典型科学问题举例：全球化趋势新变化对中国农业现代化路径的影响研究，发达国家农业现代化的路径对比与一般规律研究，全球气候变化对中国农业发展的影响研究，要素配置对农村经济转型的影响研究，风险管理视角下农业可持续发展研究，资源环境约束下的农业可持续发展，中国农业产业革命和农业竞争力提升路径研究，等等。

## 4.4 优先领域集群三：全球变局下的管理研究

本集群包含了两个具体的子优先领域及其方向，着重强调了当今全球政治经济竞争格局的剧烈动荡和演化对管理科学未来发展提出的巨大挑战。这两个子领域包括全球变局下的风险管理理论及巨变中的全球治理基础规律。

### 4.4.1 全球变局下的风险管理理论

#### 1. 基本概念、科学意义与国家战略需求

风险管理指的是通过对风险的认识、衡量和分析，选择最有效的方式，主动地、有目的地、有计划地处理风险，以最小成本争取获得最大安全保证的管理方法。进入21世纪（特别是第二个十年）以来，全球政治经济格局发生了巨变，中美脱钩、英国脱欧、全球新冠疫情蔓延、石油输出国组织（Organization of the Petroleum Exporting Countries，OPEC）谈判破裂、国际贸易保护主义、政治孤立主义等正在改变1990～2020年的经济全球化趋势[①]。与此同时，全球气候变化、

---

① 周琪，付随鑫. 美国的反全球化及其对国际秩序的影响. 太平洋学报，2017，25（4）：1-13.

李策划，李臻. 美国金融垄断资本全球积累逻辑下贸易战的本质——兼论经济全球化转向. 当代经济研究，2020，297（5）：66-76.

资源枯竭、各类环境及安全问题频发，给全球治理带来众多挑战[①]。这种巨变无论是对宏观的国家经济安全、中观的产业格局，还是对微观企业的供应链和创新，都构成了巨大的风险和挑战，导致产生了探索风险管理规律的新需求。全球变局下的风险管理是一项复杂的系统工程，包括风险识别、监测预警、预测控制、协同联动等各个环节，涉及该领域诸多理论和方法。要做到科学防范和应对，不仅要求专业处置能力，还需要系统的风险管理理论方法做保障。因此，识别复杂条件下的风险管理规律与机理，构建全球变局下的完善、系统、规范的风险管理理论方法，对健全现代化风险管理体系具有重要科学意义。

我国正处于工业化、城市化、现代化快速发展和社会经济转型的关键时期，国家发展的内部条件和外部环境也在发生深刻复杂变化[②]。在 2019 年省部级主要领导干部坚持底线思维着力防范化解重大风险专题研讨班上，习近平就指出了当前和今后一个时期我国面临的安全形势，深刻阐述了我国发展面临的一系列重大风险，并就有效防范化解各类重大风险，明确提出"既要有防范风险的先手，也要有应对和化解风险挑战的高招；既要打好防范和抵御风险的有准备之战，也要打好化险为夷、转危为机的战略主动战"[③]。在 2020 年中央政治局会议上，习近平进一步强调，"当今世界正经历百年未有之大变局""不稳定性不确定性明显增强"，要"增强机遇意识和风险意识，把握发展规律""应对挑战"[④]。因此，面向国家有效应对全球变局风险的重大战略需求，亟须在政府机构、社会经济、技术革新乃至文化领域尽快构建符合新时代特征的能够有效应对全球变局的风险管理新理论，将风险管理提升到国家战略高度，保障资源环境安全和经济社会可持续发展。

为实现该目标，风险管理需要在考虑全球变局的基础上开展深入研究，包括重点识别全球变局下的经济安全与关键风险，确定数字时代下影响全球供应链安全风险的关键要素，建立非合作全球竞争下的企业创新战略，阐明金融安全的风险演化机制并提出系统控制策略，厘清全球战略资源贸易网络的演化规律，明晰全球变局下生态环境变化的格局和管控能源资源的可持续供应及消费，并最终形成全面对外开放的国家经济安全理论。在此过程中，迫切需要将大数据、人工智

---

① 孙博文. 环境经济地理学研究进展. 经济学动态, 2020, 709（3）: 131-146.

② 袁富华, 张平. 经济现代化的制度供给及其对高质量发展的适应性. 中国特色社会主义研究, 2019, 145（1）: 39-47.

魏后凯, 王颂吉. 中国"过度去工业化"现象剖析与理论反思. 中国工业经济, 2019, 370（1）: 5-22.

③ 习近平：以时不我待只争朝夕的精神投入工作　开创新时代中国特色社会主义事业新局面. http://jhsjk.people.cn/article/29748659[2023-05-09].

④ 中共中央政治局召开会议决定召开十九届五中全会　中共中央总书记习近平主持会议　分析研究当前经济形势和经济工作. http://jhsjk.people.cn/article/31804564[2023-05-09].

能和区块链等新技术与风险管理相结合，丰富风险管理理论与方法以提高整体风险管理效率，为政府优化资源配置和开展精细化管理提供科学的决策依据。这不仅会促进我国经济高质量发展转型，增强我国在国际经济合作和竞争中的优势，同时对指导国家产业结构调整、宏观经济政策制定等重大决策具有重要现实意义。

### 2. 国际发展态势与我国的挑战和机遇

随着世界多极化、经济全球化、社会信息化的深入发展，各种因素之间相互影响，使世界的不稳定性大大增加，并赋予"变局"以宏大的历史主题。全球变局下的政治经济发展态势，具有以下特征：①国际力量对比发生重大变化，全球治理体系亟待重建[1]。国际政治格局之变是"全球变局"之"变"的核心内容，其变化的根源来自国际力量的此消彼长[2]。随着国际力量对比的变化，新兴国家参与全球治理的呼声越来越强烈，以期在全球治理中占据更加主动有利的地位，全球治理体系正面临新一轮大调整。②全球贸易与价值链的变革。麦肯锡全球研究院于2019年发布的《变革中的全球化：贸易与价值链的未来图景》[3]明确指出，当前全球化正在经历根本性变革，通过对全球43个国家和地区的23个行业价值链分析后指出，全球价值链正经历六大结构性改变，分别为：跨境商品贸易占总产出的比重减少；服务贸易增长快于商品贸易；劳动成本套利型贸易逐年减少；全球价值链的知识密集度不断提高；商品贸易的区域化属性增强，远距离贸易减弱；新技术正在改变全球价值链的成本。③科技创新和竞争更趋激烈[4]。埃森哲技术研究院在《技术展望2021年》中指出，技术正在重塑各大行业，企业的转型和大量涌现的新技术正在创造一个全新的商业时代[5]。世界科技格局进入加速重塑期，各种科技力量的较量将更趋激烈[6]。④影响人类安全的因素明显增多。近些年来，人类社会过去没有遇见或者很少遇见的安全威胁（如生态安全、网络安全、生物安全、病毒蔓延等）逐渐凸显，并对国家安全和社会稳定构成重大威胁。例如，2020年初暴发的新冠疫情不仅沉重打击了世界各主要经济体，引发世界经济衰退，而且造成世界各国在意识形态、社会制度、发展模式、价值观念等方面的严重对立和冲突，破坏了国家间的信任关系和制度性合作。

---

① 张蕴岭. 在大变局中把握发展趋势. 理论导报，2019，375（3）：19-21.

② 刘建飞. 世界政治变局下的全球治理与中国作为. 探索与争鸣，2019，359（9）：140-148，199.

③ 麦肯锡全球研究院. 变革中的全球化：贸易与价值链的未来图景. https://www.mckinsey.com.cn/变革中的全球化：贸易与价值链的未来图景/[2023-05-07].

④ 张亚勇，王永志. 大变局下的世界趋势与中国作为. 中国党政干部论坛，2020，381（8）：59-62.

⑤ 埃森哲技术研究院. 技术展望 2021 年. https://www.accenture.cn/content/dam/accenture/final/a-com-migration/custom/_acnmedia/pdf-149/Accenture-Tech-Vision-2021-Full-Report-CN.pdf#zoom=40[2023-06-11].

⑥ 陈淑梅. 科技革命呼唤技术全球主义. https://m.huanqiu.com/article/3zFIay7TSQG[2023-05-11].

置身于全球大变局之中，中国也面临越来越多的风险与挑战，如中美贸易摩擦不断升级、新贸易保护主义进一步加剧的风险、信息技术对我国安全与发展带来的挑战及新冠疫情给我国供应链带来的影响等。我国也对此采取了相应的策略，并迎来了全新的发展机遇。首先，以数字化为代表的新技术对产业链的驱动作用日益增强。我国物联网、大数据、区块链、人工智能等新兴数字技术的不断融合创新为经济社会的发展提供了全新的机遇①。其次，我国在产业链上呈现明显的高技术制造业比重上升、中技术制造业比重下降、低技术制造业比重基本保持不变的情况。中国经济发展进入新常态，为产业链由要素驱动向创新驱动转变提供了强劲动力。最后，随着 2020 年初暴发的新冠疫情暴露出的关键战略资源准备不足、全球供应链断裂、应急资源调配不及时等一系列重大问题，党和政府推动国家治理体系和治理能力现代化的步伐进一步加快，包括经济、政治、文化、社会、生态文明和党的建设等各领域的体制机制、法律法规及政策安排进一步推进。

在全球变革的大趋势下，国家层面的种种战略考虑对国家科技安全与信息安全管理、生态环境和能源资源的风险管理等诸多的管理问题提出了新的要求，并提供了更好的研究契机。目前，国内外学者在风险管理相关领域进行了多方面的探索和研究。例如，经济安全与关键风险识别②，全球供应链安全风险与管理③，全球生产体系的冲击及产业链加速发展④，生态环境和能源资源的

① 陈晓红. 新技术融合下的智慧城市发展趋势与实践创新. 商学研究, 2019, 26 (1): 5-17.

陈晓红. 新技术融合必将带来管理变革. 清华管理评论, 2018, 66 (11): 6-9.

② Batten S. Climate change and the macro-economy: a critical review. Bank of England Working Paper No. 706, 2018.

Dell'Ariccia G, Rabanal P, Sandri D. Unconventional monetary policies in the euro area, Japan, and the United Kingdom. Journal of Economic Perspectives, 2018, 32 (4): 147-172.

Holston K, Laubach T, Williams J C. Measuring the natural rate of interest: international trends and determinants. Journal of International Economics, 2017, 108: S59-S75.

陈雨露. 当前全球中央银行研究的若干重点问题. 金融研究, 2020, 476 (2): 1-14.

③ 何昊坤, 李璐. ICT 供应链安全管理风险识别研究. 网络空间安全, 2019, 10 (4): 37-42.

Boyens J, Paulsen C, Moorthy R, et al. NIST special publication 800-161: supply chain risk management practices for federal information systems and organizations. Gaithersburg: National Institute of Standards and Technology, 2013.

李璐, 汪坤. ICT 供应链安全管理综述. 中国信息安全, 2019, 111 (3): 100-103.

陶丽雯, 赵改侠, 谢宗晓. ICT 供应链安全风险管理政策标准化综述及分析. 网络空间安全, 2019, 10 (4): 1-8.

④ 祝坤福, 高翔, 杨翠红, 等. 新冠肺炎疫情对全球生产体系的冲击和我国产业链加速外移的风险分析. 中国科学院院刊, 2020, 35 (3): 283-288.

Antras P, Chor D. On the measurement of upstreamness and downstreamness in global value chains. National Bureau of Economic Research Working Papers No.24185, 2018.

Los B, Timmer M P, de Vries G J. Tracing value-added and double counting in gross exports: comment. American Economic Review, 2016, 106 (7): 1958-1966.

风险管理[①]等；也有不少国内学者针对我国微观产品、中观市场及宏观货币体系在内的金融系统展开研究[②]。但是目前以全球变局作为背景的风险管理研究则相对较少，多集中于全球变局下风险管理中的国际合作与关系治理[③]、产业变局[④]、文化重建[⑤]等。从全球变革的背景和研究现状可以看出，全球变革和风险管理的研究价值和意义已被学者认同。但是将风险管理置于全球变革的框架下，来阐释国家如何更好地应对风险挑战却是一个崭新的话题，且尚未建立起成熟的理论框架，亟须理论与方法上的指导。

### 3. 主要研究方向

#### 1）全球变局下的经济安全与关键风险识别技术

全球政治经济格局的深刻变化将对国家经济安全形成新的挑战，将广泛地波及全球产业格局、供应链与金融市场，从而带来不可忽视的经济风险。全球变局极可能引发新一轮全球金融危机甚至经济衰退，从而加速地缘政治动荡，导致社会整体经济福利受到严重损害，经济体系的独立稳定运行也会随之动摇，危及国家经济安全。因此，探索全球变局下的经济安全与关键风险识别，是有效应对我国经济风险及进一步推进经济全球化的必要课题。

典型科学问题举例：全球变局中的经济发展特征及趋势规律，经济安全理论

---

① 康鹏, 陈卫平, 王美娥. 基于生态系统服务的生态风险评价研究进展. 生态学报, 2016, 36（5）：1192-1203.

梁海峰, 李颖. 美国石油崛起推动世界石油格局重大变化下中国能源安全的风险及对策. 中国矿业, 2019, 28（7）：7-12.

何建坤. 全球气候治理新形势及我国对策. 环境经济研究, 2019, 4（3）：1-9.

Dafermos Y, Nikolaidi M, Galanis G. Climate change, financial stability and monetary policy. Ecological Economics, 2018, 152：219-234.

② 王宇, 肖欣荣, 刘健, 等. 金融网络结构与风险传染理论述评. 金融监管研究, 2019, 86（2）：79-96.

Liu A Q, Paddrik M, Yang S Y, et al. Interbank contagion：an agent-based model approach to endogenously formed networks. Journal of Banking & Finance, 2020, 112：105191.

张金林, 孙凌芸. 复杂网络理论下跨市场金融风险传染机制与路径研究. 中南财经政法大学学报, 2020, 239（2）：110-121.

Aldasoro I, Alves I. Multiplex interbank networks and systemic importance：an application to European data. Journal of Financial Stability, 2018, 35：17-37.

Stolbova V, Monasterolo I, Battiston S. A financial macro-network approach to climate policy evaluation. Ecological Economics, 2018, 149（Jul）：239-253.

③ 马玉荣. 全球变局下中国—东盟加强经贸合作. 中国发展观察, 2020,（13）：120-121.

张荣楠. 中美产业链重构背后的全球变局. 金融与经济, 2020, 514（5）：1.

④ 周建军. 积极应对疫情影响下的全球产业链变局. 国资报告, 2020, 62（2）：128-131.

⑤ 秦亚青. 百年变局与新型文化间关系. 世界知识, 2020, 1764（1）：25-27.

及测度方法，全球变局下经济风险识别方法及演变规律，经济风险的驱动力及影响规律，关键经济领域的风险效应评估理论与方法，宏微观交互影响视角下的经济风险应对机制，等等。

### 2）全球供应链安全风险与管理

在新一轮科技革命与产业变革中，各行各业迎来了数字化、网络化、智能化的"数字蝶变"。数字技术与创新正在推动供应链的巨大变革和完善提升。数字化技术发展和经济全球化正将客户服务的期望推向顶峰，但随之而来的全球供应链安全问题也变得日益突出。一方面，在国际贸易摩擦加剧、不确定因素增加、国内经济面临转型升级、各产业面向高质量发展的关键时期，关键技术薄弱带来的供应链风险问题也逐渐暴露，尤其体现在数字化的高端技术行业。从根源上来说，我国关键技术"卡脖子"的问题来自关键产业链布局的不完善；在学术界，与之相关的学术研究目前也比较少。在逆全球化、发达国家供应链主动脱钩等趋势下，如何确保中国高技术行业的供应链安全成为日益紧迫的问题。另一方面，数字经济的出现，虽然有效地推动了供应链透明化、智慧化发展，但数据集成带来的信息泄露问题频发，各行业都将面临数据安全威胁问题，国与国之间的数字鸿沟正在加大，数字主权争夺进入白热化，影响了全球智慧供应链的快速发展。

典型科学问题举例：全球供应链韧性的基础理论与方法，地缘冲突对全球供应链的影响规律和仿真模拟，中国关键产业的供应链安全评估理论和预警方法，数据驱动的全球供应链风险管理技术，产业布局对全球供应链风险的影响规律，等等。

### 3）非合作全球竞争下关键技术创新管理理论

新冠疫情、美国逆全球化等因素的变化和演进，将使全球产业链、价值链、供应链和创新链体系面临巨大风险。我国是世界制造业大国，但在工业基础与关键零部件发展、产业链协调发展、产业关键技术研发及科技经济融合等方面还存在许多突出问题，关键核心技术仍受制于人。在非合作全球竞争背景下，非合作代表局部和领域的合作，而非不合作。因此，构建科学合作国际循环和技术合作国内循环双循环发展格局是"断链"风险的应对之举，其中，保障当前畅通的国内循环是关键，着力点在于以产业关键技术创新为支撑的产业链再造和创新链提升。

典型科学问题举例：产业关键技术创新资源配置的变化及机理，产业关键技术突破与组织模式创新规律，战略产业关键技术的识别和竞争分析模型，颠覆性技术的早期识别与社会经济影响评估，产业关键技术创新的双循环链接及融合机理，产业链与创新链的协同规律，重大工程关键支撑技术的迭代式创新规律及其风险管理理论，等等。

### 4）金融体系风险解析和控制方法

我国金融风险挑战已明显上升为复杂的格局，包括微观金融产品及宏观货币市场、资本市场在内的金融系统的动荡源和风险点增多，外生性冲击与内生性影响相伴等。金融市场是典型的开放性复杂系统，我们需要通过构建跨金融市场、跨风险类别的复杂金融信息网络，关注微观主体的风险识别、风险传染特征和微观风险的宏观涌现；深入融合多源、异构、跨模态的动态金融大数据，实现多风险联合感知与预警；以多风险识别与评价作为控制基础，提出风险控制核心关键方法；从复杂系统的角度对内部结构、外部环境和政策进行模拟仿真，实现全面、精准的金融市场系统控制，确保金融安全。人工智能与大数据技术为解析海量金融数据中影响金融安全的宏微观风险因素和挖掘超大规模复杂金融网络中风险传染路径提供了技术支撑，给研究国家安全的风险演化带来了新机遇。

典型科学问题举例：金融体系的复杂网络结构与演化规律，体系性金融风险的管理理论和方法，开放经济下的复杂金融体系稳定性和韧性，数字货币与金融体系的互动关系，金融市场的复杂系统动力学，经济政策在复杂金融体系中的作用机理，金融体系与实体经济的动态耦合关联，数据智能驱动的金融风险管理理论和技术，等等。

### 5）全球战略资源贸易网络的演化规律

全球经济一体化下快速发展的国际贸易使各个国家的生产与经济活动紧密联系起来。全球化生产与消费对战略资源需求的急剧增加导致了大量的贸易纠纷和环境问题的产生。新冠疫情更是暴露出多国关键战略资源准备不足、全球供应链断裂、应急资源调配不及时等一系列重大问题。我国在快速经济发展过程中遇到的这类挑战尤其显著，主要体现在多种战略资源严重依赖进口、国内"资源-产品-再生资源"路径不畅。这些问题严重制约了战略资源的循环利用和效率提升，粗放的发展模式和路径仍未能得到根本改变。

典型科学问题举例：全球经济发展与战略资源分布动态变化规律，全球战略资源贸易网络的演化规律，全球战略资源供需的长程时空演变规律，战略性资源贸易的物质代谢规律，战略性资源循环利用的经济学理论，等等。

### 6）国家科技安全与信息安全管理理论

科技与信息是国家竞争力和战略安全的关键要素，是促进社会经济发展和保障国家安全的重要支撑。我国科技环境正面临着诸多风险，如国际合作环境变化、核心产业与技术被"卡脖子"等，迫切要求进一步提升对科技安全新使命的认识，聚焦国家战略产业重大需求，突破关键核心技术，加强基础和前沿领域前瞻布局，探索国际科技合作的模式与路径，使国家在全球科技竞争中获得和保持领先优势。与此同时，数字化技术和相关数据产业的快速发展，带来了产业数据环境、网络信息空间、公众社会交流等方面复杂深刻的变化，也带来了数据泄露、隐私泄露、网络社会运动等威胁社会公共安全和经济安全的风险因素。因此，需进一步加强国家安全管理，将关键领域的战略性数据纳入信息资源管理范畴，提升信息组织与分析能力，加强大数据治理和网络空间治理，防范信息网络中的风险、泄露与缺失，筑牢信息安全防线。

典型科学问题举例：突破性科技成果的形成机理和演化机制，国际科技合作模式的演化规律，高端科技人才全球流动规律，关键科技领域技术优势分析方法，面向科技领先的关键科技领域知识发现，国家数据资源和网络空间的治理理论与方法，网络信息传播的时空规律，关键领域数据安全管理模型与方法，面向国家信息安全的多源数据集成与融合方法，面向安全感知的公开数据计算，等等。

### 7）生态环境和能源资源的风险管理理论

在全球产业转型和转移过程中，生态环境破坏和能源资源供给日益紧张，威胁到人类社会的可持续发展。在全球突发公共卫生事件下，能源价格巨变、关键资源准备不足、应急资源调配不及时、病毒环境治理不到位等一系列重大问题，严重威胁人类健康和生命安全及各国经济的健康发展。在全球大变局中，作为世界工厂的中国由承接发达国家高耗能重污染行业的角色，逐步转变为通过国家级顶层合作倡议帮助欠发达国家参与经济全球化进程的重要力量；这种转变帮助和促进了欠发达国家的经济发展，但如何帮助欠发达国家节能减排、积极应对气候变化，是体现中国大国担当、缓解乃至避免全球生态环境污染和能源资源风险的重要内容。

典型科学问题举例：全球能源转型对经济发展的影响机理，资源环境风险安全评价理论与方法，资源环境大数据综合分析与智能风险决策方法，产业链转移对能源资源结构和生态环境变化的影响规律及风险特征，等等。

## 4.4.2　巨变中的全球治理基础规律

### 1. 基本概念、科学意义与国家战略需求

全球治理旨在由各个国家对事关人类发展的全球事务进行共同规制。具体而言，全球治理指地方、国家、区域和全球层面的不同类型主体，为了应对超越国家范畴的问题与挑战，建立起的多层次规则体系[①]，以及为了实施规则而进行的具

---

① Rodrik D. Putting Global Governance in Its Place. The World Bank Research Observe, 2020, 35（1）: 1-18.

有跨国影响力的行动总和[①]。在全球百年变局的背景下，全球治理已受到包括主导国退出、大国博弈等多种力量的交织作用与共同塑造，呈现出治理赤字进一步凸显、大国竞争进一步升级等动态趋势与特征[②]。

新冠疫情的暴发加剧了国际格局的重构，探索新的治理规则、机制和方式已迫在眉睫[③]。在国际格局变革过程中，作为全球治理体系的重要一员，不仅需要推进自身国家治理现代化，也需要在关键领域积极参与和引导全球治理体系及其机制塑造[④]。

全球治理研究涵盖基础理论、具体议题、治理主体、规则体系、治理过程等多层次问题。从管理科学学科视角出发，全球治理的具体研究内容包括但不限于以下方面。第一，全球治理基础理论研究；第二，全球治理具体议题研究，如全球经济治理、全球安全治理、全球环境治理、全球科技治理、全球卫生治理、全球能源治理等；第三，多元全球治理主体研究，包括国家、区域组织、政府间国际组织、企业、非政府组织、社交媒体、个人等在全球事务中的角色及其相互关系；第四，全球治理机制研究，既包括以国家为单位的传统国际治理机制，也包括全球公私合作治理、私人部门治理、多部门协同治理等诸多新型治理机制；第五，全球治理过程研究，包括议题塑造、规范建立、标准设定、治理行动的实施与调整、治理有效性评估等；第六，中国在全球治理中的角色、理念与策略研究，以及全球治理与中国治理的互动关系。

## 2. 国际发展态势和我国发展优势

### 1）国际发展态势

随着经济全球化和世界格局的巨大变化，改革全球治理机制、加强国际协调成为国际社会的共同议题，引发了国家及学术界的高度关注。

从治理主体角度来看，新兴市场国家和发展中国家经济实力迅速崛起，尤其是以金砖国家为代表的新兴大国在世界经济中的比重大幅提升。在经济实力提升的同时，这些新兴大国也开始更加积极地参与全球治理，在全球治理中发挥着越

---

① Wu Z C. The influence of global governance upon state governance. Social Sciences in China，2016，37（4），164-174.

② 谢伏瞻. 论新工业革命加速拓展与全球治理变革方向. 经济研究，2019，54（7）：4-13.

③ Yang K F. Unprecedented challenges，familiar paradoxes：COVID-19 and governance in a new normal state of risks. Public Administration Review，2020，80（4）：657-664.

④ Liu X L，Yao L. The implications of state governance for effective global governance. Social Sciences in China，2016，37（4），175-185.

来越重要的作用①。例如，作为正在崛起的发展中大国，印度参与全球治理的积极性在不断增加。2017 年的联合国大会，印度外交部部长苏什马·斯瓦拉杰强调将参与联合国反恐行动放在优先地位；2018 年，印度总理莫迪在约翰内斯堡金砖国家领导人峰会期间，提出了包括联合国、WTO、国际货币基金组织（International Monetary Fund，IMF）和其他国际组织在内的机构改革提议，促进全球经济治理朝着全面、包容、平衡的方向发展，推动国际经济秩序朝着公正性、均衡性发展。同时，具有全球性影响的区域性治理平台和组织显著增加，区域性治理成为新形势。比如，在全球经济治理领域，G20 峰会已经成为公认的国际经济合作主要平台，在全球经济治理中发挥着重要的顶层设计作用②。此外，发达国家仍然在全球治理中扮演着重要的作用。例如，2015 年，法国出台《反恐怖主义融资》，倡导用多边主义方式防控国际恐怖主义威胁，更好地发挥引领区域防务合作和维护全球安全的大国角色③。

从全球治理议题角度来看，随着全球化的不断深入发展，全球政治格局转变及人口资源环境矛盾的日益凸显，世界各国面临的共同挑战进一步增多，政治、经济和社会方面的全球性议题显著增加。同时，当前的全球热点治理议题还包括一些突发性的、具有全球性影响的重大事件，如 2009 年开始的欧债危机、2011年以来西亚北非地区的持续动荡、2013 年以来的英国脱欧及 2020 年的新冠疫情等④。截止到 2020 年 5 月 4 日，新冠疫情已经波及全球 211 个国家和地区，海外累计确诊人数达到 348.4 万人，为中国累计确诊人数 8.4 万人的 41.5 倍，并且海外确诊人数还在继续快速增加⑤。这不仅是一场波及全球的健康危机，而且正在演变成一场经济危机，并对全球治理构成挑战。疫情冲击下的世界发生深刻变化，面临更多不稳定不确定因素，各国携手抗击疫情成为国际社会的共识⑥。

从学术研究方面看，近年来，以全球治理为主题的研究逐渐为国际学者所重视。在 Google Scholar 以 "global governance" 为关键词，检索 2016 年至 2020 年的学术论文就有 59 300 篇⑦。据不完全统计，2016～2020 年，在 *American Political*

① Larson D W. Status competition among Russia, India, and China in clubs: a source of stalemate or innovation in global governance. Contemporary Politics, 2019, 25（5）: 549-566.

② 回顾历次 G20 领导人峰会主题与成果. http://world.people.com.cn/n1/2018/1201/c1002-30436401.html[2018-12-01].

③ 吴志成，温豪. 法国的全球治理理念与战略阐析. 教学与研究，2019，489（7）: 85-94.

④ Colantone I, Stanig P. Global competition and brexit. American Political Science Association, 2018, 112（2）: 1-18.

Kehoe T J, Ruhl K J, Steinberg J B. Global imbalances and structural change in the United States. Journal of Political Economy, 2018, 126（2）: 761-796.

⑤ 林毅夫. 新冠疫情对全球经济的冲击及中国的应对. 宁波经济（财经视点），2020，521（6）: 10-11.

⑥ Dunlop C A, Ongaro E, Baker K. Researching COVID-19: a research agenda for public policy and administration scholars. Public Policy and Administration, 2020, 35（4）: 365-383.

⑦ 2020 年 7 月 28 日网络搜索数据.

*Science Review*、*Journal of Political Economy*、*American Sociological Review*、*Annual Review of Sociology* 和 *Journal of Public Administration Research and Theory* 等国际权威学术期刊上发表的相关论文有 20 余篇。例如，Kehoe 等[①]发表在 *Journal of Political Economy* 的文章研究了全球失衡对美国国内生产与就业部门的结构性变化。Colantone 和 Stanig[②]发表在 *American Political Science Review* 的文章考察了全球竞争力对英国脱欧决策的影响；Or 和 Aranda-Jan[③]发表在 *Policy Studies Journal* 的文章则研究了金融危机以来国家和非国家主体在全球治理中的动态过程，讨论了二者的能动作用。同时，一些重要的国际学术会议关注到"全球治理"及相关议题。例如，2020 年，公共政策分析与管理学会（Association for Public Policy Analysis & Management，APPAM）召开以"公共卫生政策的新视角"为主题的国际会议，基于新冠疫情，围绕公共卫生政策的制定和执行等主题来展开全球范围内的政策研究；2018 年 9 月，国际行动理事会第 35 届年会以"全球治理：时代所需，当下之要"为主题[④]，来自世界 20 多个国家和地区的政界领导人共同探讨解决人类当前面临的重大全球性问题；2019 年，中法全球治理论坛围绕"'一带一路'与互联互通""多边主义与全球治理""数字治理的挑战与机遇""气候变化和生物多样性"等议题进行研讨，并达成了广泛共识[⑤]。

### 2）我国发展优势

作为最大的发展中国家，我国一直是全球治理的积极参与者与践行者。2013 年，习近平先后提出共建"丝绸之路经济带"和"21 世纪海上丝绸之路"倡议，为国内需要和国际形势"两个大局"的发展提供了外交新方针，彰显了中国作为负责任大国积极参与全球治理的态度与行动[⑥]。截至 2019 年 7 月，中国已经同 136 个国家和 30 个国际组织签署了 195 份政府间合作协议[⑦]。世界银行研究报告显示，"一带一路"倡议将使相关国家 760 万人摆脱极端贫困，3200 万人摆脱中度贫困，参与国贸易增长 2.8%至

---

① Kehoe T J, Ruhl K J, Steinberg J B. Global imbalances and structural change in the United States. Journal of Political Economy, 2018, 126（2）：761-796.

② Colantone I, Stanig P. Global competition and brexit. American Political Science Review, 2018, 112（2）：1-18.

③ Or N H K, Aranda-Jan A C. The dynamic role of state and nonstate actors: governance after global financial crisis. Policy Studies Journal, 2017, 45（S1）：S67-S81.

④ 多国前政要：公平、开放的多边治理体系有助于解决全球挑战. http://www.scio.gov.cn/37259/Document/1638674/1638674.htm[2023-05-07].

⑤ 中法全球治理论坛在法国召开. http://www.xinhuanet.com/world/2019-03-26/c_1124285509.htm[2019-03-26].

⑥ 刘卫东. "一带一路"：引领包容性全球化. 中国科学院院刊, 2017, 32（4）：331-339.

⑦ 戴长征. 全球治理中全球化与逆全球化的较量. 国家治理, 2020, 287（23）：9-14.

9.7%，全球贸易增长 1.7%至 6.2%，全球收入将增加 0.7%至 2.9%[①]。

从全球治理理念角度来看，我国深入分析国际形势的演变规律，顺应互联互通的世界大势，不断提出新的全球治理理念，对全球治理方案做出新的探索。党的十八大明确提出打造"人类命运共同体"理念[②]，受到国际社会的普遍认同。2017 年，联合国社会发展委员会第 55 届会议协商一致通过"非洲发展新伙伴关系的社会层面"决议，"呼吁国际社会本着合作共赢和构建人类命运共同体的精神"加强对非洲经济社会发展的支持，将"构建人类命运共同体"理念写入联合国的决议。2015 年，在中共中央政治局就"全球治理格局和全球治理体制"举行的第二十七次集体学习中，习近平指出，要推动全球治理理念创新发展，积极发掘中华文化中积极的处世之道和治理理念同当今时代的共鸣点，继续丰富打造人类命运共同体等主张，弘扬共商共建共享的全球治理理念[③]。2016 年，习近平在 G20 杭州峰会上提出"把创新作为核心成果""把发展议题置于全球宏观政策协调的突出位置""推动国际秩序朝着更加公正合理的方向发展"[④]。

从学术研究方面来看，全球治理的相关研究已经受到国内学者的高度重视。在百度学术上简单地用论文标题中包含"全球治理"的搜索策略，2016～2020 年仅被 CSSCI 和 CSCD 数据库收录的公开发表的中文期刊就有 246 篇[⑤]。在 WoS 平台上简单以"global governance"为主题检索发现，2016～2020 年中国学术机构发表的国际学术论文共有 283 篇，位居同期全球各个国家和地区同类论文数量第 15 位[⑥]。同时，国内召开的学术会议也一定程度地以"全球治理"作为大会主题或会议名称（如 2018 年 4 月，"十九大的世界影响与意义——'中国方案'与全球治理"[⑦]；2018 年 8 月，"全球化与全球治理：中国理念·中国话语和中国哲学社会科学的构建"[⑧]；2020 年 1 月，"全球治理：跨文化交流与价值

---

① 世界银行. "一带一路"经济学：交通走廊的机遇与风险. https://www.shihang.org/zh/topic/regional-integration/publication/belt-and-road-economics-opportunities-and-risks-of-transport-corridors[2019-12-31].

② 胡锦涛在中国共产党第十八次全国代表大会上的报告. http://cpc.people.com.cn/n/2012/1118/c64094-19612151.html[2012-11-08].

③ 习近平：推动全球治理体制更加公正更加合理. http://jhsjk.people.cn/article/27693518[2023-05-09].

④ 习近平：加强合作推动全球治理体系变革 共同促进人类和平与发展崇高事业. http://jhsjk.people.cn/article/28748259[2023-05-09].

⑤ 2020 年 7 月 26 日网络检索数据。

⑥ 2020 年 7 月 27 日网络检索数据。

⑦ 一个政党的代表大会为何能持久产生世界性影响?. https://www.jfdaily.com/news/detail.do?id=87565[2023-05-07].

⑧ "全球化与全球治理：中国理念·中国话语和中国哲学社会科学的构建"学术研讨会暨第六届全国中青年马克思主义学者高峰论坛在校举行. http://www.bjcipt.com/Item/21655.aspx[2023-05-07].

共识"①等）。国家自然科学基金资助了"国际气候治理与合作机制研究""国家安全协同应对与辅助决策理论和方法"等一系列重大项目，这些都为全球治理的相关研究奠定了知识、技术等方面的重要基础。

### 3. 主要研究方向

#### 1）全球治理体系的转型规律

全球治理体系得益于一个以规则、制度为核心的国际组织体系，而大国间的合作协调与多边整合为这一体系的稳定之锚②。然而，这一多边合作主义格局正面临着巨变与转型。部分西方国家提供国际公共产品的意愿弱化，而国际体系原主导国"退群"更为这一体系投下变数。与此同时，世界范围内反建制主义、民粹主义与保护主义冲击着全球政经秩序，个别西方大国的新孤立主义与霸凌主义挑战着共治架构。从宏观国际环境来看，西方实力的相对衰弱与新兴市场国家集团的崛起都在改变着国际权力格局，旧有的国际体系正经历着根本性的变化，新的全球治理"稳定态"尚未成型，"脱序"与"失范"成为当前国际体系的新特征。在此背景下，我们需要深刻把握全球治理体系转型的规律，分析该体系面临的多边冲突与挑战，从而对这一巨变中的全球治理体系展开精准的探索性研究。特别需要指出，我们需要从运作机制、运行规律及基础理论角度来研究这一变迁中的全球治理体系，从而可以对未来新全球治理体系的性质及运行规律做出精准把握，以有效维护我国在全球新治理体系中的利益格局。

典型科学问题举例：全球治理体系中的竞合与冲突机制，全球化中各方力量对比的演化规律，国际政府组织体系的重构，大国竞争与全球治理的演化及其风险规律，新兴经济体融入全球治理的新模式，等等。

#### 2）关键领域全球治理范式的形成和演变机理

当前，我国正积极参与全球经济、环境、卫生和科技等关键领域的全球治理。这些领域的全球治理范式——治理主体、治理机制、治理机制间相互关系及其整体治理结构等，在过去半个多世纪以来均发生了重大变化。尤其是面对当前国际政治经济局势动荡、突发性全球事件频频爆发、第四次工业革命国际新兴技术竞争等诸多外界冲击，对很多领域的全球治理范式产生了巨大的冲击。因此，深入研究关键领域全球治理范式的形成和演变规律，将有助于对其发展趋势进行科学

---

① "全球治理：跨文化交流与价值共识"国际学术研讨会在沈阳举行. http://www.cssn.cn/skgz/bwyc/202208/t20220803_5456173.shtml[2023-05-07].

② Chen C, Zeckhauser R. Collective action in an asymmetric world. Journal of Public Economics, 2018, 158(2): 103-112.

预判，从而为中国积极参与全球治理体系，引导相关治理体系的健康发展，推进人类命运共同体的建设提供研究支撑。值得强调的是，全球治理范式演变研究是全球治理学界的前沿阵地，目前除了国际关系、国际政治等学科开展的研究，从管理学视角进行研究可以开辟新的视野，有重大优势和充足空间①。

典型科学问题举例：不同全球治理范式的表达和分类标准，影响全球治理范式形成与演变的因素及其作用机制，外部冲击对各类全球治理主体行为选择的影响机制，各类全球治理机制的形成和发展规律，不同领域全球治理的选择理论，引领全球气候合作治理的战略选择理论与方法，等等。

### 3）全球治理合作机制的基础理论

全球治理的参与主体包括个人、公私营组织和国家，治理结构由全球公私合作治理、私人部门治理、多部门协同治理等构成，参与途径有临时介入、遵循组织程序、国家间协商等，参与目的有自利、互利、公益、慈善等。据此，全球治理参与机制在基础理论方面，不仅要系统研究参与者的主体定位，如全球公民、全球组织及其运作、国家的全球行为，也要对全球范围内各种组织的交互关系、国家间关系及其变动、全球合作与冲突机理加以阐明②，还要对全球治理参与的利益驱动与非利益驱动机制进行深入比较分析。相关基础研究由全球治理参与主体理论、运作理论与目的理论构成。

典型科学问题举例：全球治理合作机制的主体与客体行为，全球治理合作机制的交互规则，市场失灵下全球公共产品的提供机制，全球治理合作者的多元目标和协调理论模型，全球治理合作的利益与公益分配机制设计，等等。

### 4）全球治理的规则-技术-工具体系理论

当前，全球化遭遇重大挫折，原有的全球治理秩序不可持续，中国参与全球治理面临前所未有的挑战和机遇。中国应该积极参与全球治理规则体系的变革与重建，健全全球治理的技术与工具体系，促进全球治理效能与效率，加快形成有利于中国发展的全球公共行政与政策体系。通过研究全球治理的规则、技术与工具体系的迭代升级，探讨全球治理具体运行机制、过程与模式，揭示国家和非国家行为体的风险收益判断，发现在利益冲突、价值分化与信息不对称条件下的交易成本和集体行动规律，可以为建立具有确定性、一致性和可执行性的全球规则体系提供理论支持。从公共管理角度出发分析全球治理中的规则、技术和工具，

---

① Xue L, Yu H Z. Towards a public management paradigm for global governance: an analysis based on an issue-actor-mechanism framework. Social Sciences in China, 2017, 38（1）: 26-45.

② Goldberg P K, Reed T. Income distribution, international integration, and sustained poverty reduction. NBER Working Papers 27286, 2020.

有助于在运行机制和实施层面发现解决全球事务的科学机制[①]。

典型科学问题举例：全球治理规则体系演化的规律与动力机制，全球治理技术体系的升级与变迁规律，全球治理工具体系的创新与实现机制，全球治理数字化对国际规则和组织的重构，全球治理规则体系变迁的触发机制，全球履约机制和纠纷仲裁博弈模型，等等。

#### 5）中国国家治理与全球治理的互动

国家治理与全球治理是人类社会公共治理领域最重要的两个方面。在百年未有之变局下，全球化与全球治理体系、模式与内容发生深刻变化，而党的十八大以来，中国以更积极的姿态参与全球治理，并努力推进国家治理体系与治理能力现代化[②]。全球治理一方面受制于国家治理的模式与能力，另一方面又不断地影响国家治理现代化的进程[③]。在中国积极参与全球治理、推动全球治理机制变革的背景下，研究国家治理与全球治理的互动机制和规律，以及中国国家治理体系与治理能力现代化如何更好地服务于中国参与全球治理的目标具有重要的理论价值和现实意义。

典型科学问题举例：全球治理与国家治理的互动关系，国家治理与全球治理的协调优化，非国家主体在国家治理与全球治理关联中的行为，等等。

## 4.5 优先领域集群四：应对人类发展挑战的管理科学

本集群包含了四个具体的子优先领域及其方向，主要针对未来全球发展过程中人类命运共同体所面临的突发"黑天鹅"式及长远"灰犀牛"式的严峻挑战。这些子领域包括能源转型的管理理论、社会经济发展的人口规律、区域社会经济协调发展管理理论、全球性公共卫生危机管理新问题。

### 4.5.1 能源转型的管理理论

#### 1. 基本概念、科学意义与国家战略需求

2019年，中国煤炭消费占比为57.7%，一次性电力和非化石能源占比为23.4%，与《可再生能源发展"十三五"规划》中提出的2030年非化石能源占一次能源消

---

① 陶平生. 全球治理视角下共建"一带一路"国际规则的遵循、完善和创新. 管理世界，2020，36（5）：16，161-171，203.

② 门洪华. 应对全球治理危机与变革的中国方略. 中国社会科学，2017，262（10）：36-46.

③ Tuo C. Global governance and state governance: two strategic considerations in contemporary China. Social Sciences in China, 2016, 37（4）：138-151.

费比重 20%的目标仍有差距。以传统化石能源为主的能源消费结构，是我国面临的能源环境问题的主要原因。数据显示，2020 年上半年，全国 337 个地级及以上城市 $PM_{2.5}$ 平均浓度为 36 微克/米$^3$，显著高于世界卫生组织标准 10 微克/米$^3$。此外，截至 2018 年，我国石油对外依存度接近 70%，天然气对外依存度超过 40%，能源安全结构性矛盾突出。因此，由以高污染、高排放为主要特征的传统能源体系向清洁低碳、安全高效的现代能源体系逐步转变是应对气候变化、防治大气污染和保障能源安全的必然选择。

能源转型是指通过创新低碳能源技术，提高能源使用效率，优化能源供给结构，转变能源消费行为，实现新能源和可再生能源逐渐替代化石能源，构建清洁低碳、安全高效的新型能源供给和消费体系。能源转型战略是各个国家的共同选择。美国政府从 20 世纪 70 年代已经开始重视可再生能源发展，出台了"绿色电价"项目、电网收购政策、可再生能源配额制度等一系列措施支持可再生能源发展。欧盟通过的《2030 年气候与能源政策框架》，提出到 2030 年可再生能源在欧盟能源结构中的占比至少达到 27%。近年来，我国先后颁布与实施《可再生能源发展"十三五"规划》《风电发展"十三五"规划》《太阳能发展"十三五"规划》《节能中长期专项规划》《"十三五"节能减排综合工作方案》等一系列重要规划，从顶层设计上推进能源转型。坚持和促进能源转型，已经成为我国经济社会发展的指导性原则，是推进能源行业治理体系和治理能力现代化、实现经济高质量发展战略目标的关键路径，更是有效解决当前我国社会经济发展突出问题的可行手段。

能源转型在产业形态上的典型表现就是可再生能源产业和节能服务产业。发展可再生能源产业和节能服务产业是重要的国际发展趋势，我国在全球能源转型中发挥着越来越重要的作用。国际可再生能源署发布的《全球可再生能源展望》指出，推进以可再生能源为基础的能源转型，可以使现在到 2050 年全球 GDP 增长 98 万亿美元，可以使能源产业及相关行业就业达到 7800 万个。2010～2019 年，我国在可再生能源新增投资总额达到约 2.5 万亿元，是全球可再生能源领域的最大投资国，风电、光伏发电装机均为世界第一。2015 年，全球节能服务市场规模为 240 亿美元。美国节能市场市场化程度高，2015 年，全美节能服务公司年收入达 64 亿美元[1]。2018 年，我国低碳节能服务产业产值达到 4774 亿元，全国从事节能服务的企业有 6439 家，行业从业人数为 72.9 万人，年节能能力达 3930 万吨标准煤。伴随着中国经济实力的快速增长，中国的合作伙伴越来越多，影响力和号召力日益增强。国家级顶层合作倡议、亚洲基础设施投资银行等多边平台为我国参与全球绿色治理、推动全球能源绿色低碳转型提供了广阔场景。

---

① 徐杰彦，张薇，谢婷，等. 国外节能服务产业发展特点及趋势. 电力需求侧管理，2019，21（3）：77-80.

作为国家可持续发展战略的重要组成部分，能源转型是我国"十四五"期间重要发展方向之一，但同样面临着一系列的挑战。促进能源转型，推动可再生能源产业和节能服务产业发展，需要建立与之相适应的管理理论，这无疑对中国碳中和目标的实现、能源安全和可持续发展的国家战略具有重要意义。

## 2. 国际发展态势与我国发展优势

以能源转型的管理理论为主题的研究逐渐被国际学者所重视。论文发表方面，在 Google Scholar 以"energy transition"和"energy management"为关键词，搜索到的学术论文分别就有几百万篇[①]。近年来在 *Nature*、*Science* 和 *PNAS* 等国际顶级期刊上发表的论文达到几十篇。其中，在 *Management Science*[②]、*American Economic Review*[③]、*PNAS*[④]等管理与经济类国际顶级期刊上已发表论文几十篇。期刊导向方面，2016 年，自然出版集团推出了新子刊 *Nature Energy*，旨在推动必要的跨学科讨论，以解决能源领域所面临的社会挑战；2018 年，自然出版集团推出了新子刊 *Nature Sustainability*，旨在推动低碳能源与可持续发展领域的多学科交叉，除了基础研究之外，新刊还将发表关于应用性、问题解决性及政策相关性的文章。

能源转型的管理理论相关研究也得到了国内学者的高度重视。论文发表方面，从百度学术中使用论文标题中包含"能源转型的管理理论"进行搜索，2017～

① 2020 年 7 月 30 日网络搜索数据。

② Kök A G，Shang K，Yücel Ş. Impact of electricity pricing policies on renewable energy investments and carbon emissions. Management Science，2018，64（1）：131-148.

Sunar N，Birge J R. Strategic commitment to a production schedule with uncertain supply and demand：renewable energy in day-ahead electricity markets. Management Science，2019，65（2）：714-734.

③ Lee K，Miguel E，Wolfram C. Appliance ownership and aspirations among electric grid and home solar households in rural Kenya. American Economic Review，2016，106（5）：89-94.

Baumeister C，Hamilton J D. Structural interpretation of vector autoregressions with incomplete identification：revisiting the role of oil supply and demand shocks. American Economic Review，2019，109（5）：1873-1910.

de Groote O，Verboven F. Subsidies and time discounting in new technology adoption：evidence from solar photovoltaic systems. American Economic Review，2019，109（6）：2137-2172.

④ Byrnes S J，Blanchard R，Capasso F. Harvesting renewable energy from earth's mid-infrared emissions. Proceedings of the National Academy of Sciences of the United States of America，2014，111（11）：3927-3932.

Eisenberg R，Gray H B，Crabtree G W. Addressing the challenge of carbon-free energy. Proceedings of the National Academy of Sciences of the United States of America，2020，117（23）：12543-12549.

Jacobson M Z，Delucchi M A，Cameron M A，et al. The United States can keep the grid stable at low cost with 100% clean，renewable energy in all sectors despite inaccurate claims. Proceedings of the National Academy of Sciences of the United States of America，2017，114（26）：E5021-E5023.

2020 年共检索到上千篇公开发表的中文学术论文。近几年，在《经济研究》①、《管理世界》②、《中国社会科学》③、《管理科学学报》④等中文顶级期刊发表相关论文数十篇。我国学者在该领域的研究成果也多次发表在国际权威期刊上。例如，中国科学院生态环境研究中心吕永龙研究组于 2015 年 4 月 23 日在 Nature 上发表了题为 "Five priorities for the UN sustainable development goals" 的评论文章，提出了国际科技界为实施联合国可持续发展目标（United Nations Sustainable Development Goals，UN SDGs）的 5 项优先工作⑤。清华大学能源环境经济研究所张希良研究组于 2016 年 6 月 20 日在 Nature Energy 上发表了题为 "Modelling the potential for wind energy integration on China's coal-heavy electricity grid" 的文章，估算了中国 2030 年的风能发电量及其在电力总需求中的比例⑥。清华大学社会科学学院能源转型与发展研究中心何继江研究组于 2019 年 8 月 12 日在 Nature Energy 上发表了题为 "City-level analysis of subsidy-free solar photovoltaic electricity price, profits and grid parity in China" 的文章，分析了中国太阳能光伏项目在整个生命周

① 徐斌，陈宇芳，沈小波. 清洁能源发展、二氧化碳减排与区域经济增长. 经济研究，2019，54（7）：188-202.

谢伦裕，张晓兵，孙传旺，等. 中国清洁低碳转型的能源环境政策选择——第二届中国能源与环境经济学者论坛综述. 经济研究，2018，53（7）：198-202.

② 吕燕. 基于供应链协同的可再生能源政策评估研究. 管理世界，2015，12：180-181.

韩建国. 能源结构调整 "软着陆" 的路径探析——发展煤炭清洁利用、破解能源困局、践行能源革命. 管理世界，2016，269（2）：3-7.

黎江峰，吴巧生，汪金伟. 能源安全视角下我国页岩气产业绿色发展路径与保障政策. 管理世界，2017，8：176-177.

③ 陈诗一，陈登科. 中国资源配置效率动态演化——纳入能源要素的新视角. 中国社会科学，2017，256（4）：67-83，206-207.

林伯强，吴微. 中国现阶段经济发展中的煤炭需求. 中国社会科学，2018，266（2）：141-161，207-208.

郑新业，吴施美，李芳华. 经济结构变动与未来中国能源需求走势. 中国社会科学，2019，278（2）：92-112，206.

④ 石莹，朱永彬，王铮. 成本最优与减排约束下中国能源结构演化路径. 管理科学学报，2015，18（10）：26-37.

周健，华中生，尹建伟，等. 基于平均电价的在线电动汽车充电排程定价机制. 管理科学学报，2018，21（1）：1-12.

张新华，甘冬梅，黄守军，等. 考虑收益下限的火力发电商碳减排投资策略. 管理科学学报，2019，22（11）：69-81.

⑤ Lu Y L，Nakicenovic N，Visbeck M，et al. Five priorities for the UN sustainable development goals. Nature，2015，520（23）：432-433.

⑥ Davidson M R，Zhang D，Xiong W M，et al. Modelling the potential for wind energy integration on China's coal-heavy electricity grid. Nature Energy，2016，1（7）：16086.

期内相关的净成本和净利润[①]。清华大学顾朝林课题组于2020年6月19日在 *Scientific Reports* 上发表了题为 "System dynamics modelling of urbanization under energy constraints in China" 的文章,模拟了中国从1998年到2050年的城市化和能源消耗,提出在未来几十年中,中国应促进可再生能源的使用,追求低碳的生活方式[②]。项目资助方面,国家自然科学基金资助了"绿色低碳发展转型中的关键管理科学问题与政策研究""可再生能源发展的驱动机理及路径选择"等一系列重大项目及重点项目,这些都为能源转型的管理理论领域的重大突破奠定了基础。

### 3. 主要研究方向

实现能源创新需要同时依靠技术创新和管理创新。现有文献针对不同类型能源转型技术进行了大量研究,相关管理理论的研究虽然近几年快速发展,但是仍然有很大的发展空间。结合国内外能源转型进程的现状和现有研究的梳理,依托2020年5月召开的国家自然科学基金委员会"十四五"优先领域"能源系统的转型规律"专家研讨会,对"十四五"期间能源转型领域的主要研究方向进行了总结。

#### 1)能源系统绿色低碳转型的管理理论与方法

能源系统绿色低碳转型是我国实现"双碳"目标的关键,需要多方主体的协同、有序推动,同时也受到诸多不确定因素的制约和影响。在供给侧,除了在碳汇技术发展的基础上,还要在加速清洁能源技术研发、创新和扩散的基础上,低成本、高质量推动可再生能源的总量供应和结构布局;同时,能源效率进一步提高、能源密集型产业持续升级等还需要释放潜力。在需求侧,能源系统转型将改变市场主体(企业、消费者等)的用能方式(如煤改气、煤改电等)和用能结构,塑造或形成新的能源需求格局。能源系统可持续性转型特征、规律、驱动机制的揭示,以及转型程度、快慢、效果的评估等,都是亟待开展的基础科学问题。

典型科学问题举例:能源–经济系统的复杂动力学理论和模型,能源系统转型的表征、事实与规律,能源系统转型路径选择理论,能源系统转型的驱动机制,能源系统转型的多主体行为规律,能源系统转型的效果评价理论与方法,推动能源系统转型的政策科学,等等。

---

① Yan J Y,Yang Y,Campana P E,et al. City-level analysis of subsidy-free solar photovoltaic electricity price,profits and grid parity in China. Nature Energy,2019,4(8):709-717.

② Gu C L,Ye X Y,Cao Q W, et al. System dynamics modelling of urbanization under energy constraints in China. Scientific Reports,2020,10:9956.

### 2）能源经济与环境系统协同治理

能源、经济与环境系统之间存在高度的关联性，其协同治理是保障国家能源安全、应对气候变化、有效促进经济高质量发展和生态文明建设的必然选择。能源经济和环境系统的协同治理，不仅要求三者之间协同有序可持续发展，同时也需要不同区域、不同产业及不同类型的行为主体之间的相互合作，从而最大限度地提高能源效率、环境绩效和经济发展质量。区域、产业和企业作为能源经济和环境治理的对象，其在发展阶段、政策目标、技术水平和行为决策等方面的差异性均会对协同治理的效果产生重要影响，而合理的政策设计对引导区域、产业与企业向更加绿色、低碳、高效的发展方式和生产模式转变，最终实现能源经济与环境系统的协同可持续发展具有至关重要的作用。

典型科学问题举例：能源经济和环境系统的交互影响机理，能源转型与气候变化治理的协同策略和模式创新，经济发展与环境保护的多主体博弈，能源供需系统的转型发展机制与实现路径，跨区域和产业的能源转型协同机制，多层级主体的能源转型冲突分析理论，能源与环境政策的协同效应评估理论和方法，等等。

### 3）能源系统减排机制

降低温室气体与空气污染物排放，推进绿色经济发展，是我国可持续发展的必然选择。对此，制定科学、合理、有效的能源系统减排机制，以有力确保其减排成效并有效控制其减排成本，是能源转型的管理理论的关键工作。为控制排放物的总量和浓度，我国已引入多种能源系统减排机制，包括市场机制（如碳交易、资源税、环境保护税等）和行政机制（如错峰停产、落后产能淘汰和超低排放标准等），以激励排放者开展技术升级与能源结构调整等减排举措，实现整个能源系统的污染物减排。然而，各减排机制均面临着责任分配、标准制定、地区差异，以及与其他减排机制协同作用等难题。为有效设计能源系统减排机制，需要准确核算排放基数，综合建立经济指标、环境指标等衡量标准，合理公平分配各区域、各行业与各企业减排责任。

典型科学问题举例：不同尺度温室气体与空气污染物排放基础数据系统，国家统一排放权交易市场的机制设计，减排责任分配机制的经济学理论，环境保护税征收税率和排放标准的差异化原理，减排机制创新及其协同原理，减排机制的社会经济成本和成效测定方法，等等。

### 4）能源市场运行规律与机制设计

中共中央、国务院分别于 2015 年和 2017 年发布了《关于进一步深化电力体制改革的若干意见》及《关于深化石油天然气体制改革的若干意见》，这表明能源行业将进一步深化改革，通过价格机制、交易机制等新的体制机制设计，提高能源配置效率和可再生能源竞争力。新的市场化运行模式必然会对原有能源系统的运行特征和规律造成影响，也必然对能源供需结构和政府治理模式产生影响。因此，为满足经济高质量可持续发展目标的能源需求，更好发挥市场调节作用，激发能源市场的内生发展动力，需要对以电力市场和油气市场为代表的能源市场在其不断深化改革背景下的运行规律及其管理模式与机制创新问题展开研究。

典型科学问题举例：能源市场化价格形成机制和市场微观结构理论，能源市场化中的供需结构优化与主体行为规律，计划与市场协同的能源市场资源配置理论和效率模型，转型过程中多能源市场交叉影响关系，绿色能源发展的机制创新驱动因素分析，能源管网资源的市场配置机制与治理模式，等等。

### 5）重大突发事件与能源安全

在能源转型过程中，化石能源与可再生能源生产消费的结构、规模、成本和收益都发生了巨大变化，从而使传统的能源安全保障机制必须要进行相应变革；而且，在国家、地区和产业等不同维度上能源转型路径具有显著的时空异质性，因此，能源安全的挑战也呈现出相应的复杂性和多元性。被动的能源安全往往在转型过程中以确保传统的安全供应底线为特征，很难避免不对转型形成一定程度的阻碍；而主动的能源安全则需要通过技术、市场和政策的多重设计来使保障手段更为多元、保障效率更加优化，实现安全保障与能源转型的相互促进。重大突发事件往往会对能源安全产生不可忽视的影响。例如，新冠疫情的暴发对全球能源市场形成剧烈冲击，进而影响到整个能源产业链，对能源转型路径产生直接影响。重大公共安全事件、自然灾害、地缘政治动荡等对能源产业链的影响不可忽视，由此而传导到经济社会运行的机制十分复杂，不同结构的能源供应消费体系，在外部冲击下的传导路径和反馈机制也不同，均亟须深入研究。在我国油气供应对外依存度居高不下、化石能源和可再生能源供应地区普遍生态脆弱性高、环境气候风险大、生产和消费在空间上高度分离等诸多约束条件下，能源转型过程的能源安全保障问题研究需要从风险测度、规律识别、影响评估、应对机制优化、保障体系设计等多个维度深入刻画其科学规律，以使转型过程得以顺利实现。

典型科学问题举例：重大突发事件对能源系统安全的传导机制，能源系统风险的演化规律与测度技术，化石能源绿色转型的风险应对机制，等等。

### 4.5.2　社会经济发展的人口规律

#### 1. 基本概念、科学意义与国家战略需求

人口结构是指人口在自然属性（如年龄、性别）、知识技能（如教育水平）、社会属性（如城乡身份）、空间分布（地域）等方面的比例关系。人口结构变化有其自身发展规律，并且能够对社会经济产生重大影响。理解人口结构本身的影响因素和发展规律，理解人口结构变化对经济和社会可能产生的影响，对改善人口结构、促进经济社会可持续发展具有重要意义。

新中国成立 70 余年来，我国人口结构发生了深刻的变化。1950 年，我国人口呈现典型的金字塔形状，中位数年龄不到 25 岁，60 岁以上人口占比为 7.4%，5 岁以下人口占比为 13.8%，人口预期寿命只有 43.8 岁[1]。到 2019 年，我国早已成为一个老龄化的国家，中位数年龄上升为 38 岁左右，60 岁以上人口占比为 18.1%，5 岁以下人口占比为 6.0%，人口预期寿命达到 77.3 岁[2]。新中国成立初期，我国居民教育和城镇化水平低下，80% 的人口是文盲，90% 的人口聚集在农村。根据 2015 年 1/1000 人口抽样调查，当年我国 15 岁及以上人口中，32% 的人口具有初中以上文化，完成高中的比例为 28.2%，完成大学的占 10.7%[3]。城乡人口分布也有了根本性的变化，2019 年生活在农村地区的人口已经降低到了 39.40%[4]。

伴随着人口结构的巨大转型，我国面临着一系列重大挑战。首先，我国的总和生育率已经从 1950～1955 年的 6.11 降至 2015～2020 年的 1.69，这在世界范围内已经处于较低水平。按照联合国关于中国人口"中方案"的预测，到 2100 年，全中国的人口将减至 10 亿人；若按照"低方案"的预测，届时中国人口将减至 6 亿人，仅为现今人口总量的一半。在生育率快速下降与寿命延长的共同作用下，我国人口老龄化的速度远快于发达国家，2019 年，我国 65 岁以上人口比例为 12.6%，预计到 2050 年，65 岁以上人口将占 26.1%，高于许多发达国家。我国传统上依靠家庭养老，日益严峻的人口老龄化形势将给家庭养老构成巨大的挑战，并且可能通过增大养老金体系的负担，造成支付困难，扩大财政赤字，对宏观经济的稳定构成威胁。除此以外，在人口政策和重男轻女传统的共同作用下，过去

---

[1]　United Nations. World Population Prospects2019. United Nations Publications，2019.

[2]　2019 年我国卫生健康事业发展统计公报. http://www.nhc.gov.cn/guihuaxxs/s10748/202006/ebfe31f24cc145b198dd730603ec4442.shtml[2020-09-19].

[3]　根据《中国统计年鉴 2019》中人口与受教育程度数据计算得到。

[4]　中华人民共和国 2019 年国民经济和社会发展统计公报. http://www.stats.gov.cn/xxgk/sjfb/tjgb2020/202006/t20200617_1768655.html[2023-05-07].

几十年我国出现了出生性别比的严重失调，由此带来的男性失婚现象在未来相当长的时间内将成为我国一大困扰，值得认真应对。

在教育领域，虽然我国居民教育水平有了很大提升，但是仍然有相当多的青壮年存量人口没有初中学历，每年大量的初中生无法升入高中，形成新的低教育群体。在技术进步日新月异的时代，文化水平低意味着他们中的大部分人将永远属于低技能劳动力，并且无法在技术进步的同时获取新的技能。技能的差距将转换为收入的差距，这些低技能劳动力在未来激烈的职场竞争中将永远处于劣势，长期占据收入分配的底端，并有可能成为社会不稳定因素。

在人口地区分布方面，尽管中国已经放开了劳动力流动，城镇化进程加快，但是户口制度仍然给人口流动带来了制约作用，尤其是在社会公共服务领域，如教育、医疗、养老等方面，流动人口仍然不能与当地户口居民享受同等的权利。在很多地方，没有本地户口的居民仍然在就业方面面临歧视。社会保险（医疗、养老保险）属地化管理，也提高了人口流动的成本。这些限制人口流动的障碍，造成了大量的留守儿童、留守老人、夫妻分居现象，严重影响了家庭的稳定性，妨碍了家庭在育儿、养老方面发挥正常的作用，对未来社会稳定发展构成隐患。

由此可见，人口结构虽然看似只是涉及个体的生育、教育、迁移决策，但是汇集起来的力量足以对整个经济社会发展产生重大影响，因此，研究人口结构对我国社会经济治理意义重大。我们需要认识这些影响的规模、渠道，同时理解人口结构的发展变化规律。通过这些研究，一方面，可以制定应对措施，力求化解或者缓解人口结构变化对经济社会的负面影响；另一方面，在理解人口结构变化规律的基础上，制定相应的政策，对其发展的方向进行合理引导。

### 2. 国际发展态势与我国发展优势

#### 1）年龄结构和人口老龄化

我国所面临的人口结构变化，在发达国家已经早已发生。主要发达国家的出生率很早就下降到更替水平之下，伴随着寿命的不断延长，在 20 世纪已经陆续进入老龄化国家的行列。为了稳定人口规模，同时缓解老龄化问题，很多国家把提高生育率水平当作重要的公共政策，出台了一系列刺激生育的举措，如奖励生育、税收优惠、慷慨的育儿假、提供免费婴幼儿照料服务等。

我国自从 20 世纪 60 年代以来就开始鼓励少生少育，1971 年开始推行计划生育政策，我国提前进入低生育率国家的行列，进而提前遭遇了人口老龄化问题，同时出现了性别比例严重失衡、青年占比下降等诸多人口结构问题。为了促进我国人口的长期均衡发展，2015 年 10 月，党的十八届五中全会决定从 2016 年起全面放开二孩政策。但是，全面放开二孩政策效果低于预期，最近几年，人口出生率不断创造新低，引起各界忧虑，把生育政策从限制改为鼓励的呼声越来越高。

理解政策在多大程度上可以改变生育行为，首先要认识到生育行为是个人选择的结果。自加里·贝克尔将家庭问题引入经济学分析范畴以来[1]，经济学界对此展开的大量研究，其中不乏对中国的研究。Zhang 通过研究微观生育数据，发现教育和社会经济状况对生育率有重要影响[2]。他与合作者的研究还表明，尽管生育限制政策可以在短期内促进经济增长，但长期会带来人口老龄化，不利于经济增长[3]。很多经济学者研究了严格的生育政策带来的出生性别比失衡的问题，以及人们规避生育政策的行为[4]。

根据经济学理论，影响人们生育意愿的因素，有生育、养育子女的成本，但是最主要的是为生育、养育子女付出的机会成本，这些成本最主要是由女性承担，体现在因为生孩子而离开工作岗位，并且在养育过程中由于承担主要照料责任而放弃的工作、培训和晋升机会，收入下降。这些代价，又名生育惩罚，可能是终生的。目前，国际上有很多测算生育惩罚的研究，但是中国尚未有严谨的研究出现。

我国自从 20 世纪 90 年代国有企业大规模改制以来，计划经济时代用人单位为了解决职工托幼问题而建设的托儿所就解散了，改为由社会提供。长期以来，虽然招收 3 岁以上儿童的幼儿园已经非常普及，但是 0～2 岁的缺口一直没有补上，导致育儿成本居高不下。2019 年 5 月 9 日，国务院办公厅印发《关于促进 3 岁以下婴幼儿照护服务发展的指导意见》，提出了三方面举措：一是加强对家庭婴幼儿照护的支持和指导，全面落实产假政策，支持脱产照护婴幼儿的父母重返工作岗位，为家长及婴幼儿照护者提供婴幼儿早期发展指导服务；二是加大对社区婴幼儿照护服务的支持力度；三是规范发展多种形式的婴幼儿照护服务机构。跟踪这项政策的实施进度，以及对我国家庭育儿成本和生育决策的影响，将有重要意义。

提高生育率虽然能够在一定程度上缓解老龄化的压力，但是其作用有限。应对老龄化的挑战，最重要的是利用好现有资源。其中一个重要的议题是理解老龄化对经济社会发生影响的机制，在此方面已有很多国际文献。Bloom 等[5]和

① Becker G S. An economic analysis of fertility//Demographic and Economic Change in Developed Countries. Princeton University Press，1960，209-240.

② Zhang J S. Socioeconomic determinants of fertility in China：a microeconometric analysis. Journal of Population Economics，1990，3（2）：105-123.

③ Zhang H F, Zhang H L, Zhang J S. Demographic age structure and economic development：evidence from Chinese provinces. Journal of Comparative Economics，2015，43（1）：170-185.

④ Ebenstein A. The "missing girls" of China and the unintended consequences of the one child policy. Journal of Human Resources，2010，45（1）：87-115.

⑤ Bloom D E, Canning D, Fink G. Implications of population ageing for economic growth. Oxford Review of Economic Policy，26（4），583-612.

Lee[1]较为系统地从劳动参与率、健康水平、储蓄、劳动生产率、资产回报率、财政负担等方面来分析老龄化对宏观经济的影响,他们认为研究老龄化的影响不能简单地看年龄结构与经济增长的关系,因为这样的做法假设了各年龄人口的劳动供给、消费和储蓄率是外生给定的,而忽略了经济主体可能做出的行为改变,容易高估老龄化带来的负向影响;研究老龄化的影响,重点应该放在理解人们的行为如何在各种政策环境下发生改变。Börsch-Supan 等[2]研究了欧洲养老制度改革,提出应对欧洲老龄化的三种政策:对外投资以提高资本收益率、推迟退休年龄和增加人力资本积累。赵波[3]建立了一个一般均衡开放经济下的异质性行为人生命周期模型,并且用中国的数据进行了政策模拟实验,发现逐步延长法定退休年龄有助于提高劳动力的有效投入,提高产出水平,还有助于提高社会养老金盈余,减少目前养老金制度的压力。

推迟退休年龄是应对老龄化最直接有效的政策。老龄化最直接的经济影响体现在养老金的给付困难,在一些人口严重老龄化,而养老金体系缺乏灵活性的国家,如希腊、意大利等,财政危机频频爆发。从研究的角度看,什么影响人们的退休决策这个问题就非常重要。美国国家经济研究局在戴维·怀斯(David Wise)的领导下,以"社会保险和退休国际研究"(Social security and retirement around the world)为题,对 OECD 国家开展了一系列有影响力的研究,从法定养老金领取的年龄、养老金领取公式、职工残疾保险制度等方面,说明了制度设计跟人们退出劳动力市场的时点存在密切的关系[4]。经济学界对退休决策的研究也有大量的论文,有一支文献用结构模型的方法,主要研究养老金制度设计对退休的影响,也有很多简约式的研究,利用各种政策变化研究退休对消费、健康等方面的影响。我国在退休决策方面的研究很少[5],跟这个问题的重要性很不相称,未来需要加强。

健康老龄化是应对老龄化的一个长期政策着力点。健康老龄化是指老年时期得到健康的身体和生活自理能力,身体健康包含躯体、精神、认知健康三个维度,生活自理能力包含在身体有慢性病的情形下仍然可以自主生活而不需要依赖他人照料。世界上各个经历老龄化的国家都非常重视健康老龄化,积极研究老年健康

---

① Lee R. 2014. Macroeconomic consequences of population aging in the United States: overview of a national academy report. American Economic Review, 2014, 104(5), 234-239.

② Börsch-Supan A, Härtl K, Ludwig A. Aging in Europe: reforms, international diversification, and behavioral reactions. American Economic Review, 2014, 104(5), 224-229.

③ 赵波. 延迟退休与养老金改革: 来自生命周期模型的预测. 工作论文, 2020.

④ Wise D. Social security programs and retirement around the world: the capacity to work at older ages. NBER Books, 2017.

⑤ Giles J, Lei X Y, Wang G W, et al. One country, two systems: evidence on retirement patterns in China. Journal of Pension Economics & Finance, 2023, 22(2): 188-210.

的决定因素，不只是从生物学机理方面，而且从经济、社会支持和健康行为的角度，开展了大量研究，其中最重要的举措是建立健康养老追踪调查（Health and Retirement Study，HRS）数据的国际系列，目前已经在美国、英国、欧盟成员国、爱尔兰、巴西、墨西哥、韩国、日本、印度尼西亚、印度、南非等国开展了类似调查。中国健康与养老追踪调查（China Health and Retirement Longitudinal Study，CHARLS）由北京大学主持，自从 2011 年以来已经开展了多期调查，成为研究退休决策和健康老龄化问题的权威数据库①。

为了积极应对人口老龄化，防止老龄化对我国经济社会造成重大冲击，我国政府出台了一系列政策。2019 年 11 月 21 日，国务院办公厅印发《国家积极应对人口老龄化中长期规划》②，从五个方面部署了应对人口老龄化的具体工作任务：一是夯实应对人口老龄化的社会财富储备；二是改善人口老龄化背景下的劳动力有效供给；三是打造高质量的为老服务和产品供给体系；四是强化应对人口老龄化的科技创新能力；五是构建养老、孝老、敬老的社会环境。人口老龄化是一个长期存在的问题，不断发现问题积极应对应是政策关注的常态。

### 2）教育水平和收入分配

在经济发展的过程中，不可避免地会出现收入差距。自从 1990 年以来，几乎所有发达国家和主要发展中国家，包括中国和印度，都出现了收入差距扩大的现象，收入差距扩大的国家人口占全世界人口的比例超过 70%③。一个国家内部收入不平等的很大部分可以被教育程度的差距所解释。随着技术进步的加快，以及技能偏向型全球化的扩张，教育回报率在世界上很多国家呈现上涨的趋势，从而促进了收入差距的扩大④。高的教育回报率虽然可以为正在上学的儿童提供深造的激励，但是对已经离开学校的成年人来说，教育程度较低使他们无法享受技术进步和全球化带来的果实，因而面临被抛弃的命运。在多个发达国家，最近几十年，未完成高等教育的劳动力不仅收入没有上涨，反而持续下降⑤。Case 和 Deaton 通过研究死亡数据发现，没有完成高等教育的白人，深陷低收入陷阱，导致的自杀

---

① Zhao Y H, Hu Y S, Smith J P, et al. Cohort profile: the China Health and Retirement Longitudinal Study（CHARLS）. International Journal of Epidemiology, 2014, 43（1）: 61-68.

② 中共中央 国务院印发《国家积极应对人口老龄化中长期规划》. https://www.gov.cn/zhengce/2019-11/21/content_5454347.htm[2019-11-21].

③ United Nations. World Social Report 2020: Inequality In A Rapidly Changing World. https://www.un.org/development/desa/dspd/wp-content/uploads/sites/22/2020/01/World-Social-Report-2020-FullReport.pdf[2020-09-17].

④ Acemoğlu D. Technology and inequality. National Bureau of Economic Research Reporter, 2003.

⑤ Autor D. Work of the past, work of the future. National Bureau of Economic Research Working Papers No. 25588, 2019.

和过量吸毒致死率大幅度上升，导致美国总体的平均寿命连续三年下降[①]。

自 20 世纪 80 年代以来，我国收入差距也经历了一个快速上升的过程[②]。与发达国家不同的是，我国的收入扩大是与贫困快速下降同时发生的，并非体现在低收入群体收入绝对下降，而是体现在高收入群体收入上升的速度快于低收入群体。至少在城镇地区，收入差距的扩大伴随着教育回报率的大幅度上升[③]。Liu 等的研究发现，我国教育回报率的上升主要来源于制度变化和技术进步导致的对技能劳动力的需求的上升[④]。

近几十年来，我国教育程度整体水平有了很大提升，自 2001 年以来，国家在贫困农村地区实行了义务教育阶段免费提供教科书、免除杂费，并给寄宿生补助一定生活费的资助政策，对提升农村教育水平、普及初中教育有很大促进作用。但是我们也要看到，农村高中教育普及率仍然很低。2010 年人口普查显示，城镇户口 16～17 岁年龄人口辍学的比例仅为 5.0%，而同样年龄农村户口辍学的比例为 27.3%。根据 2015 年 1/1000 人口抽样调查数据，20～30 岁的中国青年人只有 28% 读过高等教育，24% 有高中教育水平，42% 只有初中教育水平，6% 甚至没有初中教育水平。在技术进步飞速发展的今天，可以预见到未来对技能的需求将持续高涨，未能上高中的，甚至未能上大学的人，将来都可能如同美国白人那样面临绝望的境地，因此，需要重视教育的提升问题。

### 3）城乡结构和人口迁移

在长期经济发展的过程中，随着收入水平上涨，由于恩格尔定律的作用，农业日益萎缩，促使劳动力从农业大规模地流向非农行业，实现城镇化和地区之间人口再分配。19 世纪末 20 世纪初，伴随产业转移、技术革新，欧洲城市迅速壮大，最终整个欧洲转变为城市化社会。1958 年，农业就业人口占劳动力比重，德国为 16.9%，法国为 23.7%，意大利为 34.9%，英国为 4.4%；到了 2007 年，该比重分别下降到了 2.2%、3.4%、4.0%、1.4%[⑤]。英国在工业革命早期曾经限制贫民流动，但工业革命以后，英国政府修改和颁布了一系列法律制度消除了人口流动

① Case A，Deaton A. Deaths of Despair and the Future of Capitalism. Princeton：Princeton University Press，2020.

② Riskin C，Zhao R W，Li S. China's Retreat from Equality：Income Distribution and Economic Transition. New York：M.E. Sharpe，2001.

③ Zhang J S，Zhao Y H，Park A，et al. Economic returns to schooling in urban China，1988 to 2001. Journal of Comparative Economics，2005，33（4）：730-752.

④ Liu X J，Albert Park A，Zhao Y H. Explaining rising returns to education in urban China in the 1990s. IZA Discussion Paper No. 4872，2010.

⑤ 国家人口计生委流动人口服务管理司. 引导人口有序流动迁移 促进城镇化健康发展——人口流动迁移与城镇化国际研讨会综述. 人口研究，2010，34（5）：88-92.

障碍。德国政府在其工业化过程中，通过制定一系列法律法规和相关政府制度，逐步扫清了限制人口自由流动的制度障碍。

国际学术界对人口跨区域流动的理解，是基于流动可以均等化地区收入差距的理论[1]。同样的逻辑适用中国。我国自从三年困难时期以后开始严格控制人口流动。长期城乡隔离的结果使农村滞留了大量劳动力，造成了巨大的城乡收入差距。当 20 世纪 80 年代初农村改革把劳动力的支配权还给农民之后，农村劳动力开始大规模流向非农产业，并最终进入城市。Zhao 发现在 20 世纪 90 年代劳动力流动的初期，城市的各种限制人口流动的政策使农村人口进城存在很大心理成本，因此收入差距无法合拢[2]。随着用工形势的转变，各级政府对农村劳动力进城的态度也经历了一个从"堵"到"引"的过程，每年春节过后，很多东部沿海城市政府争先恐后吸引农村劳动力，跟 20 世纪 90 年代用"三证一卡"限制民工进城的政策形成鲜明对照。目前，妨碍人口流动的已经不再是就业层面的政策，而是既有的户口政策，以及依附于户口上面的各项社会服务的地域分割性所带来的迁移成本，这些成本主要起到了妨碍家庭成员一同迁移的作用。认识到这个问题的严重性，很多城市出台了针对高技能人才的优惠政策，保障其家属随迁、子女教育、医疗服务等，但是仍然有很多城市，尤其是大城市，流动的障碍依旧很高。

综上所述，人口结构变化深刻影响着经济社会的发展，特别是对我国这样一个加速进入老龄化的国家。人口结构变化不仅对消费模式、经济增长模式和中长期竞争力产生深远影响，也给全社会公共治理、商业模式等微观组织管理理论与实践的创新研究带来诸多新挑战。与此同时，经济社会发展水平的高低也会通过影响人们的生育意愿，对总和生育率最终对人口结构产生较大影响。为此，探讨人口结构的影响因素和变化机理，以及与经济社会发展的相互影响及变化规律，并提出相应的政策建议具有重要的科学价值和实际意义。

### 3. 主要研究方向

#### 1）人口结构的影响因素和演化机理

人类在大部分历史中有着较高的生育率和死亡率，但是经济发展和技术进步带来人口转型，表现在生育率下降和预期寿命上升，使人口年龄结构发生重大转换，带来老龄化的问题。在某些国家，人口转换的过程伴随了出生性别比失衡，

[1] Rosen S. The theory of equalizing differences//Ashenfelter O, Layard R. The Handbook of Labor Economics. New York：Elsevier Science Ltd，1986，1：641-692.

[2] Zhao Y H. Labor migration and earnings differences：the case of rural China. Economic Development and Cultural Change，1999，47（4）：767-782.

主要是男童比例过大。在人类物质财富累积的过程中,人力资本投资也大幅度上升,促进技术进步和经济增长,但是人力资本投资在人群中差异性扩大,引发收入差异等一系列经济社会问题。同时,随着经济增长和地区发展不平衡,人类需要不断调整自己的就业和生活地点,使人口在城乡之间、地域之间的分布持续变化。自加里·贝克尔将家庭问题引入经济学分析范畴以来,生育率、性别选择、人力资本投资、人口迁移等问题一直是经济学的前沿研究领域。个体的收入、时间成本和家庭环境等微观因素,以及社会文化环境和公共政策等宏观因素,都会对人口结构产生影响。不同人群的行为具有异质性,而这种异质性会导致人口结构的不同分布。研究人口结构的决定因素及变化机理,既是对经济学一般规律的探索,又对我国生育、教育和培训、劳动力流动和老龄化等方面公共政策的制定具有重要现实意义。

典型科学问题举例:多重生育政策下生育率及性别比的决定因素,养老体制对不同人群生育率的异质性影响,子女数量-质量权衡下的人力资本结构变迁,经济增长过程中城镇化的机制分析,区域经济不平衡下人口迁移的机制,文化因素对人口结构的影响,等等。

### 2)人口结构对经济社会的影响规律

中国的人口结构,包括年龄结构、性别结构、教育和技能水平、空间分布(城乡和区域)已经或者即将发生深刻的演变。老龄化、男女性别失衡、低生育率、人口的城镇化和跨区域流动等诸多现象都将对我国经济社会的方方面面产生深远的影响,这些影响包括(但不仅限于)劳动力市场、资本市场、消费结构和产业结构、教育和技能培训市场、婚姻市场、医疗和护理行业、保险市场、创新创业、货币政策和财政政策等。理解这些影响的方向、大小及发生机理对及时调整经济社会政策、引导企业及其他微观经济社会单位进行科学决策有重大意义。

典型科学问题举例:人口结构演变对经济竞争力和经济结构的影响规律,中长期经济增长的人口动力学机制,人口结构与消费-投资行为的影响机理,货币政策利率传导机制的人口效应,老龄化下的退休者行为与照料模式的变化规律,等等。

### 3)人口结构变化下的公共治理理论

人口结构变化对公共治理提出了新的挑战和需求。面对生育率下降、性别比失衡及人口老龄化所必然要求的推迟退休和提供老年照料的问题,为家庭提供儿童和老年照料公共服务的呼声越来越高,社会保障也越来越替代家庭的保障功能。在人口结构变化较大特别是快速步入老龄化背景下,亟须对公共治理的若干关键问题、政策设计和效果评估等开展研究。我国城镇化未来将加速,在这个过程中如何重新配置劳动力、土地、房屋等资源，决定了城镇化的质量。一个国家内地区发展不平衡是必然发生的，如何缓解由此带来的不良后果，也是一个重要的公共治理问题。为此，需要评估公共政策对改善人口结构的效果，设计平稳推进城镇化的经济和社会治理方式，探索适应人口跨区域流动常态化的治理模式。

典型科学问题举例：人口结构变化下公共服务的新模式，老龄社会的公共治理机制设计，面向老年健康的公共政策设计理论和评估方法，改善出生性别比的政策评估，适应老龄化的城市设计理论和规划方法，促进人口跨域流动的公共治理原理和方法适应老龄社会的公共服务数字化转型，等等。

#### 4）人口结构变迁下微观组织管理理论

借由年龄、性别、教育、户籍等人口因素所构成的人口结构通过劳动力供给和匹配与企业管理活动形成了相依关系，并受到了共享技术、人工智能等颠覆性技术发展的影响。随着经济社会的发展，不同地域空间和时期内的人口结构呈现重要而缓慢的变化，包括老龄化、性别比例失衡、教育发展不平衡、劳动力流动加快等。这些人口特征变化将影响工作的组织方式，对企业的商业模式、组织形态、人力资源策略等管理活动提出了新要求，促使企业采取灵活的用工方式和具有弹性的商业模式，并需要与之适应的组织管理理论从结构、流动和匹配等角度系统揭示人口结构变迁的影响机理，包括弹性商业模式、敏捷组织形态、柔性人力资源管理等。

典型科学问题举例：人口结构驱动的商业模式创新规律，基于"人与组织"匹配的敏捷组织形态，柔性人力资源管理理论与方法，面向人力资本流动的组织资源配置理论与方法，人力资本流动与企业多层面创新，等等。

### 4.5.3　区域社会经济协调发展管理理论

#### 1. 基本概念、科学意义与国家战略需求

区域社会经济协调发展是 20 世纪末以来我国为解决区域经济结构不平衡、地域之间社会文化发展差异问题提出的新理念。区域社会经济协调发展的内涵包括：地区间人均生产总值差距保持在适度的范围内，各地区人民能享受到均等化的基本公共服务，各地区比较优势的发挥能够促进区域间优势互补、互利互惠，各地区人与自然的关系处于协调和谐状态[①]。区域协调发展的内涵已经从传统的经济视角拓展到经济、社会、环境等多维视角，这对区域社会经济的协调发展管理提出了新的挑战。建立统筹有力、竞争有序、绿色协调、共享共赢的区域协调发展新

---

① 范恒山，孙久文，陈宣庆，等. 中国区域协调发展研究. 北京：商务印书馆，2012.

机制，对推动区域协调发展实现新高度具有重要的科学意义。

区域协调发展是当今我国重大战略之一。2017 年 10 月 18 日，习近平在党的十九大报告中指出，"实施区域协调发展战略。加大力度支持革命老区、民族地区、边疆地区、贫困地区加快发展，强化举措推进西部大开发形成新格局，深化改革加快东北等老工业基地振兴，发挥优势推动中部地区崛起，创新引领率先实现东部地区优化发展，建立更加有效的区域协调发展新机制"①。2017 年底的中央经济工作会议指出，"实施区域协调发展战略。要实现基本公共服务均等化，基础设施通达程度比较均衡，人民生活水平大体相当"②。2019 年底习近平发表的《推动形成优势互补高质量发展的区域经济布局》重要文章指出："我国经济由高速增长阶段转向高质量发展阶段，对区域协调发展提出了新的要求。不能简单要求各地区在经济发展上达到同一水平，而是要根据各地区的条件，走合理分工、优化发展的路子。要形成几个能够带动全国高质量发展的新动力源，特别是京津冀、长三角、珠三角三大地区，以及一些重要城市群。不平衡是普遍的，要在发展中促进相对平衡"③。2020 年 5 月 22 日，李克强在发布的 2020 年国务院政府工作报告中提出，加快落实区域发展战略④。2020 年 5 月 23 日，习近平提出要"满足国内需求作为发展的出发点和落脚点""逐步形成以国内大循环为主体、国内国际双循环相互促进的新发展格局"⑤，针对扩大内需，中央政治局会议还提到"要以新型城镇化带动投资和消费需求，推动城市群、都市圈一体化发展体制机制创新"⑥。

区域协调发展战略上升到党和国家发展全局高度，彰显了区域协调发展的重要作用，但同时也应注意到我国区域社会经济发展中面临不协调的巨大考验。因此，按照区域协调发展战略的总体部署，创新完善区域发展理论、破除区域协同发展桎梏，具有重要的研究价值与实践意义。

---

① 习近平：决胜全面建成小康社会 夺取新时代中国特色社会主义伟大胜利——在中国共产党第十九次全国代表大会上的报告. https://www.gov.cn/zhuanti/2017-10/27/content_5234876.htm [2017-10-18].

② 中央经济工作会议在北京举行 习近平李克强作重要讲话 张高丽栗战书汪洋王沪宁赵乐际韩正出席会议. http://jhsjk.people.cn/article/29719987[2017-12-21].

③推动形成优势互补高质量发展的区域经济布局. https://www.zyjjw.cn/news/china/2019-12-16/588380.html[2019-12-16].

④ 2020 年政府工作报告——2020 年 5 月 22 日在第十三届全国人民代表大会第三次会议上. http://www.gov.cn/guowuyuan/2020zfgzbg.htm[2020-05-22].

⑤ 习近平看望参加政协会议的经济界委员. http://jhsjk.people.cn/article/31720746[2023-05-09].

⑥ 中共中央政治局召开会议决定召开十九届五中全会 中共中央总书记习近平主持会议 分析研究当前经济形势和经济工作. http://jhsjk.people.cn/article/31804564[2023-05-09].

### 2. 国际发展态势与我国发展优势

区域发展失衡是国际许多国家发展历史上曾普遍存在的问题，为促进区域协调发展，各国采取不同应对策略。1999 年，欧盟为了保障均衡和可持续发展目标，通过了《欧洲空间发展展望》（European Spatial Development Perspective，ESDP），试图建立平衡多中心的城市体系、完善共享基础设施和信息平台及合理管理自然和文化遗产。2010 年，"欧盟 2020 战略"指出未来区域发展方式应为智慧型、可持续和包容性的增长，强调结构基金和凝聚政策在保障区域协调发展的作用，倡导多层治理、高效利用等绿色和可持续性发展。欧盟 2021 年至 2027 年度长期预算提案进一步提出四个优先发展方向：更环保、无碳的欧洲；更紧密的欧洲；更加社会化的欧洲；更加靠近公民的欧洲。同时，欧盟提出要进一步通过跨境机制来保障新一代的区域间和跨境合作，设立区域间的创新投资，在大数据、循环经济、先进制造业或网络安全等优先领域建立泛欧洲集群。可见，欧盟的区域协调发展着重考虑平衡、共享、绿色和以人为本。美国区域发展趋势正从传统的孤城独塔式走向多中心协作模式。美国波士顿—纽约—华盛顿（波士华）城市群从点轴扩展到联网辐射，形成了一个更密切的功能性网络，促进了区域发展的空间一体化发展。美国加利福尼亚州大湾区出现了"新成长极"城市圣何塞、萨克拉门托，形成一个"多点极化"的区域发展态势，有效缓解过分核心城市的人口、产业等过度密集所带来的"城市病"，有利于资源、信息的共享。因此，美国的区域发展形成了"多点极化"和"群体共进"的"新极化"崭新现象。

区域协调发展中城镇化与乡村振兴是两大难点也是重点问题。不同国家实现城镇化的模式不尽相同。欧美发达国家在法律框架下，通过城市规划、功能定位、区位划分等多种方式，总体保持了大中小城市协调推进的方式。以荷兰为例，目前还保持了 17 世纪的多元城市功能划分的传统。德国大中小城市之间的基础设施也已基本无异。拉美国家呈现大城市主导特征，大城市集中了大规模的农村外迁人口，严重超出了城市的承载能力，形成大量的贫民窟，使大量入城农民成为社会的边缘群体，从而导致社会的混乱、环境的破坏和城乡的分割。在快速的工业化和城镇化进程中，乡村衰退问题在国际上也普遍存在。20 世纪 50 年代以来，北美、西欧及东亚地区的日本等国相继出现了乡村人口过快减少、产业岗位缺失、农村过疏、农村传统治理体系受到冲击等问题。随之，以实现乡村振兴为目的的乡村复兴运动率先在这些发达国家兴起，通过规划、政府投资、政策补贴等方式鼓励城市居民向乡村地区迁移。整体而言，这一运动促进了乡村地区人口增长。然而，其作用主要体现于大都市周边，如纽约、波士顿、费城等都市近郊地区，因为可以兼顾乡村田园生活与城市优越的工作机会。那些地处偏远的乡村地区由于劳动力持续减少而变得日趋萧条，致使公共服务供给不足，基础设施无法更新，一些重要岗位如教师、医生后继无人，形成了人口流失与持续衰退的恶性循环。

新冠疫情发生后，世界百年未有之大变局加速变化，全球供应链呈现不稳定的态势。2020 年 5 月 23 日，习近平看望参加政协会议的经济界委员时指出"我国经济正处在转变发展方式、优化经济结构、转换增长动力的攻关期，经济发展前景向好，但也面临着结构性、体制性、周期性问题相互交织所带来的困难和挑战，加上新冠疫情冲击，目前我国经济运行面临较大压力。我们还要面对世界经济深度衰退、国际贸易和投资大幅萎缩、国际金融市场动荡、国际交往受限、经济全球化遭遇逆流、一些国家保护主义和单边主义盛行、地缘政治风险上升等不利局面"①。国际大循环动能明显减弱，国内大循环活力日益强劲，在双循环的过程中，供应链和产业链本土化趋势将逐渐显现，中国制造业从沿海地区按照梯度往西北地区延伸，在全国形成更均衡的分布。

从学术研究方面看，2016～2020 年来，在 *Nature*、*Science* 和 *PNAS* 等期刊上发表的与区域发展（regional development）相关的论文达到 1000 余篇；以可持续城镇化与乡村振兴为主题的研究也逐渐为国际学者所重视。2016～2020 年，在 *Nature*、*Science* 和 *PNAS* 等期刊上发表的与可持续城镇化（sustainable urbanization）相关的论文达到几十篇；据不完全统计，2016～2020 年，在 *Management Science*、*Review of Financial Studies* 和 *Public Administration Review* 等管理与经济类国际顶级期刊上已发表"可持续城镇化"相关论文近 80 篇，在 *American Economic Review*、*Econometrica*、*Journal of Political Economy*、*Quarterly Journal of Economics*、*Review of Economic Studies* 和 *Journal of Rural Studies* 等国际顶级期刊上已发表"乡村振兴"相关论文 20 余篇；在 Google Scholar 以 "urbanization" 和 "rural revitalization" 为关键词，检索 2015 年至 2020 年的学术论文，分别有 120 000 篇和 17 400 篇。*Nature* 在 2017 年发表了一篇文章 "Revitalize the world's countryside"，这是目前在顶级期刊上刊发的影响力较大的讨论全球城市化进程中如何推动乡村振兴的学术论文②。

我国在解决区域协调发展问题时具有较为明显的优势。一方面，我国在公共物品供给和公共资源调配方面具有丰富经验和强大规划能力。另一方面，我国区域协调发展的推进模式是基于中国特有的政治经济体制发展而来的，有其制度创新性。改革开放以来，我国深入实施西部大开发、东北振兴、中部崛起、东部率先的区域发展总体战略。党的十八大以来，以习近平同志为核心的党中央提出了京津冀协同发展、长江经济带发展、粤港澳大湾区建设、长三角一体化发展等重

---

① 习近平看望参加政协会议的经济界委员. http://www.cppcc.gov.cn/zxww/2020/05/23/ARTI1590240478499608. shtml?from=groupmessage[2023-05-07].

② 数据库检索信息（2020 年 5 月 20 日）。

大区域发展战略与国家级顶层合作倡议。党的十九大对区域协调发展做出了新的战略部署，明确提出实施区域协调发展战略，建立更加有效的区域协调发展新机制[①]。黄河流域生态保护和高质量发展也已上升为国家战略。我国区域社会经济发展取得巨大成就，城市群、都市圈加速形成，而省域（行政区）经济正逐步向城市群经济过渡，"十三五"规划提出加快建设发展 19 个城市群，这些城市群将承载全国 80%左右的人口和 GDP，是推动创新和增长的主要空间载体。东部、中部、西部、东北地区各区域则呈现均衡增速、产业转型升级加速、水平也趋平衡、开放合作程度加深的良好态势。

新时代我国各区域社会经济总体呈现协调发展的趋势。然而，区域发展不平衡不充分问题仍旧不容忽视，成为我国决胜全面建成小康社会需要解决的重大战略性问题。一是区域间的不协调，东部地区与西部地区、发达地区与欠发达地区之间经济总量和人口规模仍存在较大差距；南北之间分化明显，南北方的经济增速差距由2013 年的 0.4 个百分点扩大到 2018 年的 1.0 个百分点，2018 年北方地区生产总值占全国总量的 38.5%，成为 1978 年以来占比最低的时期；国家重点战略区域之间也出现了增长分化，2012 年，京津冀、长江经济带、粤港澳大湾区九城分别增长 9.9%、10.6%、9.4%，三者增速均高于全国增速且差距不大，到了 2018 年，三者分别增长5.9%、7.4%、6.9%，区域间差距拉开[②]。二是区域内的不协调，城市之间不仅有大、中、小之分，还有行政级别之分，一般是城市管理农村、大城市管理小城市，从而导致在资源上城市剥夺农村、大城市剥夺小城市的现象，造成城乡差距扩大，大中小城市发展失衡现象。乡村人口的大规模、快速减少，劳动力缺失、农业效益低下、市场萎缩、公共服务短缺等问题日益显现，严重制约了乡村地区的可持续发展能力。

从学术研究方面看，区域协调发展领域相关研究得到了中国学者的高度重视。从百度学术上分别用论文标题中包含"区域协调发展"的搜索策略来看，2015 年至 2020 年公开发表的学术论文达 11 500 篇，其中北大核心 1843 篇，中国科技核心期刊 1426 篇，CSCD 和 CSSCI 数据库收录的中文论文达 1098 篇；用 WoS 进行查询，以"regional development"为主题的检索策略发现，中国学术机构发表的国际学术论文，在 2015～2020 年有 20 630 篇。近年来，城镇化与乡村振兴相关研究也得到中国学者的高度重视。同样从百度学术上分别用论文标题中包含"城镇化""乡村振兴"的搜索策略来看，2015 年至 2020 年，仅仅被 CSCD 和 CSSCI数据库收录的公开发表中文学术论文分别达 8359 篇和 1530 篇；用 WoS 进行查询，以"urbanization""rural revitalization"为主题的检索策略发现，中国学术机构发

---

① 习近平：决胜全面建成小康社会 夺取新时代中国特色社会主义伟大胜利——在中国共产党第十九次全国代表大会上的报告. http://www.gov.cn/zhuanti/2017-10/27/content_5234876.htm[2023-05-08].

② 国家统计局数据。

表的国际学术论文，在 2015～2020 年分别有 15 977 篇和 831 篇[①]。同时，在此期间国际国内召开的主流学术会议也相当程度地以区域协调发展、城镇化、乡村振兴或农村发展作为大会主题/会议名称（如 2017 年 9th CAER-IFPRI Annual Conference；2018 年 6 月的新时代区域协调与高质量发展学术研讨会[②]；2019 年 3 月的"绿色建筑与智慧城市"国际学术会议暨第二届国际可持续城镇化与再生学术联盟会议[③]；2019 年 5 月，国家自然科学基金委员会第 234 期双清论坛的主题为"新型城镇化进程中的城市管理与决策方法"[④]；2019 年 11 月，中国区域经济学会年会暨"区域协调发展新征程、新战略、新机制"学术研讨会[⑤]）。

### 3. 主要研究方向

区域协调发展将成为中国由高速发展向高质量发展转型的强劲引擎。因此，探索我国特色的多层次、全方位、与时俱进的区域协调发展道路，推动区域社会经济环境协调发展与协同治理，不仅可解决区域发展不平衡不充分的问题，还是我国实现高质量发展的关键。

#### 1）区域社会经济系统与资源环境系统的复杂关联

经济社会环境是一个动态循环系统，各个环节环环相扣。资源环境是人类赖以生存、发展的基础，社会经济的高速发展易引发环境恶化或资源枯竭，资源环境反过来又常常约束社会经济的发展。要实现资源环境与社会经济的协同发展和整个循环系统畅通，就要研究区域社会经济系统与资源环境系统之间错综复杂的关联关系，为社会经济和生态环境高质量发展的科学管理提供理论支持。

典型科学问题举例：区域社会经济与资源环境复合动态系统分析和建模，区域社会经济发展与资源环境复合动态系统的风险规律和特征，区域性资源环境风险关键因素及其大数据综合分析方法，区域协调发展的资源环境因素动态评估理论与方法，等等。

---

① 数据库检索信息（2021 年 11 月 20 日）。

② 新时代区域协调与高质量发展学术研讨会举办. http://www.nkear.com/news/201807/201807031638176.htm [2018-07-03].

③ "绿色建筑与智慧城市"国际学术会议暨第二届国际可持续城镇化与再生学术联盟会议在西安召开. http://www.cae.cn/cae/html/main/col101/2019-04/17/20190417153938179788764_1.html[2019-04-17].

④ 第 234 期双清论坛"新型城镇化进程中的城市管理与决策方法"在长沙举办. https://www.nsfc.gov.cn/publish/portal0/tab445/info75965.htm[2023-05-07].

⑤ 2019 年中国区域经济学会年会暨"区域协调发展新征程、新战略、新机制"学术研讨会在重庆召开. https://www.sohu.com/a/355852105_768977[2019-11-25].

### 2）区域协调发展的治理与冲突解决机制

区域协调发展是高质量发展的重要内容和实现途径，也是世界各国追求的主要发展目标之一。随着经济社会发展的变迁，区域协调发展的实现机制也在发生转变，由过去主要依靠政府统筹向多元主体共同治理转型，各类非政府主体的作用日趋重要。区域协调发展战略是中国的一项长期发展战略。近年来，中国区域发展的协调性不断增强，但区域发展不平衡问题依然比较突出，各种形式的区域冲突不断涌现，甚至出现区域恶性竞争现象，疫情冲击让这种结构性、体制性矛盾更加凸显。有效解决这些问题，需要树立多元共治和主动改革的思维，打通区域发展循环的梗阻。因此，构建和完善区域协调发展的治理与冲突解决的长效机制，是未来需要重点研究的方向之一。

典型科学问题举例：区域冲突的表达形式及其形成机理，区域冲突的多方博弈模型与利益协调机制，区域碳中和的协同路径优化模型，区域协调发展的多方参与治理模式，区域协调发展的测度理论和方法，区域协调发展的治理能力评价理论与方法，等等。

### 3）产业-要素-信息空间布局的发展规律

随着国内市场一体化和中国融入世界经济体，国内产业链发展越来越完善，具有超大规模市场和完备产业体系，产业分工细化，空间上呈现集群化的趋势。同时中国已经成为全球产业链的重要组成部分。但随着中国人口老龄化和劳动力成本的提高，原来劳动密集型的产业逐渐失去了竞争优势，面临产业转移和升级。当前新冠疫情仍在全球蔓延，国际上重构全球产业链的趋势越来越明显，国际经济循环面临冲击，产业在疫情之后的重启需要时间，中国面临与全球产业链脱钩、断层的风险。在这个大背景下，中国的产业空间布局势必进一步调整，实现包括生产、分配、流通、消费各个环节的循环畅通。探讨产业-要素-信息空间的演化规律，完善和优化产业链体系，优化产业、生产要素及信息的协同组合，是保证中国未来经济稳定的重要课题。

典型科学问题举例：区域产业集群的形成和演化原理，要素市场化配置的区域产业空间布局效应，区域公共产品和服务对产业集群生成的作用机理，区域产业集群的工业大数据分析和数据治理模式，等等。

### 4）区域基础公共资源和服务的配置与协同优化

公共资源配置不均衡及公共服务水平不均等化，在很大程度上影响了人口、产业及功能在区域内的合理布局，这也是导致超大城市人口过于膨胀、中小城市吸纳力不足、难以实现区域协调发展的重要原因。要实现区域协调发展，必须补齐基础公共资源和公共服务不均衡的短板,为构建新发展格局创造良好的配套环境,为"以外促内"转向"内外互动"创造支撑条件。如何优化基础公共资源配置使其与产业和人口规模相适应,达到均衡布局,如何推动优质公共资源的流动,实现优质资源共享,提升公共服务水平,如何突破区域不同、体制不同、政策不同等障碍,兼顾公平性,实现区域协调发展等,是区域协调发展战略中亟须突破的内容。

典型科学问题举例:区域公共设施的社会经济发展辐射原理,区域公共资源的错配识别及协调方法,区域公共基础设施与服务的共同投资和收益分配机制,公共资源与服务的协同运营模式和组织体制创新,等等。

### 5)区域协同创新的影响机理及其路径

区域协同创新是国家战略,区域协同创新体系建设对于将技术创新内化为区域经济增长的自变量,促进区域内产业结构升级和经济高质量增长,畅通国内大循环和增添经济发展动力具有重要的战略意义。2019年,习近平在京津冀协同发展座谈会上强调"下更大气力推动京津冀协同发展取得新的更大进展"[①]。推动京津冀协同,关键是要提高区域的整体创新能力,即实现区域之间的协同创新。此后,长三角区域协同创新战略、粤港澳大湾区发展规划纲要的提出,均指出要实施创新驱动发展战略,完善区域协同创新体系,集聚国际创新资源,建设具有国际竞争力的创新发展区域。习近平指出"我们更要大力提升自主创新能力,尽快突破关键核心技术。这是关系我国发展全局的重大问题,也是形成以国内大循环为主体的关键"[②]。

在要素成本上升、环境问题严峻、转型升级艰巨、经济全球化不确定性加大的背景下,加之新冠疫情的全球暴发,区域协同创新体系建设具有更为迫切的需求。研究区域协同创新的影响机理及其路径是当前迫切需要解决的重大科学问题。

典型科学问题举例:区域协同创新影响因素及交互作用机理,区域创新能力及协同效应,区域创新要素流动与创新扩散机理,区域协同创新生态系统演化,区域科技资源共享机制设计与科研组织体制创新规律,区域协同创新网络结构特征及其治理模式,等等。

## 4.5.4 全球性公共卫生危机管理新问题

### 1. 基本概念、科学意义与国家战略需求

全球性公共危机是指在新型经济全球化背景下,危及全球大多数国家公共安

---

① 习近平在京津冀三省市考察并主持召开京津冀协同发展座谈会. http://jhsjk.people.cn/article/30577658 [2023-05-09].

② 构建新发展格局,习近平总书记这样战略布局. https://www.sohu.com/a/420562733_117159[2020-09-24].

全或公共利益、冲击经济社会运行秩序的突发性灾难事件或危机。全球性公共危机形成与演化的影响因素众多，相互作用关系复杂，动态性、非线性、不确定性等复杂系统特征明显，对经济社会、政治文化具有深远影响。因而，探究全球性公共危机的形成机理、演化规律、治理策略（多主体参与、人工智能赋能全球治理），制定疫情常态化时期防控政策以保证我国经济由高速增长转向高质量发展等，成为具有重要理论意义和应用价值的时代命题。

新型经济全球化背景下，随着新冠疫情在全球范围内的蔓延、反复，公共卫生危机治理已成为国家战略需求和世界各国持续关注的全球性议题。揭示全球性公共卫生危机态势的演化规律，建立跨领域国家安全复杂系统模型及内外部威胁情景推演与分级预警机制，在瞬息万变中掌握国家安全复杂系统态势发展规律、推演方法和应对决策，成为各个国家争先研究的课题。此次新冠疫情是一次重大全球性公共卫生灾难，更是一场全球治理危机，考验了世界各国的制度韧性、治理能力和治理水平①。

新冠疫情发生以来，习近平密集发声，就公共卫生危机治理问题多次发表重要论断。2020 年 2 月 14 日，在中央全面深化改革委员会第十二次会议上，习近平对完善重大疫情防控体制机制、健全国家公共卫生应急管理体系做出重要部署，要求"总结经验、吸取教训""从体制机制上创新和完善重大疫情防控举措，健全国家公共卫生应急管理体系，提高应对突发重大公共卫生事件的能力水平"②。2020 年 5 月 24 日，习近平在参加十三届全国人大三次会议湖北代表团审议时强调，"防范化解重大疫情和突发公共卫生风险，事关国家安全和发展，事关社会政治大局稳定"③。

面对此次全球性公共卫生危机，党和国家高瞻远瞩，清楚地认识到公共卫生危机是人类面临的共同挑战，团结合作是最有力武器。2020 年 5 月 18 日，习近平在第 73 届世界卫生大会视频会议开幕式上发表致辞，"强调中国坚持以民为本、生命至上，始终秉持人类命运共同体理念，既对本国人民生命安全和身体健康负责，也对全球公共卫生事业尽责""提出加强疫情防控建议，宣布推进全球抗疫合作实际举措，呼吁构建人类卫生健康共同体"④。9 月 11 日，习近平主持召开科学家座谈会并发表重要讲话，强调"坚持面向世界科技前沿、面向经济主战场、面向国家重大需求、面向人民生命健康，不断向科学技术广度和深度进军"⑤。

① 任晶晶. 加强全球公共卫生治理合作是早日战胜疫情的唯一出路. 光明日报，2020-08-16，（8）.

② 主持召开中央全面深化改革委员会第十二次会议强调 习近平：完善重大疫情防控体制机制 健全国家公共卫生应急管理体系李克强王沪宁韩正出席. http://jhsjk.people.cn/article/31588184[2023-05-09].

③ 习近平参加湖北代表团审议. http://jhsjk.people.cn/article/31721548[2023-05-09].

④ 习近平在第 73 届世界卫生大会视频会议开幕式上致辞. http://jhsjk.people.cn/article/31713804[2023-05-09].

⑤ 习近平在科学家座谈会上的讲话. http://jhsjk.people.cn/article/31858850[2023-05-09].

习近平主持中央政治局第三十四次集体学习时提出，"要完善国家安全制度体系。要加强数字经济发展的理论研究，就涉及数字技术和数字经济发展的问题提出对策建议。要积极参与数字经济国际合作，主动参与国际组织数字经济议题谈判，开展双多边数字治理合作，维护和完善多边数字经济治理机制，及时提出中国方案，发出中国声音"①。为响应上述现实需求，本领域研究从突发公共卫生危机及其传播影响因素角度出发，实现对高维复杂系统的预测推演和决策机理探究，为全球安全事件危险态势预测预警、快速评估和决策支持提供技术支撑。研究全球公共卫生危机的形成演化、资源分配、多元主体参与和行为规律及后危机时代的企业管理变革，有助于合理制定疫情常态化时期防疫政策，是构建总体国家安全观的重要组成部分，对构建公共卫生安全体系，全方位全周期保障人民健康，推进健康中国、健康世界、人类卫生健康共同体建设具有重要意义。

### 2. 国际发展态势与我国发展优势

#### 1）国际发展态势

应对全球性新冠疫情不仅需要医疗卫生管理等"硬"实力，更离不开社会治理与国家韧性等"软"实力。从社会治理层面来看，各国在处置重大疫情时，需要内防蔓延、外防输入，同时还要兼顾经济发展、维系国际关系，防止疫情演化并引发各类国际冲突。美国、俄罗斯、英国、加拿大等在宏观层面上建立了预警监测体系、充足的经费物资保障体系及专业性的医疗救助体系；中观层面上成立了效能化的应急处理机制、及时公开的信息传播机制、标准详尽的法律约束机制；微观层面上强调全民参与和媒体介入②。

就经济策略和企业应对角度而言，面对新冠疫情在全球范围内的不断恶化，为防止可能引发的全球经济衰退，各国政府启动财政与金融并举的大规模经济刺激政策。例如，美联储两次推出无限量量化宽松政策，购买企业债券和商业票据，2万亿美元经济救助方案支持中小企业和美国中低收入居民，经济救助规模相当于 GDP 的 11%③。英国政府帮扶企业补贴工人工资的 80%，上限每月 2500 英镑，为期半年④。加拿大、新加坡、中国香港等地也纷纷出台救助政策。欧盟各国结合

---

① 习近平在中共中央政治局第三十四次集体学习时强调 把握数字经济发展趋势和规律 推动我国数字经济健康发展. http://jhsjk.people.cn/article/32258262[2023-05-09].

② 韩锋. 国外突发公共卫生事件应急管理经验借鉴. 中国集体经济，2014，435（31）：157-158.

③ 滕泰：建议中国财政政策救助和刺激规模应不低于 10 万亿元 以拉动消费为主. https://www.sohu.com/a/386125654_115433?_f=index_pagerecom_1[2020-04-07].

④ "每月每人 2500 英镑"，英国能否"冻结"疫情影响？. http://www.bjnews.com.cn/opinion/2020/03/21/707079.html[2020-03-21].

其职能与市场法则，创新短工制（kurzarbeit），如德国在新冠疫情暴发的第一时间，推出了一系列保障企业生存和就业的措施，其中就包括短工制，此类经济措施帮助因疫情陷入经济困境的企业在不必裁员的情况下减少薪资成本，以此保证员工不失业。如果经济状况好转，企业可立即启用这些有经验的专业员工。西班牙、意大利、法国、奥地利和瑞士也引入了短时工作机制。

因此，针对全球新冠疫情所导致的经济衰退、企业亏损，需要有新思维、新认识、新方式，为应对企业和国家经济衰退及保障未来健康持续发展创造有利条件[①]。

### 2）中国态势及发展优势

自 2003 年我国取得抗击非典胜利，党和国家高度重视公共卫生服务体系建设，公共卫生和传染病防治法律法规体系不断健全，疾病预防控制体系基本建成。党的十八大以来，以习近平同志为核心的党中央将加强公共卫生防疫与重大传染病防控作为保护人民群众生命安全和身体健康、推进国家治理体系和治理能力现代化的重要内容，深入推进健康中国建设和爱国卫生运动，公共卫生服务体系建设稳步发展。在党和国家的领导下，我国成功防范和应对了甲型 H1N1 流感、H7N9、西非埃博拉出血热等突发疫情，有力、有序、有效地组织开展了一系列突发事件医学应急救援，得到国际社会的广泛赞誉。

但必须承认在应对突如其来的新冠疫情过程中，我国在重大疫情防控体制机制、公共卫生应急管理体系等方面存在的短板和不足有所暴露[②]。疫情类突发事件的发生和演化具有高度不确定性，单一初始事件经过蔓延、转换、次生、衍生和耦合形成复杂的复合型事件；该复合型事件的响应往往涉及多个不同主体（跨区域、跨部门、跨层级）的协调和联动，我国迫切需要完善贯穿突发事件全生命周期的应对流程与制度，解决公共卫生事件救助过程中的资源调配、跨部门信息共享和协作问题。

我国在公共卫生危机治理方面积累了一定的基础，此次疫情又对其提出了新的需求。从国家战略高度统一制定政策，注重设计规划与实际需求紧密结合，以便最大限度发挥中国体制优势。从国家战略层面看，全球性公共卫生危机具有典型的复杂系统特征，其科学问题研究与实际应急决策都需要多学科、多部门、多环节的复杂交互与协同，需要多类型科学方法和技术手段的融合与协作，需要不同地域和学科领域研究成果的高度集成。针对此次全球性公共卫生危机，党和国

---

① 易宪容. 后新冠疫情时代全球经济增长面临重大抉择——基于经济学的一般分析. 人民论坛·学术前沿，2020，192（8）：40-51.

② 中共国家卫生健康委员会党组. 完善重大疫情防控体制机制 健全国家公共卫生应急管理体系. http://www.qstheory.cn/dukan/qs/2020-03/01/c_1125641735.htm[2020-03-01].

家从战略层面明确一个基本内涵、强化两个建设、突出两项重点任务、健全两大支撑、明确未来医疗卫生五大发展方向。

（1）明确一个基本内涵。国家公共卫生应急管理体系是国家应急管理体系的重要组成部分，承担着预防、控制、化解、消除公共卫生事件危害的重要职责。健全国家公共卫生应急管理体系，是一项整体性、系统性、协同性强的改革任务，既要改革完善疾病预防控制体系、医疗救治救援体系，又要对突发公共卫生事件预防与应急准备、监测与预警、应急处置与救治救援、事后恢复、物资保障等各个环节进行统筹设计；既要强化体系建设，又要着力从制度机制层面理顺关系、强化管理。其中，重大传染病、群体性不明原因疾病等重大疫情是突发公共卫生事件的重中之重，完善重大疫情防控体制机制是健全公共卫生应急管理体系的重要支撑。

（2）强化两个建设。加强公共卫生法律法规和预案建设；加强重大疫情应急指挥机制建设。

（3）突出两项重点任务。改革完善疾病预防控制体系，强化监测预警，完善功能定位，加强人才队伍建设；强化重大疫情救治体系，加强公共卫生医疗体系建设，持续加强分级诊疗等制度建设，完善基层医疗卫生机构运行机制。

（4）健全两大支撑。健全重大疾病医疗保险和救助制度；健全重大疫情应急物资保障制度[①]。

（5）明确未来医疗卫生五大发展方向[②]。构建起强大的公共卫生体系；强化基层医疗机构与疾控机构联动；建设公共卫生学院；加强公立医院传染病救治能力建设；强化中医药特色人才建设。

从学术研究方面看，"公共（卫生）危机治理"议题在最近几年的我国公共管理研究中高频出现，学者广泛探究危机治理中的政府、社会协同治理规律与新技术应用方法。这一研究趋势随着 2020 年新冠疫情的发生而进一步强化[③]。公共卫生事件的危机治理是世界各国都必须认真对待的重要问题，其比任何常规管理更能考验政府的社会治理能力。探求流行性疾病的传播和发展态势规律，并从公共管理的视角对突发公共卫生事件进行有效的预防与处置，构建全球合作网络，形成联防联控机制，已成为全世界普遍关注的课题。2020 年，*Nature* 和 *Science* 上关于公共卫生的文章数量丰富，其中新冠疫情相关的文章已超百篇。这些文章的关注点主要集中在基于大数据深度挖掘和集成分析技术，通过对突发公共卫生

---

① 中共国家卫生健康委员会党组. 完善重大疫情防控体制机制 健全国家公共卫生应急管理体系. http://www. qstheory.cn/dukan/qs/2020-03/01/c_1125641735.htm[2020-03-01].

② 最新指示！习近平明确未来医疗卫生发展方向！. https://mp.weixin.qq.com/s/VhqmdqCDtEF6-bXUWE4ObQ [2020-06-04].

③ 徐晓林, 明承瀚. 公共管理研究的中国经验：回顾与展望. 福建师范大学学报（哲学社会科学版），2019, 218（5）：51-61, 168-169.

事件传播的时空分布、演化规律和决策需求的分析推演，提出科学应对突发公共卫生事件的应急决策与体系架构构建方法等。

发达国家如美国、英国、加拿大等构建了全风险方法的综合性国家应急管理体系，形成全风险、全过程的"风险政务"模式，这也是当前应急管理领域的理念发展趋势。我国卫生应急和国际卫生应急研究现状都凸显了全风险应急特征，除应对突发公共卫生事件外，还需解决自然灾害和事故灾难救助中的资源调配、跨部门信息共享和协作问题。中国学者在公共卫生危机情景推演和应急决策方面提出面向突发公共卫生事件的"情景—能力—措施"的情景推演框架，构建人员接触网络与病源活动网络耦合的公共卫生传染病预测/传播模型。重点解决突发事件情景建模和"数据—模型—知识—案例"耦合反馈的近实时推演过程，实现大数据驱动的情景推演方法，研究事件态势的演化规律与演化阈值，以及从一个领域（公共卫生领域）演化到另一领域（国际贸易或国际关系领域）的全过程推演，特别关注全球化背景下的国际博弈，为后续国际合作/竞争策略的制定提供决策支持；并提出基于结构化决策模型的突发公共卫生事件防控策略的评估和选择方法及政府、组织、民众协同的多主体决策方法。

纵观 1985 年以来公共危机治理研究领域的核心文献，公共危机治理研究分为三大领域：公共危机过程治理、风险沟通和危机沟通、适应性危机治理。从演进过程上看，研究经历了危机管理向危机治理、风险沟通向危机沟通、拒绝危机向适应危机的转变。其中，不确定性、脆弱性、韧性等概念成为 21 世纪公共危机治理研究的关键词。目前公共危机治理研究尚未形成独立、系统的研究体系，研究概念之间尚存在不相同的情况，学科交叉方面的研究尚未提出创新性的理论体系成果[①]。

从多主体参与及其行为规律来看，应对全球性公共卫生危机，需要国家、国际组织、社会、个人和"互联网+大数据"等共同参与。国家是抗疫行动的主体，本国政府肩负着制定相关应对公共卫生危机的政策法规、调动必要社会资源以应对疫情的责任。面对疫情，世界卫生组织等全球性国际组织承担了协调全球抗击疫情行动、为国家制定防疫政策提供科学指导的责任。个人抗疫同样是全球抗疫行动中必不可少的一环，每一个人都需要从自身做起，遵守防疫指令，如减少外出、保持社交距离、必要时居家隔离等。只有当国家、国际组织和个人相互协调、相互配合，并且向着同一个目标而共同努力时，疫情才能够在全球层面上得到遏制。

面对突如其来的公共卫生危机，没有任何一个国家能够置身事外。此次新冠

---

① 高恩新，赵继娣. 公共危机管理研究的图景与解释——基于国际文献的分析. 公共管理学报，2017，14（4）：141-152，160.

疫情危机表明，全球治理的观念非但没有过时，反而需要进一步增强。全球治理是一个不断进化的正式或非正式的政策协调体系，是一种囊括了人类所有活动领域的规则体系。治理主体在这些领域中通过施加控制来实现目标，这样的行为产生了跨国界的影响，并且在全球范围内构成了多层次的规则和实践体系。全球治理涵盖了从个人到国家再到全球的多个层次，包含了寻求实现共同目标或解决共同问题的公共权威和私人机构，任何国际组织、国家乃至个人都是全球治理的主体①。

从经济产业的角度看，2020 年 2 月 23 日，在统筹推进新冠疫情防控和经济社会发展工作部署会议上，习近平提出要"落实分区分级精准复工复产"②。同时，我国政府也密集制定出台多项政策，为企业特别是中小企业和个体工商户减负纾困，实施减税降费，增加财政补贴，加大金融支持，减负稳岗扩就业，优化政府服务。同年 4 月底，全国规模以上工业企业复工率超过 99%，中小微企业复工率达到 88.4%，重大项目复工率超过 95%③。

公共卫生危机治理还需要应急技术装备信息化建设的有力支撑，这也是卫生应急能力提升的关键之一。当前，我国在大数据服务、5G 网络建设和数字经济产业的发展优势明显，危机管理领域新技术应用也如火如荼。基于大数据和人工智能，公共卫生危机治理也应研讨如何实现作战指挥平台一张图，推进决策机制从业务驱动转向数据预测，管理机制从被动防疫转向主动预知预警，作战机制从经验主义转向科学决策、智能调度。"公共卫生危机治理+智慧"建设将覆盖城市安全的各个环节，为公共卫生危机治理提供科学决策支持。

后危机时代，疫情对各企业、行业格局也产生了巨大影响，行业内存在大量整合并购的机会。从辩证的角度看，虽然很多行业受到抑制，但另一些行业则面临着机遇。例如，医药行业，一方面，疫情带来的医疗需求大幅增加，相关行业的业绩出现大幅增长；另一方面，疫情过后国家和居民对医药的重视程度会进一步提升，利好相关行业长期增长。另外，线上购物、线上办公、线上教育及线上视频与游戏等行业短期内受益明显，从长期来看，疫情可能进一步改变原有的传统生活与消费习惯，对持续提升相关行业的盈利能力具有积极推动作用。本次新冠疫情虽然对我国的经济发展造成一定的负面影响，但暂时性的疫情不会改变我国经济发展中的积极因素，不会削弱我国经济的内在韧性。在当前积极的政策应对之下，疫情所产生的短期负面影响终将退去，我国经济发展稳中向好、长期向

① 任晶晶. 加强全球公共卫生治理合作是早日战胜疫情的唯一出路. 光明日报，2020-08-16，（8）.

② 习近平：在统筹推进新冠肺炎疫情防控和经济社会发展工作部署会议上的讲话. http://jhsjk.people.cn/article/31600380[2023-05-09].

③ 抗击新冠肺炎疫情的中国行动. http://cpc.people.com.cn/n1/2020/0608/c431601-31738348.html[2020-06-08].

好的基本趋势没有改变①。

从全球性角度来看，中国是人类命运共同体理念的倡导者与践行者。面对疫情，中国政府和人民不畏艰险，始终把人民生命安全和身体健康摆在第一位，按照坚定信心、同舟共济、科学防治、精准施策的总要求，坚持全民动员、联防联控、公开透明，取得了抗击疫情的阶段性胜利。与此同时，我国向包括世界卫生组织在内的国际组织及近百个国家提供力所能及的援助，以实际行动积极支持国际社会抗疫努力。中国采取的有效措施，为世界各国抗击疫情争取了宝贵的"时间窗口"。

为促进全球性公共卫生危机治理合作，习近平提出以下倡议"二十国集团依托世界卫生组织加强疫情防控信息共享，推广全面系统有效的防控指南""要探讨建立区域公共卫生应急联络机制，提高突发公共卫生事件应急响应速度""适时举办全球公共卫生安全高级别会议""建议发起二十国集团抗疫援助倡议，在世界卫生组织支持下加强信息沟通、政策协调、行动配合""制定二十国集团行动计划，并就抗疫宏观政策协调及时作出必要的机制性沟通和安排"②。上述倡议有力彰显了中国负责任大国的担当和作为。

### 3. 主要研究方向

全世界人民的团结是应对公共卫生危机挑战的最有力武器。新冠疫情在世界范围反复出现，不仅严重危害世界公共卫生安全，还对全球经济、金融、政治产生巨大负面影响。面对这一全人类的共同危机，没有任何一个国家可以独善其身，坚决打好新冠疫情防控全球阻击战，国际社会应加紧行动起来；要携手帮助公共卫生体系薄弱的发展中国家提高应对能力；要有效开展国际联防联控，各国必须携手拉起最严密的联防联控网络；要积极支持世界卫生组织等国际组织发挥作用，制定科学合理防控措施，尽力阻止疫情跨境传播；要加强国际宏观经济政策协调，实施有力有效的财政和货币政策，加强金融监管协调，减免关税、取消壁垒、畅通贸易，维护全球产业链、供应链稳定，保障人民基本生活③。

#### 1）全球性公共卫生危机的影响因素、形成机理及演化规律

在新型全球化背景下，世界各国各地区在政治、经济、文化、科技、军事、安全等多层次、多领域的相互影响与制约不断增强，公共卫生事件极易随着国家

---

① 郭威. 积极应对疫情促进经济继续向好发展. 光明日报, 2020-02-05, （2）.

② 习近平在二十国集团领导人特别峰会上的重要讲话. http://jhsjk.people.cn/article/31649970[2023-05-09].

③ 郭迎锋. 世界人民的团结是应对公共卫生危机的有力武器（望海楼）. 人民网-人民日报海外版, 2020-03-31, （1）.

及地区间的复杂作用和依赖关系传递、放大，形成全球性公共卫生危机。因此，在新的经济和技术背景下，应用大数据、复杂网络、信息经济、复杂系统等理论、方法、技术，总结和挖掘全球性公共卫生危机的影响因素、形成机理及演化规律，对深刻理解全球性公共卫生危机的发生发展过程、做好危机监测预警及应急响应，具有重要的理论和实践意义。

典型科学问题举例：全球性公共卫生危机的影响要素萃取原理和方法，全球性公共卫生危机突变点分析的复杂系统理论，经济体间多重复杂关联及其疫情全球化效应，全球公共卫生危机中群体的行为规律和演化机理，全球性公共卫生危机中群体脆弱性分析，大数据驱动的全球性公共卫生危机监测预警技术，全球性公共卫生危机协同应急管理决策理论与方法，等等。

### 2）全球性公共卫生危机下应急资源供应与分配管理

在全球性公共卫生危机背景下，应急资源呈现出稀缺性、时效性和区域不平衡等特征，其需求具有较大不确定性，而供应则有滞后性。同时，疫情应急资源的种类多，如应急物资、应急处置装备及基本生活物资等。应急资源的所有制属性也不同，如公共资源和非公共资源等。这些特点给公共卫生危机下的应急资源保障工作带来困难，亟须从应急资源的供应机制、分配模式、调度方法及基础科学问题等方面开展深入研究。

典型科学问题举例：应急资源动态配置与公共卫生危机演化的相互影响规律，全球公共卫生危机下的应急资源全球供应链脆弱性分析，全球公共卫生危机下的应急物资产能布局和跨经济体物资调配的激励机制，稀缺公共卫生危机应急资源的"计划-市场"协同供给模式，应急资源的常态储备与公共卫生危机期共享的机制设计理论，全球公共卫生危机下的应急资源区域需求与跨经济体应急资源供需匹配，地缘政治经济冲突对公共卫生危机下应急资源分配的影响机制，等等。

### 3）全球性公共卫生危机治理中的多元主体参与机制与行为规律

当前网络社会中，以互联网为核心的信息技术的广泛应用，使组织和个人的活动得以脱离时空限制和社会束缚，区域疫情风险极易聚合发展为全球性公共卫生危机。全球性卫生危机治理中，国际组织、跨国企业等非政府主体正在发挥着或引导、或推动、或参与、或支撑等作用，国际规则的作用也愈加突出。在新冠疫情应对中，世界卫生组织规则与某些国家利益存在博弈。因而，亟须以一种积极主动的理念和一套行之有效的机制，推进多元主体积极参与公共卫生危机治理，通过主动响应、积极消弭和旋进式改进，纾解全球性公共卫生危机治理的实践困境。

在公共卫生危机发生和发展过程中，社会系统中的主体会表现出特定的行为响应模式，如问询、求助、评论、转帖等信息行为，和避免接触、减少投资、逃离住地、囤积食品等避险行为。公共卫生危机响应行为的涉及范围、剧烈程度和持续时间与危机类型、危机严重程度、危机发展态势、社会恐慌情绪、公共资源储备等因素密切相关。多主体对公共卫生危机的响应行为又会进一步影响公共卫生危机的发展态势，如逃离疫区会加剧流行病的传播，有意识地减少接触行为可以减缓流行病的传播，囤积食品和应急物资会导致资源危机，转发谣言会增加社会恐慌情绪等。因此，亟须挖掘多主体公共卫生危机响应的行为规律，建立计算实验模型，定量刻画多主体行为与公共卫生危机演化的相互作用，设计有效机制促进形成有利于公共卫生危机消解的行为模式。

典型科学问题举例：全球性公共卫生危机治理体系和模式的国别分析，全球性公共卫生危机治理的国际规则博弈与合作机制设计，全球性公共卫生危机治理中的多元决策主体行为和决策协调机制，政府与公众的公共卫生危机信息交互理论和沟通策略，全球性公共卫生危机中社会群体韧性影响因素和度量及其国别差异分析，全球公共卫生危机诱发的重要领域全球治理机制应激变化及其持续性效应，全球公共卫生危机中多元主体的多维度危机响应行为规律分析与建模仿真，多元主体公共卫生危机响应行为与公共卫生危机状态的动态交互关系，基于多元主体公共卫生危机响应行为的群体心理和应急资源需求分析方法，公共卫生危机中强-弱势主体间的影响和相互转化规律，多元主体公共卫生危机响应行为的引导及干预原理和策略，公共卫生危机舆情的数据建模和干预策略研究，等等。

### 4）公共卫生危机对经济的短期与长期影响机理与后危机时代的企业管理变革

全球性公共卫生危机对经济的影响是全方位、深远而持续的。从影响机理看，可分为短期影响和长期影响。短期影响主要体现在危机缓解期，这时疫情危机高峰虽已过去，可防控任务依然艰巨，全社会心有余悸。这期间经济发展呈扭曲之势，但也"危"中有"机"，危机防控和经济恢复双管齐下，在本次新冠疫情中，旅游、交通和物流等相当部分行业受疫情危机防控影响而不能正常运行，其他更多行业又在不同程度上受之牵连。而长期影响则体现在公共卫生危机消除期，虽然疫情已过，可疫情带来的巨大冲击会明显改变原有的技术结构和水平、社会心理和习惯，以及政府在经济社会中的地位和作用，这些都将深刻改变未来经济发展的动力、结构与路径。

疫情带来的危机对企业造成了巨大冲击，给不确定性环境下的企业管理也带来巨大挑战。企业必须积极应对全球供应链变化及人们生活方式的改变，在数字化、新产业和新技术布局、追求组织韧性等多个方面进行管理变革，方能应对疫情危机。疫情给全球产业链带来巨大威胁，企业管理变革的首要任务是应对上下游停摆断链可能带来的负面影响，确保企业生存。数字化是疫情危机中企业管理变革的新方式。例如，智能协同，远程在线的工作方式；通过数字化、在线化与客户建立深度连接，创新产品价值，设计精准对接提供定制化解决方案；等等。

疫情还深刻改变了人们的生活方式，创造了新经济、新业态、新消费等重大机遇，企业必须主动寻找新的发展机会、开展新技术布局，通过管理变革实现更高效的协同、更互动的关联、更创新的战略。此外，动荡变化、不确定性是后疫情时代的常态环境，企业必须通过管理变革保持灵活调整战略的动态能力，不断进化。

典型科学问题举例：全球公共卫生危机应对的产业结构和经济发展动态效应，后疫情时代社会心理与生活方式演化对经济增长的影响关系，后疫情时代经济周期的新规律，后疫情时代的全球经济格局演化规律，后疫情时代行业转型发展的关键因素识别和路径决策，后疫情时代的供应链风险管理，公共卫生危机所致产业链变化与企业共生模式变化规律，企业数字化转型的后疫情时代效应，公共卫生危机应激决策与企业动态能力和组织韧性的演化，等等。

# 4.6　优先资助领域发展趋势

围绕 4 个优先资助领域集群下的 18 个子优先领域内容，管理科学部战略研究组利用 WoS 文献数据平台中的 SCIE 及 SSCI 数据库对其进行文献检索。文献类型包括 article、review 等全部类型，出版年（论文发表年）限定为 2002 年至 2020 年，并在统计中以周期进行分组，即 2002～2005 年、2006～2010 年、2011～2015 年、2016～2020 年 4 个区间。文献数据检索时间为 2020 年 8 月 18 日至 28 日。研究组通过数据分析对各优先资助子领域的全球研究现状、学术影响及影响力发展趋势进行描述和讨论。

从研究热度上看，2002～2020 年，全球 18 个子领域的发文总量持续提升，研究热度不断递增。如图 4-6 所示，除社会经济发展的人口规律子领域以外，其他 17 个子领域发表论文数占全球所有领域发表论文数比例均呈增长趋势。其中，集群一中的企业数字化转型的管理原理、城市管理智能化转型的规律，集群二的中国经济发展规律和集群四中的能源转型的管理理论的增幅显著，且论文占比明显高于其他子领域。虽然社会经济发展的人口规律子领域的论文数量占比具有缓慢下降趋势，但从整体上看，该领域内容长期受到广泛关注，论文数占比保持较高水平。

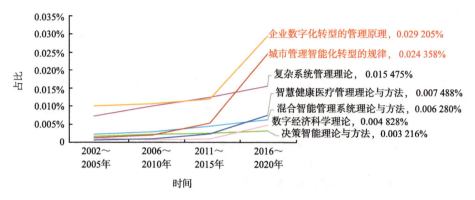

（a）集群一：数字和智能技术驱动的管理理论

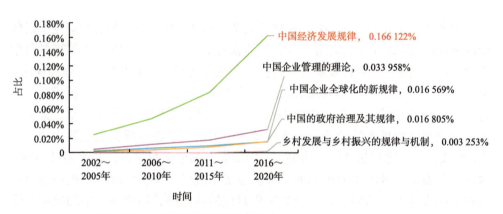

（b）集群二：中国管理实践的科学规律

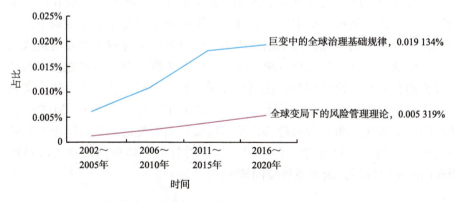

（c）集群三：全球变局下的管理研究

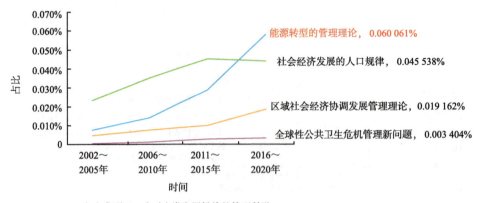

（d）集群四：应对人类发展挑战的管理科学

图 4-6 各集群领域 2002～2020 年论文数在全球所有领域发表论文数占比图

　　如图 4-7 所示，中国方面，在 18 个优先领域中，中国论文数在全球论文总数中的占比在近年均呈上升趋势。划分具体领域来看，集群二中国管理实践的科学规律全部子领域，即乡村发展与乡村振兴的规律与机制、中国企业管理的理论、中国经济发展规律、中国的政府治理及其规律、中国企业全球化的新规律等具有中国特色的领域，以及集群四中的区域社会经济协调发展管理理论、集群一中的混合智能管理系统理论与方法领域，中国论文数在全球论文总数中的占比高，发文总量占比超过 30%，其中"中国议题"的论文数量占比几乎超过 50%，这进一步表示学者的研究更加面向社会经济主战场，正在实践着"把科学研究写在中国大地上"的倡导；部分数字化时代的新问题，即集群一中的决策智能理论与方法、智慧健康医疗管理理论与方法子领域和集群四中的能源转型的管理理论、社会经济发展的人口规律子领域论文占比均在 14%以上；而在涉及全球性管理问题的相关领域，即集群三全球变局下的管理研究（全球变局下的风险管理理论、巨变中的全球治理基础规律），以及集群四应对人类发展挑战的管理科学的全球性公共卫生危机管理新问题，以及集群一数字和智能技术驱动的管理理论的企业数字化转型的管理原理等子领域，中国论文数在全球论文总数中的占比尚显偏低，论文占比不足 10%。但如图 4-7 所示，2011～2015 年，相关领域的论文占比呈明显增长趋势，这与国家提出人类命运共同体理念的时间点较为吻合，进一步印证学者的科研工作能够较好地回应国家重大战略需求、面向国际科学前沿，未来发展空间较大。

（a）集群一：数字和智能技术驱动的管理理论

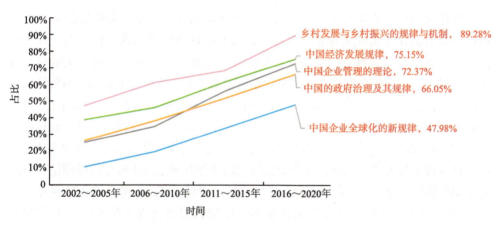

（b）集群二：中国管理实践的科学规律

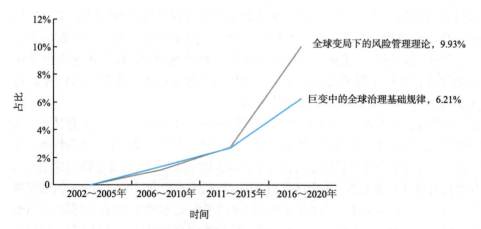

（c）集群三：全球变局下的管理研究

（d）集群四：应对人类发展挑战的管理科学

图 4-7　中国各集群 2002～2020 年论文数在全球该领域发表论文数占比图

　　在论文的学术影响力方面，管理科学部战略研究组选用发文数量和 CNCI 指标进行综合的学术影响力评价。其中，CNCI 指标是按文献的学科分类、发表年份和文献类型进行标准化后的引文影响力评价指标，不受发表年份、文献类型及主题领域的影响，但时间跨度和发文总量将会对 CNCI 指标产生影响。通常认为，CNCI 指标为 1 表示绩效与世界平均水平持平，大于 1 被认为高于平均水平，小于 1 被认为低于平均水平。从表 4-1 可以看出，18 个子领域在全球范围内都具有较高的 CNCI 指标，CNCI 指标均高于世界平均水平，其中混合智能管理系统理论与方法、决策智能理论与方法、城市管理智能化转型的规律和智慧健康医疗管理理论与方法的 CNCI 指标接近或超过世界平均水平的两倍，表现出较高的重要性和影响力。

　　中国的学术影响力表现方面，集群一中混合智能管理系统理论与方法和城市管理智能化转型的规律、集群四中能源转型的管理理论和区域社会经济协调发展管理理论四个子领域，不仅在发文数量占到全世界的 20%以上，其 CNCI 指标也高于全球平均水平，并在其他区域对比中具有优势，表现出较强的发展潜力。值得注意的是，集群二中国管理实践的科学规律中，除中国企业全球化的新规律外，其他子领域发文量在全球占比均超过 50%但在影响力方面还需进一步提升，这恰恰是未来需要加强的方面。

　　除此之外，如图 4-8～图 4-11 所示，在集中回应 21 世纪中新一代信息技术对人类管理活动规律带来的冲击和影响的集群一中，复杂系统管理理论、决策智能理论与方法、智慧健康医疗管理理论与方法子领域和以全球政治经济竞争格局的剧烈动荡和演化为背景下的集群三中全球变局下的风险管理理论和巨变中的全球治理基础规律子领域及集群四中社会经济发展的人口规律子领域，虽然发文量占比保持在 10%左右，但是均在 2002～2020 年一次或多次出现 CNCI 指标峰值，呈现了较为雄厚的研究基础和工作实力。相较之下，企业数字化转型的管理原理、数字经济科学理论及全球性公共卫生危机管理新问题，发文量占比和影响力方面都需要进一步加强。

表 4-1 18 个优先领域、全球及 6 个区域 2002～2020 年 SCIE+SSCI 论文数、论文数占比、学科规范化的引文影响力对比

| 子领域 | 中国 | | | 港澳台地区 | | 亚太地区（APEC） | | 美国 | | 欧洲 | | 其他 | | 全球 | |
|---|---|---|---|---|---|---|---|---|---|---|---|---|---|---|---|
| | SCIE+SSCI 论文数 | 论文数在全球占比 | CNCI | SCIE+SSCI 论文数 | CNCI | SCIE+SSCI 论文数 | CNCI | SCIE+SSCI 论文数 | CNCI | SCIE+SSCI 论文数 | CNCI | SCIE+SSCI 论文数 | CNCI | SCIE+SSCI 论文数 | CNCI |
| 复杂系统管理理论 | 476 | 12.03% | 1.5 | 82 | 1.42 | 825 | 1.41 | 1166 | 1.56 | 1 908 | 1.36 | 519 | 0.97 | 3 958 | 1.27 |
| 混合智能管理系统理论与方法 | 444 | 30.94% | 1.82 | 129 | 1.21 | 344 | 3.03 | 143 | 2.41 | 293 | 2.19 | 544 | 2.01 | 1 435 | 1.74 |
| 决策智能理论与方法 | 101 | 12.02% | 2.41 | 94 | 1.77 | 157 | 1.12 | 225 | 1.79 | 325 | 1.29 | 143 | 1.36 | 840 | 1.45 |
| 企业数字化转型的管理原理 | 355 | 6.39% | 1.17 | 235 | 1.13 | 1070 | 1.48 | 1 579 | 1.94 | 2782 | 1.47 | 560 | 1.24 | 5 554 | 1.42 |
| 数字经济科学理论 | 73 | 10.10% | 1.53 | 24 | 2.3 | 167 | 2.2 | 223 | 2.18 | 358 | 1.79 | 59 | 1.5 | 723 | 1.87 |
| 城市管理智能化转型的规律 | 672 | 20.27% | 2.1 | 175 | 2.6 | 760 | 2.77 | 700 | 2.17 | 1 518 | 2.05 | 698 | 2.36 | 3 315 | 2.04 |
| 智慧健康医疗管理理论与方法 | 127 | 11.22% | 2.4 | 53 | 2.31 | 255 | 2.09 | 445 | 1.74 | 426 | 1.93 | 181 | 2.31 | 1 132 | 1.61 |
| 中国企业管理的理论 | 4 024 | 60.46% | 1.27 | 1 123 | 1.66 | 1 386 | 1.37 | 1 434 | 1.91 | 1 596 | 1.57 | 300 | 1.46 | 6 656 | 1.35 |
| 中国企业全球化的新规律 | 1 326 | 37.65% | 1.37 | 452 | 1.69 | 849 | 1.69 | 978 | 1.96 | 1 250 | 1.72 | 240 | 1.35 | 3 522 | 1.53 |
| 中国经济发展规律 | 20 569 | 66.40% | 1.39 | 2 794 | 1.69 | 5 688 | 1.58 | 6 242 | 1.97 | 6 342 | 1.79 | 1 785 | 1.6 | 30 979 | 1.47 |
| 中国的政府治理规律及其规律 | 1 797 | 57.32% | 1.5 | 587 | 1.91 | 629 | 1.97 | 706 | 2.38 | 698 | 1.99 | 85 | 1.41 | 3 135 | 1.72 |
| 乡村发展与乡村振兴的规律与机制 | 435 | 79.82% | 1.59 | 20 | 1.07 | 93 | 1.75 | 128 | 1.86 | 101 | 1.65 | 30 | 1.39 | 545 | 1.62 |

续表

| 子领域 | 中国 | | | 港澳台地区 | | 亚太地区（APEC） | | 美国 | | 欧洲 | | 其他 | | 全球 | |
|---|---|---|---|---|---|---|---|---|---|---|---|---|---|---|---|
| | SCIE+SSCI论文数 | 论文数在全球占比 | CNCI | SCIE+SSCI论文数 | CNCI | SCIE+SSCI论文数 | CNCI | SCIE+SSCI论文数 | CNCI | SCIE+SSCI论文数 | CNCI | SCIE+SSCI论文数 | CNCI | SCIE+SSCI论文数 | CNCI |
| 全球变局下的风险管理理论 | 68 | 5.74% | 1.7 | 34 | 1.09 | 257 | 1.6 | 364 | 1.99 | 618 | 1.8 | 140 | 1.26 | 1184 | 1.65 |
| 巨变中的全球治理基础规律 | 183 | 3.75% | 1.5 | 87 | 1.58 | 1 213 | 1.89 | 1 439 | 2.49 | 2 663 | 2.16 | 453 | 1.5 | 4 884 | 1.98 |
| 能顺转型的管理理论 | 2 206 | 20.58% | 1.65 | 381 | 1.4 | 2 304 | 1.51 | 2 080 | 1.83 | 4 493 | 1.48 | 2 155 | 1.36 | 10 720 | 1.45 |
| 社会经济发展的人口规律 | 1 417 | 10.64% | 1.13 | 172 | 0.9 | 3 655 | 1.2 | 4 832 | 1.42 | 6 536 | 1.27 | 2 806 | 1.06 | 13 312 | 1.13 |
| 区域社会经济协调发展管理理论 | 1 408 | 36.45% | 1.34 | 127 | 1.75 | 818 | 1.35 | 980 | 1.49 | 614 | 1.26 | 1 195 | 0.98 | 3 863 | 1.23 |
| 全球性公共卫生危机管理新问题 | 37 | 4.92% | 0.7 | 17 | 0.71 | 162 | 1.4 | 266 | 2.93 | 350 | 1.82 | 86 | 3.23 | 752 | 2 |

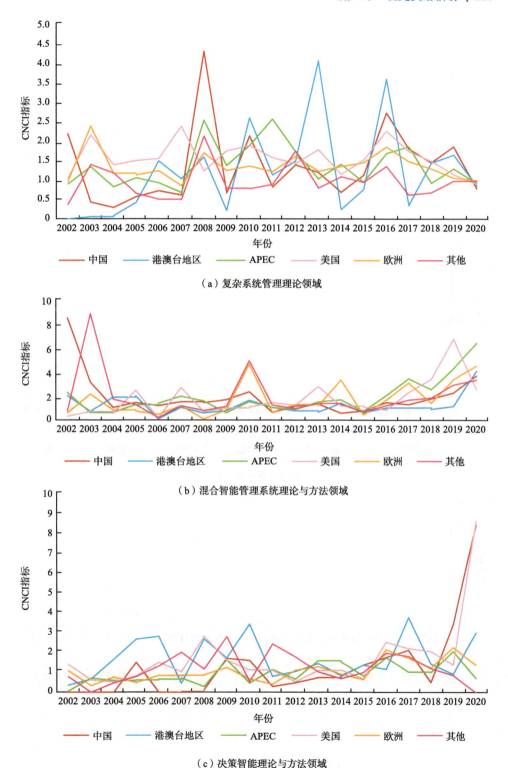

（a）复杂系统管理理论领域

（b）混合智能管理系统理论与方法领域

（c）决策智能理论与方法领域

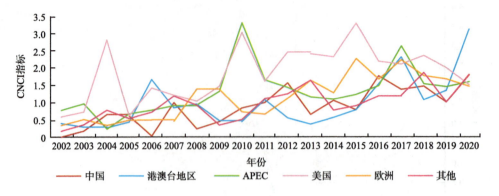

（d）企业数字化转型的管理原理领域

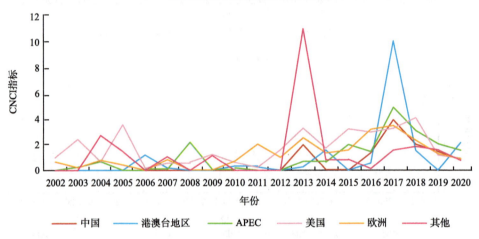

（e）数字经济科学理论领域

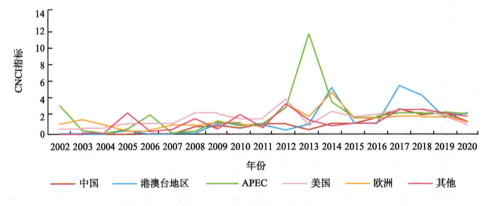

（f）城市管理智能化转型的规律领域

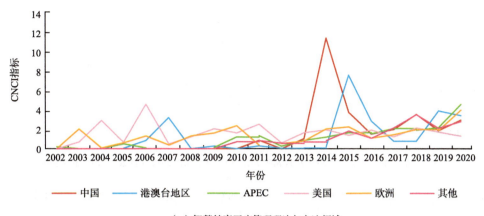

（g）智慧健康医疗管理理论与方法领域

图 4-8　集群一各子领域 CNCI 指标趋势图

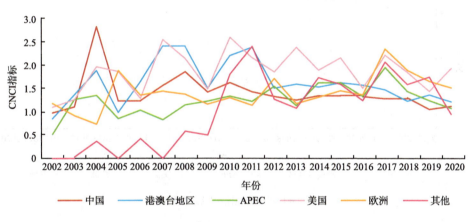

（a）中国企业管理的理论领域

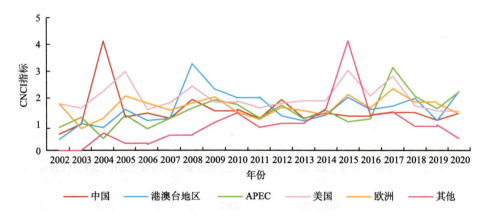

（b）中国企业全球化的新规律领域

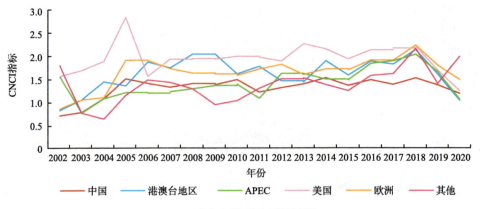

（c）中国经济发展规律领域

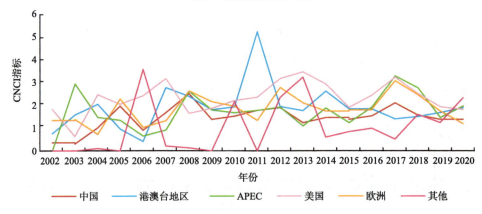

（d）中国的政府治理及其规律领域

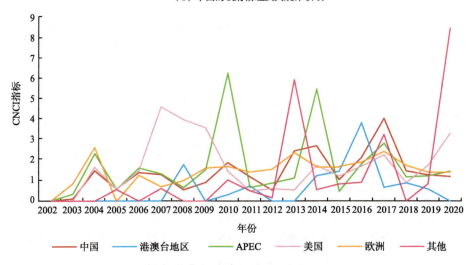

（e）乡村发展与乡村振兴的规律与机制领域

图 4-9　集群二各子领域 CNCI 指标趋势图

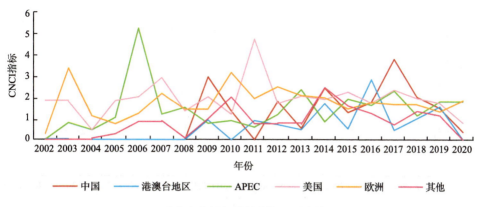

（a）全球变局下的风险管理理论领域

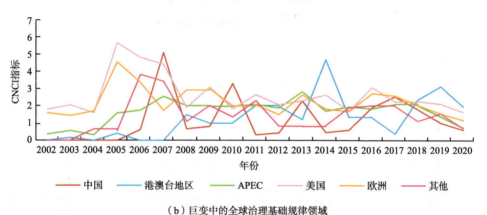

（b）巨变中的全球治理基础规律领域

图 4-10　集群三各子领域 CNCI 指标趋势图

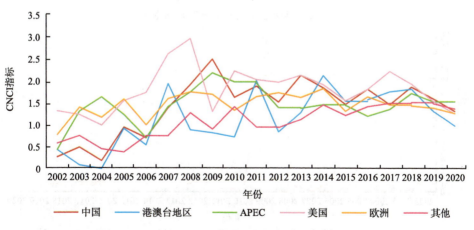

（a）能源转型的管理理论领域

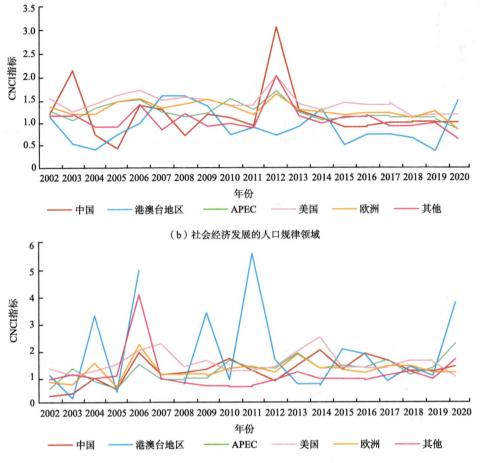

（b）社会经济发展的人口规律领域

（c）区域社会经济协调发展管理理论领域

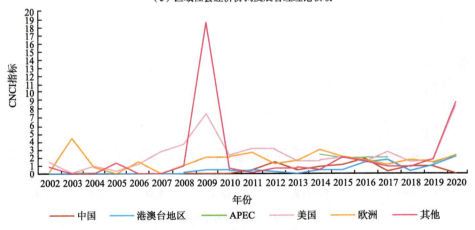

（d）全球性公共卫生危机管理新问题领域

图 4-11　集群四各子领域 CNCI 指标趋势图

　　最后，从影响力发展趋势上看，中国学者在决策智能理论与方法、混合智能管理系统理论与方法等基础性领域论文的 CNCI 指标近年呈上升趋势；但在全球变局下的风险管理理论、巨变中的全球治理基础规律、区域社会经济协调发展管理理论、复杂系统管理理论等领域，影响力呈下降趋势。更值得关注的是，在一些具有中国特色的领域（如乡村发展与乡村振兴的规律与机制、中国企业管理的理论、中国的政府治理及其规律、数字经济科学理论），中国学者所发表论文的 CNCI 指标近年也略显下降趋势。

　　综上所述，研究组围绕四大类影响因素所形成的 4 个优先资助领域集群，即数字和智能技术驱动的管理理论、中国管理实践的科学规律、全球变局下的管理研究、应对人类发展挑战的管理科学，在世界范围内的研究热度较高。在中国方面，在各子领域中或已具备较强的研究实力和基础，即形成发文总量和影响力指标双高，或逐步呈现出较高的发展潜力，即影响力峰值的一次或多次出现。但还应清楚地看到，在部分子领域中，特别是在百年未有之大变局下以中国实践为背景的相关内容，在研究质量和影响力方面还需进一步提升与努力。

# 第5章 政策措施

针对中国管理科学过去发展过程中存在的薄弱环节，瞄准未来"十四五"期间学科努力发展的目标，通过组织管理科学家对现存体制机制方面制约因素的深入讨论和仔细分析，有针对性地选择了国家自然科学基金能够把控的若干因素，紧密围绕科学基金改革的战略部署，突出科学基金改革精神，在国家自然科学基金委员会深化改革方针的指引下，管理科学部将主要从优化学科发展的顶层设计、着力推动交叉科学研究、优化影响力评价机制、优化管理科学研究的平台建设、观念、推动平台建设等方面入手，形成推动中国管理科学在2020～2024年持续健康发展的关键战略举措。

## 5.1 优化学科发展的顶层设计

2018年以来，国家自然科学基金在深化改革的过程中，十分强调顶层设计，强调依据科学发展内在规律来形成学科交叉融合的、知识与应用融通的战略领域布局和学科布局。

### 5.1.1 优先资助领域和学科布局的顶层设计

新时代的管理科学研究需要不断紧跟世界管理科学前沿，不断提升基础研究水平，促进新兴领域与管理科学的交融发展，同时也要立足中国社会经济发展中的管理实践服务国家需求、解决本土问题。因此，要充分运用"十四五"学部发展战略的导向作用，在科学基金深化改革方针的指引下，在科学家的充分论证基础上，结合管理科学侧重实践需求驱动的学科特点，在学科发展的新时代背景下，以国家和企业发展的重大现实问题为牵引，形成聚焦问题导向的优先资助领域遴选，形成数字和智能技术驱动的管理理论、中国管理实践的科学规律、全球变局下的管理研究及应对人类发展挑战的管理科学四大优先资助领域集群。

管理科学部将组织专家在以上优先领域的框架下，针对"十四五"期间每年不同的侧重点，选择相应的具体领域形成导向性指南，以重大项目、重大研究计划、重点项目群，以及基础科学中心、创新团队等重要项目为依托，通过管理科学部内外的学科交叉融合和科学范式的变革，推动管理科学新知识的创造，满足国民经济发展的战略需求，为我国应对全球挑战提供有力支撑。

在这个过程中，管理科学部将努力贯彻国家自然科学基金深化改革的要求，促进知识层次和应用领域的统一。一方面，要大力扶持管理科学基础理论研究，不能因为一些基础理论看似脱节于社会需求而被忽略，因为尽管管理科学的基础理论研究选题应当来源于管理现实，但其研究结论并非总是可以立即或者直接作用于管理实践。这就如同在自然科学领域的基础研究成果并不总是可以直接、马上用来发展可以改造世界的工程技术一样。当前中美之间的冲突和争端表明，国家之间的竞争往往决定于基础理论研发水平的较量。另一方面，也要大力加强对有助于服务国家需求的基础研究项目的支持，鼓励新兴领域与管理科学的交叉研究工作，鼓励科研人员通过理论研究与实证研究回应中国社会经济重大实践和国家重大战略的现实需求。

此外，要通过深入分析 21 世纪以来国际与国内管理科学学科的发展趋势和演化特点，在把握管理科学自身发展特殊规律的基础上，形成既能体现管理科学知识体系的核心概念和内在逻辑，又能反映管理科学学科发展过程中与其他学科交叉融合的弹性边界的申请代码新体系，借此优化学科的整体布局，促进更加精准化的项目评审，并由此推动管理科学的新发展。

### 5.1.2　资助组合的优化布局

国家自然科学基金深化改革的三大重要战略任务之一就是基于科学问题属性明确资助导向。通过管理科学部"十四五"优先资助领域的规划，形成针对每个领域（方向）的主要科学问题属性识别，并在此基础上形成符合管理科学特点、更加优化协调的资助格局。

根据 2021 年 9 月中央人才工作会议精神，基于管理科学基础研究人才培养和成长的规律，系统设计人才、团队项目设置，以支持不同阶段管理科学研究优秀人才的成长。在国家自然科学基金的"项目""人才/团队""工具"的项目设计格局下，进一步结合管理科学特色，在"人才/团队"和"工具"类别上展开新的工作，加强已有的创新研究群体项目、国家杰出青年科学基金、优秀青年科学基金项目的资助和管理创新；通过国家自然科学基金委员会拟创设的新型"后杰青"人才项目，推动具有国际学术影响力的管理科学家及其群体的培育，推出具有国际影响力的管理理论中国学派；探索管理科学类的基础科学中心的管理规律，推进管理科学人才团队类项目的创新。根据管理科学研究工作的特性，进一步提升国际交流水平，拓展引才的范围，积极、有效和灵活地吸引全球管理科学人才从事基础研究，探索国际学者研究基金管理机制和方式。特别是以港澳特区管理科学人才为桥梁和渠道，支持组建研究团队在管理科学基础研究方面发挥更大作用；设立高水平的管理科学战略型科学研究的团队项目，作为流动型智库，对管理科学基础研究与服务国家重大需求方面的实时性和系统性进行研究，更好支撑管理科学发展。

## 5.2　着力推动交叉科学研究

管理科学从其内涵来说，是研究人类社会发展过程中不同层次社会经济组织的经济和管理活动的客观规律的学科。随着百年未有之大变局的趋势凸显，国际政治经济形势变化，管理科学在介入国家和社会经济的重大工程应用中，在前沿原创、交叉科学知识贡献中还有较大空间有待深入发展，也面临着新的学科发展机遇；同时，国家社会经济发展中的实践所抽象出来的管理科学问题大多具有综合性，也需要大团队研究和多学科领域知识综合运用与理论创新。2020 年 11 月，国家自然科学基金委员会交叉科学部正式成立，以强化学科交叉和寻求新的科研范式。管理科学本身也自然存在与数学、物理等基础学科研究方法的交叉，与工程材料、生命科学、地球科学和医学等学科的研究对象的交叉。因此，管理科学发展存在着学科交叉内在的动力和外在的综合需求。

管理科学部将通过学术会议的宣讲，推出交叉项目的典型研究，树立管理科学交叉科学研究取得成果的标志性工作。通过主办的《管理科学学报》中英文版设立专栏/专辑，引导学者多学科领域知识的合作，以问题导向为指引，形成管理科学交叉学科的新范式。组织交叉科学项目承担人研讨学术会议和国际交流会议，鼓励管理科学相关学科知识扩展分享，对管理科学交叉的领域、方法论和科学问题进行凝练与分析，促进跨学科合作。进一步以国家重大需求背后的科学问题系统性解决为导向，推动建立产业部门或者地区层面与管理科学研究者的交流机制，促进管理科学学科交叉融合的研究水平提升。

## 5.3　优化影响力评价机制

充分发挥国家自然科学基金在国家创新体系建设中的基础性和导向性作用。在建立"负责任、讲信誉、计贡献"的评审机制基础上，完善符合管理科学特点的多元化项目评价机制，在项目申请、项目检查和验收的过程中，通过宣传倡导、标准设计等多种形式引导专家进一步更新观念，进一步改变片面地将论文、专利作为项目评价指标的做法，从管理制度和文化倡导双重渠道上，鼓励从学科贡献、学术贡献、实践贡献、人才发展等多种影响力维度对项目进行综合评价。

　　在项目的申请评审和执行检查中，要注重个人评价和团队评价相结合，尊重和认可团队所有参与者的实际贡献；注重学科交叉的贡献和精力投入，认可和尊重不同学科的价值观差异性及特点；注重知识创造和知识应用相结合，进一步倡导一直以来的"顶天立地"相结合的评价理念；注重实事求是的基本科学态度，尊重处在不同项目研究阶段的活动特点，考虑实施不同的评价指标。

## 5.4　优化管理科学研究的平台建设

　　科学的发展除了需要科学家自身的思考、推导、计算、实验等研究活动之外，还需要研究问题的来源、学术思想的交流和学术资源的支撑。为此，国家自然科学基金在资助研究项目本身之外，还需要对上述相关的学术平台给予关注和支持。

### 5.4.1　学科基础平台和资源共享平台建设

　　科学研究是建立在对一系列现象的观测数据基础之上的，对管理科学研究而言也是如此。与其他自然科学基础研究不同的是，管理科学所涉及的数据更加具有多样性的形式；数据的获得往往需要通过大量人力采集或者长时间积累的方式，数据的清洗和整理需要投入大量的资源；数据往往涉及不同程度的隐私问题从而影响到数据的融合，数据处理和分析的技术工具具有较高的门槛。为此，在"十三五"期间已有成果的基础上，管理科学部将继续积极探索通过重点项目群的资助模式，通过国家自然科学基金长期、特殊形式的支持设立和管理适合管理科学学科特点的、具有学科发展基础条件作用的工具类项目，进一步创建与运营维护具有公共服务属性和数据资源共享能力的特色公共数据服务平台、分析工具软件技术平台的基础设施，从而提高中国管理科学研究活动的效率与学术影响力。

### 5.4.2　推动建设管理科学家与实践界的对话和合作机制

　　习近平强调，"广大科技工作者要把论文写在祖国的大地上，把科技成果应用在实现现代化的伟大事业中"[①]，而管理科学研究的科学问题重要来源正是管理实践。因此，在"十四五"期间，要进一步加强管理科学家与政府、企业的协作机制建设，将管理实践需求转化凝练为基础性的关键科学问题，通过不同措施引

---

　　① 习近平：为建设世界科技强国而奋斗——在全国科技创新大会、两院院士大会、中国科协第九次全国代表大会上的讲话（2016 年 5 月 30 日）. http://jhsjk.people.cn/article/28400179[2016-06-01].

导科学家深入研究,促使科学研究紧密服务于社会发展。

要进一步利用好国家自然科学基金委员会管理科学部已有的应急项目和智库项目的资助渠道,进一步优化和完善应急项目选题的遴选机制。要努力开拓以管理科学领域为主题的新的地区/企业联合研究基金计划,以研究项目形式,支持实业界关心的管理科学问题研究。探索鼓励管理科学家设立"产业联合实验室"等新的形式,通过与产业内有影响力的企业合作,充分发挥实业界的积极性,长期稳定地支持具有鲜明产业影响力的、综合交叉的管理科学研究。针对管理科学研究的特殊规律,尝试创设运用严谨规范科学方法进行的"管理研究案例"研究项目新类别,支持中国管理科学家长期深入企业管理实践,进行深度案例开发和研究,逐渐积累帮助我们洞悉中国特色管理规律的研究型案例基础资源。

### 5.4.3 持续加强智库建设,增强完善科学基金的管理实践服务功能

智库是服务国家科学民主决策的重要支撑,是国家治理体系和治理能力现代化建设的重要内容,是提升国家软实力的重要保障,也是科技支撑引领经济社会发展的重要途径。现阶段中国科技类智库建设仍然较为薄弱,在国际智库中影响力较低,这与中国的大国地位极不相称。在"十四五"期间,管理科学部将不断完善各个类型,尤其是科技类智库建设规划,加强科学基金智库的建设。

依托国家自然科学基金委员会专家咨询委员会,组织与协调重大战略咨询的实施和上报。尝试推动智库战略伙伴关系网络的建设,帮助管理科学家与国内科技智库发展合作关系,与国际科学基金/科学组织、大学/研究机构等形成战略咨询合作关系,拓宽科学视野,完善对国家发展、企业管理方面提出建议的渠道。

### 5.4.4 创造新型合作交流平台,推进深度国际合作

科学发展的基本土壤就在于多元思想的碰撞和交流。因此,可以选择"十四五"战略研究确定的优先资助领域,在给定领域主题下探索创设国际研究协作网络(Research Coordination Networks,RCN),构建大跨度交叉学科的管理科学学术共同体,推进广泛而深入的国际学术交流。借助拟议中的"双清学者"等项目形式,或者在条件成熟时,可以尝试选择若干重点依托单位,建设虚拟的国家经济/管理研究中心(National Center for Economic/Management Research,NCE/MR)网络,全额资助国际访问学者的常驻(半年至两年)访问研究。在国际合作局的

战略构想和计划指引下，支持中国管理科学家主导创建重要国际合作大科学计划，全面提升中国管理学者的国际影响力和话语权；积极采取可用措施，支持由中国管理科学家任主编的、具有完全自主知识产权的高水平管理科学国际期刊；支持以"中国议题"为主题主办重要的系列性国际会议；支持与著名中国大学联合冠名的专题国际暑期学校，扩大中国学者和"中国议题"在国际学术界特别是在国际青年学生中的影响力。